章英華——著

The Internal
Structure of
Cities in Taiwan
——A Sequel

臺灣都市的內部結構

續篇，
邁入
二十一世紀

巨流圖書公司

國家圖書館出版品預行編目（CIP）資料

臺灣都市的內部結構：續篇，邁入 21 世紀 /
章英華著 .-- 初版 .-- 高雄市：巨流圖書股
份有限公司 , 2021.10
　　面；　公分
　　ISBN 978-957-732-633-1（平裝）

　1. 都市社會學

545.1　　　　　　　　　　110015995

臺灣都市的內部結構

續篇，邁入 21 世紀

著　　　者　章英華
責 任 編 輯　邱仕弘
封 面 設 計　Lucas

發 　行　 人　楊曉華
總 　編　 輯　蔡國彬

出　　　版　巨流圖書股份有限公司
　　　　　　80252 高雄市苓雅區五福一路 57 號 2 樓之 2
　　　　　　電話：07-2265267
　　　　　　傳眞：07-2233073
　　　　　　e-mail: chuliu@liwen.com.tw
　　　　　　網址：http://www.liwen.com.tw

編 　輯　 部　10045 臺北市中正區重慶南路一段 57 號 10 樓之 12
　　　　　　電話：02-29222396
　　　　　　傳眞：02-29220464

劃 撥 帳 號　01002323 巨流圖書股份有限公司
購 書 專 線　07-2265267 轉 236

法 律 顧 問　林廷隆律師
　　　　　　電話：02-29658212

出 版 登 記 證　局版台業字第 1045 號

ISBN ／ 978-957-732-633-1（平裝）
初版一刷 · 2021 年 10 月

定價：380 元

目　錄

表目錄

圖目錄

序　言

　　2015 年出版《洞見都市：臺灣的都市發展與都市意象》論文集時，即擬簡單增修《臺灣都市的內部結構：社會生態的與歷史的探討》（巨流，1995 年出版），不意在撰寫期間，想較完整呈現臺灣都會發展的面貌，竟至可以單獨成書的狀態。在與巨流出版公司主編與責編們商議之後，決定以《續篇》出版，而視 1995 年一書為《前篇》。

　　整體大致延襲《前篇》的分析架構，以人口與住宅普查及工商普查的資料為素材，呈現 1990 年以來各都會鄉鎮市區層級在各個面向的長期變化。由於這期間的普查資料，很難建構村里的數據，僅利用「綜合所得總額」的數據呈現鄉鎮市區內村里間的所得分布與差異。最後則結合《前篇》分析的結果，以「都會成長的變化：優勢不墜的臺北、活力不斷的臺中、科技動力緩發的臺南，猶待新動力的高雄」、「中心都市與外圍環帶的社經分化：中心都市的優勢仍在」、「住宅類型的變化與主要仰賴私部門建設的住宅發展」及「弱勢的公共運輸與強勢的機車地位」，總結臺灣都會發展的特性；再進一步以都市研究中所呈現西方都會發展的大趨勢，反思臺灣都會與都市發展的經驗。就社會生態研究的一些面向探討都會的發展，當然有其侷限，不過就相同面向藉經驗資料呈現近六十年來臺灣的各都會的變貌，應仍具參考價值；再則，以表格留下的經驗數據，也可讓有興趣的讀者自行解讀。

　　五年多前在我將屆即退休之前，蘇碩斌、劉千嘉、尤美琪與曾凡慈

四位博士的提議，促成了這本《續篇》。這幾年來，要感謝社會學研究所讓我以兼任身分還享有研究空間與支持，以及同事傅仰止教授與吳齊殷教授在研究資源的協助。黃惠貞小姐多年來擔任我的研究助理，在資料收集與處理的用心，是這項工作得以完成的重要因素。圖表都是惠貞製作的，在繪製都會圖與里所得分布圖上也要感謝中央研究院人社中心地理資訊科學專題研究中心工作人員的協助。個人有關都市研究的編書與專著都由巨流圖書出版公司出版，而在沈志翰總編與邱仕弘編輯的督促與協助下，再出版此一《續篇》，這樣的緣份，都銘感在心。一如往昔，能夠安心於工作，都拜我無後顧之憂的家庭所賜。

于中央研究院社會學研究所

2021・5・14

第一章
前　言

　　2015 年底，規劃將 1995 年出版的《臺灣都市的內部結構：社會生態的與歷史的探討》一書簡單修訂再版。後來覺得應增補該書涵蓋時期之後的變化，就本於視 1995 年著作為《前篇》的想法著手增補的工作，以 1990 年和 2010 年人口與住宅普查以及 1991 年和 2011 年的工商普查資料的分析為主要依據，完成《續篇》，因字數超出預期，決定單獨成冊。

　　1995 年的專著（在本書都以《前篇》稱之），分析的資料主要取自 1956 年至 1990 年的四次人口與住宅普查，以及 1954 年、1971 年、1981 年與 1986 年四次工商普查資料。先就各都會內鄉鎮市區呈現人口成長、產業結構與人口特質各面向在四都會分布的樣態，再以 1980 年的村里別資料進行社會生態因素分析，呈現各因子在四都會的空間分布模式。由於 2010 年的人口與住宅普查未能提供村里別的資料，僅能配合《前篇》鄉鎮市區別資料分析的結果，以區別資料鋪陳各都會長期變遷的型態。幸而財稅中心有關綜合所得稅資料提供村里個人所得總額的資料，得以展現各都會內村里所得中位數的空間分布模式，與 1980 年社經地位因子的空間分布比較，顯示各區內部差異與變化。

　　在 2000 年之後，有專書討論英美郊區化發展的長期趨勢，標示為 20 世紀都市發展的特色（Clapson, 2003），亦有專著討論全世界各都會外圍不同的發展類型。同時，士紳化的研究亦強調這不只是西方都會中心都市的現象，而是全球的趨勢（Atkinson and Bridge, 2005; Lees et al., 2016）。再有對美國郊區蔓延的批判與反省而揭櫫的新都市主義（Flanagan, 2010; Gallagher, 2013）。在《續篇》中，除根據社會生態分析各面向呈現臺灣都會空間模式的長期變化之外，亦以西方（特別是英美）都市研究所鉤勒的由郊區化到士紳化等大變化為對話的基礎，呈顯臺灣都會發展的脈絡與特色。

一、都市內部結構的變遷

（一）人口成長的空間變化

　　對於西方都會的人口擴張，一般都認為有兩個大階段。第一大階段是工業化時期的成長模式，包含三階段。首先是人口流失中的集中化（Centralization during Loss）階段，在早期工業化時期，人口自鄉村移入都市，其外圍仍屬人口流失的農業地帶，都市人口成長，但未能彌補鄰近地區的人口流失；接著是絕對集中化（Absolute Centralization）階段，工業持續發展，居住都市的人口大量增加，既有都市的人口增加超過鄰近農業地帶的人口流失；第三是相對集中化（Relative Centralization）階段，工業更高度發展，都市擴大範圍，郊區開始發展。在這個階段，都會區內不論是中心都市或郊區人口均告增加，中心都市的人口增加較快，占都會的比重增加。

　　第二大階段，則是去工業化階段，當第三級產業擴張而製造業人口減少之際，中心都市人口呈現遞減的現象，逐漸從中心開始延伸到整個都市地帶。首先是相對分散化（Relative Decentralization），郊區快速成長，其人口成長快過中心都市，中心都市占都會人口的比重遞減。接下來的是絕對分散化（Absolute Decentralization）階段，由於中心都市專業化和商業化持續增強，人口自中心都市移出，郊區人口持續成長，中心都市總人口呈現負成長；最後則是人口流失中的分散化（Decentralization during Loss）階段，整個都會開始衰退，人口移往鄉村。有的學者甚至認為，當都市人口開始移往鄉村，有些大都會將呈現整個都會人口減少的「反都市化」現象。但實際上，到了 1990 年代，

有些都會人口又開始增加，還難說真有反都市化的潮流。

其實，都會人口的減少，不見得就是鄉村的再興，有可能是其他都會擴張，或是新都市或都會形成的結果（Hall, 1988；孫清山，1997）。再如，臺灣在 1950 年代人口的成長，外來移民是重要的成分，人口出生率亦高，就算是鄉村地帶，人口亦告增加，人口流失的集中化階段，似乎並不存在。但我們仍可以上述階段來觀察臺灣都會人口的變遷模式。

（二）郊區化與士紳化：人口社會經濟性質的空間變化

在人口擴張的過程中，同時呈現了人口性質的空間轉變，如《前篇》導論中所提，相應的則是先有「郊區化」（suburbanization），再出現「士（縉）紳化」（gentrification）的現象[1]。首先，郊區化是人口從既有的都市往鄰近地區擴張，形成新發展地帶，即郊區（suburbs）人口與產業成長，導致中心都市相對沒落的現象。再則是中心都市的破舊地區，經過重建或都市更新後，轉型成為中產或中上階層居住的地區，這即是所謂的「士紳化」現象。在英美都市發展的討論中，是郊區化之後才有士紳化。

英美的都會變遷，從 19 世紀就開始郊區化的過程，但人口絕對分散化，還是在二次大戰之後。在二戰之後，伴隨人口郊區化而來的，也有人口特定的社會經濟特質。如在《前篇》前言提及美國的都市歷史學家 Jackson（1985），綜合美國郊區化特質，包括富裕與中等階級人口（居住地的階級屬性），遠離工作地（以汽車長程通勤），擁有自己的獨門獨院住宅（高住宅自有率與特定的住宅類型）。他進一步提出所謂的「都會兩極化」（the polarization of the metropolis）觀點，指出窮人的中心都市，是與中等、中上階級郊區的對比。以上只是針對居住人口的性質的界定，相應的有經濟郊區化。先是製造業從中心都市外移，服務業與各項買賣與零售業相繼在郊區發展，造成工作活動與其他日常活動在郊區的比重增加。人口的日常移動，不再由郊區往中心都市的模式主

---

1 目前臺灣學界都使用士紳化一詞，本書《前篇》採縉紳化，《續篇》則從眾。

導，郊區之內移動的情形，更高於郊區與中心都市之間的移動。

　　更極端的變化，一方面是中心都市的就業機會減少，低社經地位居民就業困難，還有反向前往郊區工作的情形；另一方面，則是中心都市與日常生活的食衣住行相關行業，被郊區的購物中心所取代，以致中心都市的零售相關行業衰頹，中心都市百貨公司的優勢，也逐漸為郊區的購物中心或購物城所凌駕（Clapson, 2003; Jackson, 1985; Palen, 1995）。有的商業和服務業在郊區聚集，集住宅公寓街區、辦公街區及好些旅館、商業城與娛樂設施於一區，其規模可以比擬為一個新的都市。針對這樣的郊區聚落，新聞記者 Garreua 在 1991 年賦予「緣際都市」（edge city）的名稱，此後亦為都市研究學界所援用（Clapson, 2003; Flanagan, 2010）。在上述的郊區化過程中，伴隨著中心都市衰頹的看法，有的學者更強調 20 世紀英美都會的發展，由郊區化引領風騷，而以「郊區世紀」名之（Clapson, 2003）。

　　英美的以獨院住宅為特色的郊區化模式普見於英語國家[2]，在 20 世紀後半亦擴及非英語世界，但都不是那麼全面，在中歐與南歐就不那麼明顯，在亞洲更弱。在 20 世紀末期，東歐各國都會邊緣地帶豪華門禁獨院住宅與萎縮的社會主義住宅群形成強烈對比，在拉丁美洲快速的都市發展造成都市邊緣的大型棚屋區，在土耳其、中國和印度，大規模的高樓住宅社區圍繞著中心都市，都會擴張在 20 世紀是全球的現象，都會外圍的發展呈現不同的樣貌，並未完全走向英美模式（Keil, 2018）。

　　士紳化的現象則在 1980 年代以來全球化的趨勢中更為普遍，許多位居國際往來樞紐或節點位置的都市，都因金融與工商服務業的興盛，促成都市產業的復甦和都市更新的計畫。中心都市部分地區的再開發，一方面提供了商業大樓的辦公空間，一方面吸引特定的中上階層居民。

2　英美的郊區化略有不同，在英國，大眾運輸仍占相當比重，雙拼多於獨院住宅，公寓住宅亦較多；雖有經濟郊區化，但並無商服業凌駕中心都市的現象（Fishman, 1987; Whitehead and Carr, 2001; Clapson, 2003）。不論有何差異，英美郊區的住宅特徵就是獨院或雙拼住宅居於主流，居民社經地位較高，在住宅密度、交通模式與產業發展上有所不同。西歐和北歐國家在 1960 年代控制郊區的發展，像瑞典與法國，郊區住宅的興建以公寓居多，在 1970 年代汽車才開始深深影響到生活方式與都市結構，新建住宅以獨院類型占大多數。汽車也是郊區化的推手，但與英國一樣，大眾運輸（地鐵）在都會交通上仍占重要份量（Hall, 2014）。

在人口特性的轉變之下，一些相應的零售與服務業隨之興起。換言之，產業的再興，也促成了中心都市居民性質的轉變，又造成都市零售與服務業的轉型。這種現象，最初在英、美與澳洲都曾出現過（Sassen, 1991）。

在古典士紳化，針對的是將低社經地位區的住宅翻新，而引入較高社經地位人士入住的現象。但後來有各種不同士紳化類型的出現，大部分都屬所謂「新建士紳化」（new build gentrification），是在既有基地上建造新的建築的發展，可能與 1990 年以後臺灣各都會的發展最切近。新建士紳化有些是將中心都市的一些工廠倉儲用地的既有建築物拆除之後，興建中高社經地位的住宅或商業區。有的學者認為這樣的住宅區並未造成大量的人口迫遷，比較適合看作一種入侵與承繼的社會變遷，最好以再都市化稱之。不過有的經驗研究指出，移徙與迫遷（displacement）的確存在這類型的變遷中，新建的發展如橋頭堡，士紳化觸角擴散四周鄰里。新建士紳化大約在 1980 年代已經浮現，至 1990 年代才蓬勃發展。在早先的個案，政府只是背後支持，在新建士紳化的過程中，政府扮演關鍵的角色。另外還有「超士紳化」（Super-gentrification），不只是更高層次的士紳化，還是在已經歷過士紳化的鄰里再次開發，其設施與活動有著全球的連繫，包含社會的、經濟的與文化的面向，還有更高層次的金融或經濟的投資，入住者是擁有全球關聯的高收入人士（Lees et. al., 2008）。

當士紳化的概念經過擴張，包含任何涉及土地使用的變遷，新進居民較原居民社會經濟地位較高之下，全球在 20 世紀後半的都市更新（renewal）或再生（regeneration）都可歸為士紳化（Clark, 2003; Lees et al., 2008; Lees et al., 2016），以致近來在世界各國探索士紳化現象的研究中，屢見不鮮，士紳化是都市研究中的顯學之一。可是，雖然有著大規模的都市改造計畫（Hall, 2014），士紳化主要仍舊只是大都會中心都市內部分地區的發展，尚未扭轉中心都市與郊區的相對關係（Atkinson & Bridge, 2005; Lees et al., 2008）；而各種都市再生方案是否都可視為士紳化，亦是可以討論的課題（Maloutas, 2011）。

（三）新都市主義（New Urbanism）的興起：郊區衰退？

在強調都市復甦的士紳化的同時，也有對郊區化批判的聲音，認為以汽車使用、大空間住宅與低度空間使用的郊區，不合乎生態的要求，也有些郊區已經呈現人口減少，少數族群郊區的出現，並未呈現種族融合的跡象，更有聳動的「郊區的末日」推測未來的趨勢（Lucy & Philips, 2006; Gallagher, 2013）。都市面積擴大、人口增加、平均戶量降低，加上人口與產業流動增加以及居住的理想，導致都市的蔓延（urban sprawl），取代了汽車時代前的高密度的集約都市（compact city）。在傳統都市社會學研究中，強調在郊區化的過程中造成了內城（inner city）的衰頹，都市鄰里的式微以及郊區都市化的問題，都市缺乏社會團結動力與活力（Calthorpe, 2009）。永續發展的觀點認為都市地區的向外擴展，土地利用缺乏效率，並與高能源消費和日增的污染密切相關，已開發國家都市地帶的能源消耗更遠大於開發中國家（Clark, 2003）。對郊區化與都市過度的蔓延產生的內城衰退、欠缺都市活力以及永續發展上的訴求，共同指向集約都市的理想。

集約都市既非指向獨門獨院的郊區住宅，也不是高樓林立住宅群，而想規劃較低的四、五層並且緊密相鄰的住宅，適於步行，沿街有著適於戶外停留的良好地點，並且住宅、公共建築和工作地區就在左近。認為這樣才能構成充滿活力的都市，戶內的空間輔以適於享用的戶外空間（Gehl, 2009）。在這種訴求之下，主張的是建成地區的開發（infill development），也就是在既有的都市或郊區範圍內建造新的住宅、工作場所、商店以及其他設施。這種發展有很多方式，現成的空地與低度利用地點（如停車場與老的工業用址）的建設，以及既有的住宅的重建或擴大。原有的社區可以增加住宅、工作和社區的舒適度，同時不會擴大空間或未發展地區的環境負荷量。建成地區內的發展是蔓延的相對面，可以創造緊密並且有活力的社區，具有混合土地利用、適當連結的街道、還有居民需要的各種設施，諸如公園、托育中心（Wheeler, 2009）。

雖有士紳化或都市復甦的增強、以及集約都市與郊區衰落說法的逐

漸盛行，在英美社會，還難說是郊區的優勢已遭取代。就如《城市勝利》一書的作者在書中（Glaeser, 2011）提及：「我不能確定我的郊區化（遷往郊區）是否正確，但確實有移往郊區的合理原因：更寬闊的生活空間、適於嬰兒坐臥其上的柔軟草坪、沒有哈佛人的鄰里、還算快的通勤以及優良的學校」，他進一步說：「消除偏向蔓延的政策不會挽回每一座衰落的都市，也不會摧毀郊區，但應會建造較為健康的都市體系，在其中，步行都市可以有效地與汽車抗衡。」一項以加拿大都會進行的分析（Moos & Mendez, 2015），採用住宅權屬、獨院住宅與汽車使用界定郊區，並討論以上三指標所界定的地區與居民所得以及與中心都市距離的關聯。該研究發現，雖然中心都市已不能完全與低收入者畫上等號，大致而言，研究所界定的郊區狀態仍舊反映了傳統的郊區是中心都市社會空間「他者」的二分觀點；同時，將郊區界定為與中心商業區有相當距離的地方，仍有其道理。在有關郊區化的專論中（Keil, 2018）論道，有六成一的美國人住在占地約一畝（約 1224 坪）的獨門獨院住宅，從能源消費、浪費等面向來看，這樣的居住安排是由當今世上永續性最弱的經濟所支撐。然而，郊區化確有其缺點，但卻是不能否認仍為美國主流的都會居住狀態。

　　從以上的討論，我們可以歸納英美都會人口數量變遷的過程為：中心人口增加→中心都市與郊區人口同時增加→中心都市人口遞減→郊區人口份量增加。至於相應的社會經濟變遷則為：居住與工商混合的都市→高社會階層外移→中產階級大量外移與中心都市居民社經地位的相對沒落→經濟郊區化→郊區買賣業與服務業凌駕中心都市與緣際都市的形成。在 1980 年代以後，同時可見中心都市士紳化地區的增加以及全球化都市的人口成長。

　　不論人們是否贊同中心都市將會再度拿回都會的中心地位，但在北美和西歐的郊區化過程中，確實顯示中心都市優勢逐漸喪失，然後再復甦的個案，不論在人口或經濟活動的變遷上，皆有類似的現象。臺灣的四個大都會，臺北、高雄、臺中和臺南，早在 1960 年代已出現高密度舊核心區人口遞減的現象，臺北市的這種現象，更是最早發生。到了 1990 年代之後，人口遞減地區的範圍逐漸擴展（陳寬政，1981；章英

華，1995；張春蘭、張雅雯，2005）。臺灣在 1950 年代以後，也有都會擴張的現象，都會外圍人口的成長，凌駕中心都市，呈現人口郊區化的現象（陳寬政，1981；章英華，1993）。可是，中心都市在人口社經地位與經濟活動上，並不見得有衰退的現象。Palen（1997）對臺灣都市的觀察是：

> 這與美國愈來愈多同類的活動，都是處於外延的邊緣郊區是形成強烈的對比。例如，美國的中產階級家庭離開都市到郊區，主要是為了讓子女上更好的學校……。在臺灣，想要子女進好學校的家庭，反而更傾向於從鄉村移入到都市，而非從都市移往郊區或鄉村。

有關臺灣的都會發展，在人口數量的變遷上與歐美都會發展的過程相似，但是在社會經濟性質相應的變化上，則不盡全然相同。此一《續篇》主要的目的，是將各都會區劃出不同的環帶，以《前篇》所應用的人口成長、教育與職業組成、年齡與族群組成、住宅類型等面向，補足1990 年與 2010 年普查的數據，結合《前篇》的分析與討論，呈現自1950 年代以來臺灣都會人口的數量變遷，以及其相應之社會經濟性質的轉變，並與英美都會發展的脈絡相對照。

二、走向後工業化與全球化的臺灣

臺灣的製造業在 1960 年代以後快速成長，在 1976 年時製造業雇用人數都超過產業總雇用人數的 50%；包含製造業、營造業和水電煤器業的二級產業的從業人數，在 1970 年代和 1980 年代亦都超過包含商業和服務業的三級行業。到了 1991 年代製造業從業人數雖未減少，但占全產業的比例開始下降，而整個二級行業到 1996 年時，占產業員工數 47.60%，少於三級行業的 52.40%，至 2010 年二級行業占產業員工比例降至 41.96%，三級行業則增至 58.04%。另外以生產毛額觀察，在 1991 年時二級行業尚占 55.19%，2001 年時則為 48.90%，不及

三級行業，到了 2011 年時三級行業占生產毛額的比重則增至 54.86%。

　　從人口與住宅普查的就業人口觀察，在 1980 年二級行業的就業人口尚多於三級行業，但在 1991 年時則是三級行業人口多於二級行業。臺灣在 1950 年前後，屬農業就業人口居多，二級行業的就業人口尚不及三級行業。嗣後在農業就業人口快速下跌的過程中，二級行業就業人口的增加快於三級行業，在 1980 年代二級行業的份量超過了三級行業，但到了 1990 年代則以三級行業占優勢，先是就業人口，稍後是生產毛額都超過了二級行業。總之，綜合工商與人口普查的分析，可以說臺灣在 1990 年代以後已屬於後工業社會了。

　　在 1990 年以後，臺灣與國際社會的交流呈現跳躍的成長。首先從人員的流動觀察，在 1980 年代，外國來臺人次遠大於國人出國人次。來臺人次從 1980 年的近 140 萬增加到 1990 年的近 200 萬，出國人次從近 50 萬提升到近 300 萬，出國人次已遠超過來臺人次。此後外國來臺與國人出國人次都快速增加，在 2010 年前者近 480 萬，後者近 950 萬[3]。另外則是勞動力的流動，來自東南亞的外籍勞動力在 1991 年時，尚不足 3,000 人，至 1995 年近 19 萬人，2010 年達 38 萬人，2015 年增至近 59 萬人；國人至海外工作亦因在 1990 年代前往大陸而有所增加，在政府正式推估的數據，2010 年至 2015 年間每年約有 70 萬人上下，其中約 42 萬人在中國大陸工作[4]。

　　國際貿易一直是臺灣經濟發展的特色，出口的總值在 1980 年近 200 億美元，1990 年為 672 億，2000 年增至 1,407 億，2010 年約 2,512 億，2015 年再增至約 2,853 億；相應各年的進口總值則從近 200 億美元，增至 547 億、1,407 億、2,512 億及 2,372 億。在國際投資方面，在 1980 年代，完全是以來臺外資為主，1980 年的來臺外資約 2.4

3　參考陳東升、周素卿（2006）第五章第一節整理的資料，並以中華民國六十九年交通年鑑（交通研究所，1981）與交通部統計查詢網（https://stat.motc.gov.tw/mocdb/stmain.jsp?sys=100）之「來臺旅客人數按居住地查詢結果網頁」及「國人出國人數按目的地查詢結果網頁」增補。

4　參考勞動部勞動統計查詢網中外籍工作者之數據（https://statfy.mol.gov.tw/statistic_DB.aspx），以及行政院主計總處新聞稿：105 年國人赴海外工作人數統計結果（107.1.31）。

億美元，1985 年約 6.6 億；相應兩年國人對外投資僅略超過 4 千萬美金。至 1990 年，來臺外資與對外投資都大量增加，前者達 20.8 億美元，後者達 15.5 億，仍是來臺資金較高；至 1995 年對外投資近 25 億美元，趨近來臺外資的 27.6 億，2000 年對外投資達 76.8 億美元，超過來臺投資的 75.6 億。此後對外投資金額超過來臺外資越來越多，2010 年分別是 174.4 億與 37 億，2015 年為 217 億與 47.8 億[5]。

在 1950 年代以後的工業發展就有其國際的面向，外銷導向是臺灣的特色，與日本和美國的雙邊關係，一直是臺灣製造業發展的重要基礎。在 1990 年代以後，出國旅遊國人與來臺旅客數量大增，與中國大陸和東南亞國家勞動力流動的成長，臺灣對外投資的增加，都呈現與其他各國的雙向交流。雖然各類交流，仍以中國大陸、東亞與東南亞為多（陳東升、周素卿，2006），但這種全球化的影響與 1980 年代相較，已不可同日而語，與亞洲各國以及歐美國家人員與經貿的互動亦都有倍數成長[6]。1997 年以來的兩次國際金融的波動與臺灣股市的震盪，臺灣的居民很多都直接感受其震撼力。

在 1990 年代臺灣的都市發展亦彰顯了全球化的影響，臺北市信義計畫區的成形是追求全球化的象徵（周素卿，2003），而以臺北市與東亞其他都市作為全球都市的討論亦浮現（Wang, 2003; Tai, 2006, 2010）。Abrahamson 的《全球都市》（*Global Cities*, 2004）一書中顯示，臺北在城市間網路密度上，位居全球都市的第 16 位，並與東京、香港、新加坡、曼谷、上海與北京等為密切的互動群。臺北因是製造

5　參考陳東升、周素卿（2006）第五章第一節整理的資料，並以經濟部投審會 105 年 12 月份核准僑外投資、陸資來臺投資、國外投資、對中國大陸投資統計月報整理年度資料。

6　與中國大陸之間的互動是各項國外互動數量大增的重要因素，扣除中國因素之後，與亞洲各國的互動都見增長，仍占最大份量，但其他區域亦見成長。出國至美洲人次，從 1990 年的 241,519，大幅增至 2000 年的 832,543，2010 年降至 499,518，仍明顯大於 1990 年者；赴歐洲人次，1990 年僅 17,869，邐增至 2000 年 272,449，此後各年度大致都在 20 萬人次以上。來臺旅客人次，美洲地區在 1990 年近 20 萬人次，在 2000 年以後都超過 40 萬人次；歐洲地區亦從 1990 年的約 11 萬人次，提升到 2000 年約 16 萬與 2010 年約 20 萬。來自美洲者的外國人投資，在 1981 至 1990 年間總計約 25 億美元，1991 至 2000 年間約 70.5 億，2001 至 2012 年間近 108 億；來自歐洲的分別為 13.1 億、37.6 億與 241.5 億。同樣的三個十年對美洲投資分別為 12.9 億、41.8 億與 47.3 億，對歐洲分別為 1.1 億、8.4 億與 18.1 億。旅遊人次與投資金額方面，與歐洲互動的增加極其明顯。

業多國公司的總部所在，在綜合指標上位階雖低，仍可名列榜中。而
Taylor 的研究團隊，就 2008 年的指標顯示，臺北在全球網絡連結性
上，位居全球第 20，亞洲第 10，至 2012 年則位居全球第 42，亞洲第
11。縱使臺北在全球指標上的排名退步，但在全球都市的討論上，仍
有一席之地，在亞洲亦是全球連結較密切的都市之一。高雄在 2008 年
位居亞洲第 23，其他都市，則未受注意（Taylor et al., 2011; Taylor &
Ben Derudder, 2016）。

　　相應於全球化趨勢，不只是臺北市，各大都市也都有其反應的方
式，都有其回應的策略，在經濟與文化活動的規劃上都有其國際訴求的
面向。陳東升與周素卿（2006）綜合他們對三大都市因應全球化作為
的觀察：

> 首先，臺北市藉由城市大型空間計畫的運作，例如，信義計畫
> 區，臺北 101、內湖南港科技園區的運作，重新塑造屬於全球
> 意象的都市地景，再藉由城市外交、全球活動的舉辦，……
> 全球文化的實質參與，提升臺北在全球上的重要性。其次，高
> 雄市則是將原有的加工出口區轉型為高科技的生產基地，並且
> 規劃高雄港周邊工業用地為多功能經貿園區，……再結合高
> 雄港境外轉運中心的角色，將高雄市發展為海洋全球都市，
> 另一方面，高雄市積極爭取舉辦各項國際活動，……例如國
> 際旗鼓節、……洲運動會、世界大學運動會等，使得都市節
> 慶化，建立市民參與都市活動的習慣與信心等，並且吸引國內
> 外遊客前來高雄市。高雄也積極建立具有國際水準的休閒觀光
> 城市景觀，……。最後，在臺中市部分，則是市政府積極主導
> 城市開發軸線，引導都市往西發展，藉由重劃區打造屬於全
> 球意象的地景，此外提出臺中市長久以來作為「文化之都」的
> 概念，以古根漢博物館等文化設施的爭取作為吸引全球關注的
> 手段[7]；……除了爭取中央政府對於上述文化全球交流設施的支

7　古根漢博物館案已失敗，但 2015 年完成的臺中歌劇院，由伊東忠雄設計，應為此一訴求
　　的代表案例。

持，也爭取臺灣最具產值的高科技產業，在臺中設置園區。

以上三都市雖然各有其策略，但都在國際產業競爭與國際交流上有其積極作為，臺南市也不例外，在維護其古都風貌之外，亦整治運河，爭取並積極配合「南部科學園區」的開發，啟動臺南高鐵特區的建設（章英華，2011）。不論上述的建設與規劃實際效益為何，相對於本書《前篇》都市發展的背景，1990年以後有其不同的樣貌。在《續篇》中，以四大都會轄下行政區的數據剖析這二十年的變遷。

三、研究的議題與資料

臺灣在工業化之後又進入全球化與後工業化的發展，由都市中心逐漸向外擴展過程中的人口數量變遷，似乎與在北美及西歐的郊區化呈現相同模式，但在居住人口的社會經濟地位及產業上的變遷，如《前篇》所言，有不同的樣貌，在後工業化的階段亦應有其相應的發展。在本篇以經驗資料檢證上述的觀察。討論的議題與使用的資料略述如下：

（一）人口成長與都會範圍之界定：都會化是人口由中心都市向外擴張的過程，外圍的人口成長加速，而中心都市的人口優勢逐漸喪失，甚至到中心人口絕對數量減少的地步。本書針對的四個都會，在1980年代已見早期發展地帶人口遞減的趨勢，而臺北市更逐漸擴散，以致全市人口有減少的跡象。本篇以1980年及以後的四次人口與住宅普查資料，觀察都會人口分布的變化。在都會人口逐漸向外擴張的前提之下，在界定都會的範圍上，保留《前篇》各都會所包含的鄉鎮市區之外，再加入其鄰近的人口有所成長的行政區。這樣的條件之下，排除在都會外圍人口減少或長期停滯的行政區，這些行政區的農林漁牧業人口普遍較多。在所界定的臺北都會分成四個都會帶，其他三都會分成三個都會帶，藉以說明人口逐漸向外擴張的情形。在後面各種社會經濟特質的分析和討論，亦以各環帶為呈現分布與變遷狀態。

（二）經濟活動的變遷：在歐美郊區化的研究中，經濟活動的郊區化，是指都會中郊區在產業上的相對地位增強，甚至有超越中心都市的

情形。一般都認為，除了在工商服務業之外，製造業及很多的與日常生活相關的服務業，也與人口數量一般，在中心都市呈現絕對數量減少的傾向，製造業與分配銷售業是郊區取代中心都市經濟活動的主要成分（Jackson, 1985; Palen, 1995）。在全球化的討論中，特別強調主要都市導控功能的增強，呼應的是生產者服務業的優勢，以及製造業功能往全球的擴散（Sassen, 1991）。

根據 1991 與 2011 年工商普查的資料，我們首先觀察各都會二級行業（包含製造業與營造業）與三級行業（包括分配銷售業、生產者服務業、個人服務與社會服務業）雇用員工數以及在各環帶分布的變化。並進一步討論製造業、分配銷售業（零售與批發業、住宿餐飲業），與生產者服務業（含金融保險業、不動產及租賃業與工商服務業）在各環帶及各行政區分布的變化。分配銷售業與生產者服務業並非普查的分類，經適度調整以符合跨年度的比較[8]。

（三）人口社會經濟地位的轉變：在人口減少過程中，是否相應著高社會經濟地位者外移的現象，是值得長期關注的，在郊區化與士紳化的討論中，中心都市與郊區在社會經濟地位上的轉變，一直是核心議題。人口社會經濟地位的轉變，最常用的指標為教育程度、職業層級與收入。在教育組成的變遷方面，區分成小學以下、國初中、高中職以及大專以上四個類別，運用 1990 年與 2010 年人口與住宅普查的資料，觀察全都會與各環帶的變化，並就大專以上人口與比例的變化呈現各環帶與區間的差異。以同樣兩年度的資料，將職業組成分成專門與行政主管人員、監督佐理人員、買賣與服務工作人員、農林漁牧人員以及生產

8　1991 年工商普查的商業包含零售業、批發業與飲食業，2011 年則批發及零售業自成一類，住宿及餐飲業另為一類，因此在分配銷售業中，2011 年較 1991 年就多了住宿業。1991 年的生產者服務業包含工商普查中的金融保險及不動產與工商服務業，在 2011 年則包含了金融及保險、強制性社會安全業、不動產業、專業、科學及技術服務業與支援服務業。支援服務業中的建築與綠化服務業以及專業科學與技術服務業中的研究發展服務業，應屬 1991 年的社會及個人服務業，而原來包含在工商服務業的資訊服務業則與電信、出版與傳播業等另成資訊及通訊傳播業，而未包含在 2011 年的生產者服務業中。由於各區的行業類別在兩年度中僅有大類的數據，無法再重新整併，因此兩年度大類中包含的小類並不完全相同（中華民國行業標準分類第五次修訂，1991；第八次修訂，2006）。

體力人員五大類，觀察全都會與各環帶的變遷，並以專門與行政主管人員和生產體力人員討論各環帶及區間的差異。至於所得，採用的是財政部財政資訊中心 2000 年與 2010 年的綜合所得稅所得總額的資料，以所得中位數呈現區間與里別的差異，在配合大專以上教育人口、專門與行政主管人員以及生產體力人員分布的討論後，以所得總額里中位數呈現社會經濟地位的分布狀況。

（四）族群與年齡組成的轉變：在郊區化的討論中特別強調育養子女的訴求，意味著不同都市地帶可能在家庭結構與人口組成上有其差異，本篇亦利用兩年度的人口與住宅普查資料，以三階段年齡組成資料呈現不同年齡組的分布狀況，著重在老年人口與幼年人口與比例的變遷以及區間的差異[9]。

從 1990 年代以後臺灣的省籍關係逐漸轉變成族群關係的討論，在 1980 年代因城鄉移民，大量其他族群移入都市地帶，已降低了外省族群特別集中的現象。本篇以 1989 年的戶籍資料和 2011 年的全國客家人口基礎資料調查研究推估的鄉鎮市區外省人口資料為依據[10]。在 1980 年以後，比較特別的可能是都市原住民與新住民的居住狀況，但由於這兩類人口的數量少，除了少數原住民聚居地之外，並沒有很明顯的群聚現象。我們將援引相關文獻，討論原住民與新住民居住分布的意涵。

（五）住宅建築類型的變遷：在歐美郊區化的討論中，獨門獨院的住宅是郊區最主要的住宅建築類型，相應的中心都市則以高樓林立的住

9　三階段年齡組，是將全人口分成 0-14 歲（幼年人口）、15-64 歲（青壯年人口或工作年齡人口）與 65 歲以上（老年人口）三組，通常以 0-14 歲和 65 歲以上人口數除以 15-64 歲人口數，得到扶養比，扶養比越高表示一地或一國的經濟負擔越高。扶養比可能因幼年人口太多或老年人口太多而提高，開發中國家以幼年人口比重大為特色，已開發國家則以老年人口比重大為特色，以扶養比已不足以反映人口問題，會更進一步區分幼比和扶老比。臺灣的老年人口比例在 2010 年時為 10.74%，幼年人口比例為 15.65%；於 2017 年老年人口比例為 13.9%，首度超過幼年人口比例（13.2%）（國家發展委員會，2016）。

10　在 1990 年以後各項官方資料已經沒有籍別的資料，無法區別外省人口的分布。唯一有鄉鎮市區外省人口資料的是客家委員會（2011）進行客家人口基礎資料調查研究中對外省人口比例與數量的推估。其中單一認定是詢問受訪者是屬於八類族群的哪一種人，包含了大陸各省市與大陸客家人；多重認定則詢問「一個人身分可以做多樣的認定，下面幾種身分，你認為自己可做哪種身分的認定？」可就八類中做多重選擇。單一認定中，合大陸各省市與大陸客家人，只占樣本的 7.6%，而多重認定則占 13.6%，由於前者的比例太低，本研究採多重認定的推估數。

宅群為特色。集約都市的訴求則試圖在這兩極型中取得平衡，而以四、五層緊密相鄰的住宅為其理想。臺灣各都會住宅建築類型與變遷，亦是探討都會發展有意義的面向。

在 1980 年人口住宅普查中，住宅建築類型分成傳統農村式、獨院或雙拼式、連棟式五樓以下公寓以及六樓以上公寓或大廈，在 1990 年的普查則增加了六至十二樓公寓與十三樓以上公寓。在以上的類型中，獨院或雙拼住宅比較類似歐美郊區的獨門獨院住宅，六至十二樓和十三樓以上公寓則類似中心都市的大樓住宅，連棟式住宅與五樓以下公寓則類似集約都市訴求的住宅類型。在 2000 年與 2010 年的人口與住宅普查中，住宅建築類型則區分為平房、二至五樓公寓、六至十二樓公寓、十三樓以上公寓。這樣的分類與 1990 年者，只有六至十二樓與十三樓以上公寓可以比較，其餘二類別則混合了 1990 年的四個類別，平房可以是傳統農村住宅與獨院或雙拼住宅，也可能是連棟式住宅，二至五樓公寓，可能包含連棟式住宅與五樓以下公寓，但也可能是獨院或雙拼住宅 [11]。

就 1990 年的資料，住宅建築類型簡化為五類，包含傳統／獨院或雙拼住宅（傳統指傳統農村住宅，數量已少）、連棟式住宅、五樓以下公寓以及六樓以上大樓，2010 年的資料則區分為平房、二至五樓住宅以及六樓以上大樓。我們將以 1990 年的住宅建築類型為討論的基礎，六樓以上住宅可以直接觀察，五樓以下的住宅則以間接推論至 2010 年的變化。

（六）集中係數與區位商數之應用：有關各類社會經濟特質空間分布的分析，與《前篇》相同，在產業的區間差異，除了數量與百分比之外，並以集中係數與區位商數呈現。如果某一區某一行業的集中係數大於 100，表示相對於人口分布較為集中，此一數值越大意味集中度越高，該區占都會該行業的份量越大。如果特定行政區其產業的總雇用量的集中係數大於 100 越多，表示該區在產業上的功能越強。特定行政區

---

11 在臺灣五樓以下公寓大都四樓和五樓的建築，少數是三層樓的建築，而連棟式的住宅以二至四樓居多，獨院或雙拼住宅，應以二至三樓居多。2000 年和 2010 年人口與住宅普查中並未對建築類型說明，在表格中只以樓層數表示，二至五樓應包含各類別的樓房。

某一行業的區位商數大於 100，表示該行政區在該行業的偏向較高，在集中係數低於 100 的區，顯示該區的產業功能較弱，但也可能因較為偏向某一行業，該行業有較高的區位商數。在其他的人口組成方面，如教育、職業與年齡組成及外省人口，則只運用區位商數說明，大於 100 表示某一人口或社經特質的偏向較高。小於 100 則偏向較低。

　　根據以上第六點所說明的方法，本書各以一章分析與討論個別都會人口成長、產業結構、社會與經濟地位、年齡組成、外省人口與住宅類型等的分布與變遷，再以一章進行比較與討論。為呼應郊區化的討論，在比較與討論一章特別引用相關的文獻呈現都會住宅發展的脈絡，還運用交通部 2010 年民眾日常使用運具調查的資料檔，以交叉表呈現各都會工作人口的通勤方向與使用的交通運具。在以上各面向的分析討論，為點出一些長期變遷的特色，直接援引《前篇》的數據或論述，並於結論中總結臺灣都會發展的特色。

第二章
臺北都會

　　本章界定的臺北都會，係在臺北市和新北市轄下，排除了 1980 年以後人口持續流失的外圍各區[1]，其餘轄區視為從臺北舊市區往外擴張的都會地帶。這些地區包含了《前篇》界定之都會區內各區，並分成四個環帶（見圖 2-1）。

　　北市中心：大同、萬華、中正、大安、中山、松山、信義；

　　都會北環：士林、北投、內湖、南港、文山、汐止、深坑、八里、
　　　　　　　淡水、三芝；

　　新北中心：板橋、新店、中和、永和、三重、新莊；

　　都會南環：樹林、土城、三峽、鶯歌、蘆洲、五股、泰山、林口。

　　以上都會範圍，較《前篇》增加了都會北環的八里、淡水與三芝，以及都會南環的鶯歌與三峽。

一、人口成長與分布

　　北市中心包含 1968 年臺北市改制前所轄範圍，其中的大同（含原來的建成、延平與大同三區）與萬華（以原來的龍山和雙園區為主，包含少部分城中和古亭區的里）兩區座落了最早的艋舺、大稻埕與大龍峒等市街，為初始的都市聚落，大約在 1960 年代開始呈現人口負成長。舊有的城中區在 1960 年代，古亭區在 1970 年代亦呈現人口負成長；

1　這些外圍區包括萬里、金山、石門、石碇、瑞芳、平溪、雙溪、貢寮、坪林、烏來。

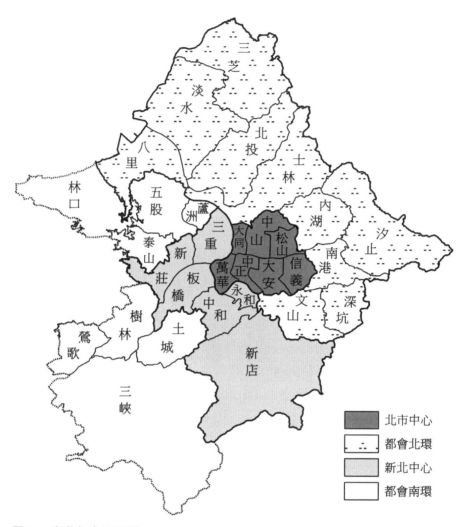

圖 2-1 臺北都會分區圖

這兩區的大部分地帶後來改制合併為中正區。如表 2-1.1 所示，整併之後的大同和中正區，在 1980 年至 2010 年的三十年間，人口持續負成長，減少了三分之一左右的人口，萬華區在 1990 年以後的二十年人口亦減少了近二成。其他的北市中心各區在 1980 年代或 1990 年代亦陸續出現人口負成長，中山區在 1980 年以後的三十年間持續負成長，減少 2 萬 7 千人左右，約十分之一。松山區和信義區在 1990 年以後的

二十年間人口亦呈現負成長趨向[2]。大安區在 1980 年至 1990 年之間，人口明顯增加，以後的二十年則持續下降，減少了近 7 萬 3 千人。1980 年以後的三十年間，人口負成長地區已由臺北市的舊核心的大同與萬華擴大到北市中心的其他各區，構成了臺灣各都會核心中最大範圍的人口遞減地帶。

　　在 1960 和 1970 年代，都會北環屬臺北市的五區（在 1968 年以後併入北市）已快速的成長，在 1980 年之後的三十年間人口仍持續成長。其中，內湖在 1980 年代人口成長速度最快，還快過 1970 年代，自 1980 年以後的三十年間，人口增加 2.42 倍，增近 20 萬人，主要是在 1980 年至 1990 年的增加；其次是文山區，人口增加 55%，10 萬餘人；再則為南港、士林和北投三區，人口增加了三成至四成之間。這五區在 1980 年至 1990 年間成長較快速，嗣後則趨緩。另外的五區屬新北市，位於南港和內湖東鄰的汐止最是突出，人口增加 2.28 倍，增約 16 萬人，主要是 1990 年至 2000 年的成長，三十年間成長速度與數量略低於內湖，但在 1990 年以後的二十年，不論成長速度或數量都大於內湖。緊鄰文山區的深坑，人口雖然增加近 1.42 倍，但人口規模小，2010 年時，僅 23,329 人，主要成長在 1980 年至 2000 年間，到 2010 年，人口還略減。另外則是在西側的八里、淡水和三芝，淡水的增加率為 120%，增加 81,514 人；八里成長率為 97%，但人口增加不到 1 萬 4 千人，總人口亦不及 3 萬人；三芝雖有 28.43% 的成長率，但總數才 20,561 人，2000 年至 2010 年間人口稍減，三十年間僅增加 4,305 人。這幾區在 1990 年至 2000 年間的成長速度高過北市所轄的五區，但在 2000 年以後成長率陡降，深坑、八里和三芝還負成長，人口規模與增加人數都小。

　　在臺北市往南的新北中心各區，在 1970 年代已是臺北都會人口成長速度較快且增量最大的地帶，這一地帶的人口成長導致新北市在

2　信義區係於 1990 年從大安區與松山區劃出部分地區而建置的，因此 1980 年的地理範圍與 1990 年不同。松山區 1990 年人口明顯不及 1980 年的，主要是地理範圍縮小之故，大安區人口反而增加，在地理範圍減少之下，反映人口的實質增加，而松山區以 1980 年的範圍估算，至 1990 年人口可能也如大安一樣是增加的。1990 年以後這三區都人口遞減。

表 2-1.1 臺北都會人口成長，1980-2010

鄉鎮市區	人數				成長率 *			人數增減	
	1980	1990	2000	2010	1990	2000	2010	1980-2010	1990-2010
大同	173,375	147,554	124,961	117,245	-1.61	-1.66	-0.64	-56,130	-30,309
萬華	194,330	230,452	198,577	185,360	1.70	-1.49	-0.69	-8,970	-45,092
中正	238,603	194,305	155,198	148,883	-2.05	-2.25	-0.42	-89,720	-45,422
大安	265,506	368,780	312,529	296,115	3.29	-1.66	-0.54	30,609	-72,665
中山	242,893	252,420	214,079	215,945	0.38	-1.65	0.09	-26,948	-36,475
松山	384,998	215,894	202,410	186,261	-5.78	-0.64	-0.83	-198,737	-29,633
信義	-	240,945	237,120	226,273	-	-0.16	-0.47	226,273	-14,672
北市中心	1,499,705	1,650,350	1,444,874	1,376,082	0.96	-1.33	-0.49	-123,623	-274,268
北投	188,247	248,682	251,348	259,537	2.78	0.11	0.32	71,290	10,855
士林	229,325	309,294	297,883	310,023	2.99	-0.38	0.40	80,698	729
內湖	81,890	204,985	257,435	277,898	9.18	2.28	0.76	196,008	72,913
南港	89,693	114,369	110,868	119,040	2.43	-0.31	0.71	29,347	4,671
文山	178,724	232,795	261,849	277,035	2.64	1.18	0.56	98,311	44,240
汐止	70,031	97,032	185,882	227,117	3.26	6.50	2.00	157,086	130,085
深坑	9,660	13,447	24,252	23,329	3.31	5.90	-0.39	13,669	9,882
八里	14,813	16,724	31,630	28,606	1.21	6.37	-1.00	13,793	11,882
淡水	68,198	91,746	139,336	149,712	2.97	4.18	0.72	81,514	57,966
三芝	16,256	16,843	23,806	20,561	0.35	3.46	-1.47	4,305	3,718
都會北環	946,837	1,345,917	1,584,289	1,692,858	3.52	1.63	0.66	746,021	346,941
三重	350,383	377,477	393,773	390,904	0.74	0.42	-0.07	40,521	13,427
板橋	414,556	533,471	527,791	597,297	2.52	-0.11	1.24	182,741	63,826
新莊	182,623	317,770	387,014	406,235	5.54	1.97	0.48	223,612	88,465
永和	213,630	231,236	231,275	236,993	0.79	0.00	0.24	23,363	5,757
中和	285,365	369,521	409,515	427,398	2.58	1.03	0.43	142,033	57,877
新店	176,663	224,781	288,701	302,691	2.41	2.50	0.47	126,028	77,910
新北中心	1,623,220	2,054,256	2,238,069	2,361,518	2.36	0.86	0.54	738,298	307,262
樹林	75,700	110,358	157,507	185,232	3.77	3.56	1.62	109,532	74,874
鶯歌	47,200	63,891	82,525	86,036	3.03	2.56	0.42	38,836	22,145
土城	60,847	153,371	244,039	253,603	9.24	4.64	0.38	192,756	100,232
三峽	51,382	57,659	85,990	101,229	1.15	4.00	1.63	49,847	43,570
蘆洲	49,242	106,641	170,290	216,283	7.73	4.68	2.39	167,041	109,642
五股	34,569	46,944	76,361	89,179	3.06	4.87	1.55	54,610	42,235
泰山	41,394	61,103	71,772	88,796	3.89	1.61	2.13	47,402	27,693
林口	24,657	34,113	54,789	82,172	3.25	4.74	4.05	57,515	48,059
都會南環	384,991	634,080	943,273	1,102,530	4.99	3.97	1.56	717,539	468,450
總計	4,454,753	5,684,603	6,210,505	6,532,988	2.44	0.88	0.51	2,078,235	848,385

資料來源：1980、1990、2000、2010 年戶口及住宅普查報告

* 各年前十年間的年平均成長率，以後各章同。

1980 年時人口超越臺北市。新北中心包含最早升格為縣轄市的六區，三十年間的成長，除三重和永和在 12% 左右之外，板橋、中和和新店，增加在 44% 和 71% 之間，速度已不如 1970 和 1980 年代。新莊成長率最高，三十年間增加 1.22 倍，增約 23 萬人；板橋在五區中成長率最低，但增加 182,741 人，總數達到 60 萬人，是臺北市和新北市各區中人口數最高者，亦居全臺鄉鎮市區第一位；中和增加 142,033 人；三重和永和增量較小，分別是 40,521 人和 23,363 人。就算是人口增加數量較小的永和，在 2010 年的人口達 236,993 人，居新北中心六區之末，但仍大於都會南環土城以外的其他各區。

再往南和西南的都會南環，均屬新北市，各區人口成長的速度更快，三十年間增加在 82% 至 340% 之間。人口數增加最多的是土城，192,756 人，約 2.4 倍；成長率最高的是蘆洲，增加 3.4 倍，高於土城，但增加人數居次，167,041 人。這幾個區的人口成長速度高於前述新北中心的六區，但人口增加數量稍低，成長最顯著是在 1980 年至 2000 年之間。除了少數幾個區之外，都會南環各區的人口增加率大多高於臺北市與新北中心各區。

以上臺北都會的四個都會帶，合計面積為 1,136 平方公里，在 1960 年代約 130 萬人，1976 年約 210 萬人，在 1980 至 2010 的三十年間，從 4,454,753 人成長到 6,532,988 人，增加了約 200 萬人，是四個都會中面積與人口數最大，增加的人口總數也最多。其中，北市中心自 1990 年代人口為負成長，2010 年較 1980 年減少了約 13 萬人，其餘三個都會帶增數相近，在 75 萬上下，總計約增加 226 萬人。新北中心在 1980 年代的人口數超過北市中心，到 2010 年已超過近百萬人。都會北環和都會南環的人口數量不如新北中心，增加總數相近，但人口成長較快。綜合言之，新北中心、都會北環和都會南環，在 1980 至 2010 年間，人口都明顯增加，增加的數量相近；然而人口增加速度依序是都會南環、北環與新北中心。北市中心在 1990 年以後人口為負成長，整個都會人口仍告增加，只是成長趨緩，增加的人口數和都會的規模都非其他都會可以比擬。

二、產業結構與變遷

　　臺灣的就業人口中屬一級行業者在 1980 年代已經大幅減少了，臺北都會更是明顯。在《前篇》所界定的臺北都會地帶，以受雇人口估計，不到 2% 屬農林漁牧業人口。根據 2011 年工商普查，臺北都會二、三級行業的雇用總人數為 2,870,034 人，估計農林漁牧的總就業人數僅 8,648 人，只占 0.3%[3]。2011 年，北市中心農林漁牧業的受雇人數占 0.04%；新北中心占 0.27%，最高為新店，亦只占 0.97%。都會北環和南環的比例較高，分別為 0.6% 和 0.79%，北環的八里和三芝分別為 6.4% 和 6.5%，明顯大於都會內其他各區，該二區從交通而言，離北市和新北中心帶都較遠，其餘各區的農林漁牧業人口都在 2.55% 以下[4]。總而言之，臺北都會內各區農林漁牧業雇用量都微乎其微了。本節以臺北都會的四個都會帶二、三級行業的變遷，呈現近二十年的工商結構的轉變與地區差異。

（一）二級與三級行業

　　臺北都會二、三級行業總雇用量從 1991 年的 2,224,602 人增至 2011 年的 2,870,034 人，多了約 65 萬人。三級行業雇用人數增加的態勢，從 1991 年約 134 萬人到 2011 年約 208 萬人，增加 74 萬人上下，還大於總雇用量的增加。相應的則是二級行業雇用人數明顯減少，從 884,197 人降至 791,966 人，二十年間減少約 10 萬人。在 1980 年代，三級行業占雇用量的比重已經大於二級行業了，嗣後仍持續增強。在

3　以人口普查屬農林漁牧業的居住人口當作各地該業受雇的人數，加上工商普查的受雇人口為總受雇人數，再計算出農林漁牧業的受雇人口比例，這只是推估的數字。

4　都會範圍以外的新北市各區，農林漁牧業的比例較高，其中萬里、石門、金山和貢寮，占受雇人口 10% 上下，石碇和烏來在 30% 左右，農林漁牧工作人口明顯較高。平溪、雙溪和瑞芳的則在 5% 以下，瑞芳是新北市東北地區重要的市鎮，製造業雇用人數一向都有相當的份量，平溪和雙溪則以服務業的比重高，或許受都會居民休閒活動影響，而臺北都會農林漁牧業比例高的行政區，大都是三級行業的比重大於二級行業，反映類似的趨向。這些鄉區農林漁牧業合計只占總雇用量的 8.63%，整體而言，農林漁牧亦非主要的行業。它們的二級行業和三級行業的總雇用人口僅 19,023 人，相較於四個都會帶的 220 餘萬人，不到百分之一。

1991 年，整個都會的二級行業占四成，三級行業占六成，至 2011 年，後者增高到 72.41% 。

在 1991 年北市中心三級行業占八成，明顯高於其他三個都會帶，都會北環三級行業近五成五，亦多過二級行業了；新北中心與都會南環仍以二級行業為主，占雇用人口的比列分別為 63.22% 和 82.74% 。至 2011 年，北市中心與都會北環三級行業分別提高到近九成與近七成，而新北中心比重亦超過六成，只有都會南環還是二級行業占多數，近六成。北市中心與新北中心，二級行業雇用量在兩個年度呈減少狀態，都會南環在兩年度則都略多於 19 萬人，2011 年略少 200 人，幾乎沒有改變。唯有都會北環，二級行業雇用量在 2011 年較 1991 年多了近 5 萬人。都會北環二級行業雇用量雖增加，但三級行業增加更多，比例仍告上升，其三級行業所占份量依舊大於新北中心。整體說來，以上的變遷反映去工業化的趨勢，很大部分是製造業雇用量減少的結果。

以二、三級行業總雇用人數的集中係數觀察，北市中心從 1991 年的 182 提高到 2011 年的 207，意味其在產業雇用量相對於人口的集中優勢未曾減弱，就業功能明顯大於其他三環帶，而三級行業的擴張（集中係數從 244 略升至 252）是此一優勢的基石。其餘三個都會帶的總雇用人數的集中係數，在兩年度都低於 100。都會北環則呈現相對優勢，集中係數從 54 提高到 80，二、三級行業都有明顯增量。都會北環二、三級行業的集中係數在 2011 年都低於 100，但二級行業的偏向略強於三級行業，區位商數達 110。新北中心兩年度的集中係數都是 66，其產業雇用量相對於人口的比重不及都會北環，居住功能明顯大於就業功能。新北中心二級行業的人口減少，三級行業雇用人口的增加尚未能彌補二級行業流失的雇用量。其二級行業的區位商數在兩年度分別為 159 和 142，偏向略減，但明顯大於北市中心和都會北環。都會南環在 1991 年總雇用量集中係數為 95，高於都會北環與新北中心，主要是當時二級行業占全都會的比例遠高於其他都會地區，但到了 2011 年，集中係數降到 69，低於都會北環，略高於新北中心，反映著在人口增加過程中，二級行業雇用量卻未增加的狀態。不過二級行業的區位商數分別為 208 和 211，其二級行業的偏向明顯高於其他三個都會帶。

（二）製造業

　　二級產業中以製造業的份量最重，與二級行業整體趨勢一樣，2011年的雇用人數不及 1991 年，減少 77,980 人（見表 2-2.1），占二級行業總減少量的 84.54%。北市中心除大安區略有增加之外，各區製造業的雇用量均降低。就圖 2-2.1a 與圖 2-2.1b 觀察，北市中心製造業集中係數偏低的情況較區位商數不明顯，但集中係數的中位數與最高值一直都低於其他都會帶，區位商數更明顯低於其他各都會帶。兩年度的集中係數的中位數分別為 47 和 70，最高值則為 94 和 118，略有增高。在 2011 年，集中係數大於 100 的只有中山區（見表 2-2.1）。然而，就區位商數觀察，北市中心製造業在 1991、2011 兩年度的中位數分別為 31 和 34，最高值為 57 和 45，反而下降，中山區亦只有 34。綜合而言，北市中心製造業在臺北都會的相對比重明顯較低，而製造業集中度較高的區，區位商數亦偏低，在各區內均為弱勢產業。

　　都會北環製造業雇用量集中係數的一般值，從 1991 年的 66 提高到 2011 年的 90，仍低於新北中心和都會南環，中位數從 103 降至 95，最高值從 262 降至 187，顯示很多區的製造業增長不及人口成長的速度。就表 2-2.1 的集中係數觀察都會北環 2011 年各區的製造業，大於 100 的有新北市的汐止（187）、深坑（149）和八里（130）以及臺北市的內湖（176）和南港（110）。各區製造業的區位商數差異甚大，最低值一直都出現在文山區，在 1991 年低於 100 的尚有北投和士林；而新北市的汐止、深坑、八里和淡水，都在 185 以上，深坑則高達 268，製造業偏向明顯，均高於臺北市內湖（110）和南港（140）。到了 2011 年，各區的區位商數普遍降低，但原來偏高的汐止、深坑、淡水和八里，仍在 140 以上，三芝也有 137，都會北環屬新北市各區，製造業的偏向仍強，屬臺北市的各區則都在 100 左右或以下，製造業的偏向較弱。

表 2-2.1 臺北都會各區產業結構：員工數、百分比、區位商數與集中係數，1991、2011

臺北都會	年度	二級行業 人數	%	商數	係數	三級行業 人數	%	商數	係數	合計 人數	係數	製造業 人數	%	商數	係數	生產者服務業 人數	%	商數	係數	分配銷售業 人數	%	商數	係數
大同	1991	19,885	20.90	53	87	75,270	79.10	131	216	95,155	165	16,993	17.86	57	94	6,078	6.39	57	94	57,767	60.71	181	298
	2011	11,667	13.13	48	82	77,195	86.87	120	207	88,862	173	8,627	9.71	45	78	21,203	23.86	113	196	40,064	45.09	133	230
萬華	1991	13,348	20.02	50	37	53,319	79.98	133	98	66,667	74	9,912	14.87	48	35	4,290	6.43	58	43	32,826	49.24	147	108
	2011	6,664	12.47	45	30	46,783	87.53	121	80	53,447	66	4,525	8.47	39	26	5,967	11.16	53	35	27,965	52.32	154	102
中正	1991	29,570	17.56	44	98	138,834	82.44	137	303	168,404	221	11,114	6.60	21	47	38,938	23.12	207	459	59,382	35.26	105	233
	2011	16,220	9.61	35	90	152,548	90.39	125	321	168,768	257	9,879	5.85	27	70	56,236	33.32	158	407	51,785	30.68	91	233
大安	1991	61,791	23.57	59	108	200,369	76.43	127	230	262,160	182	17,783	6.78	22	39	61,297	23.38	209	380	101,914	38.87	116	210
	2011	35,935	14.34	52	99	214,686	85.66	118	226	250,621	191	18,110	7.23	34	64	79,649	31.78	151	288	88,599	35.35	104	199
中山	1991	46,976	15.43	39	120	257,563	84.57	140	433	304,539	308	29,178	9.58	31	94	52,573	17.26	155	477	138,574	45.50	136	418
	2011	39,599	12.17	44	152	285,881	87.83	121	417	325,480	344	24,111	7.41	34	118	111,084	34.13	162	558	113,023	34.73	102	353
松山	1991	37,780	19.50	49	113	155,960	80.50	134	306	193,740	229	18,810	9.71	31	71	33,506	17.29	155	355	85,371	44.06	131	301
	2011	21,810	10.25	37	95	190,893	89.75	124	318	212,703	257	12,394	5.83	27	70	80,001	37.61	179	459	72,099	33.90	100	257
信義	1991	15,294	18.38	46	41	67,937	81.62	135	120	83,231	88	7,420	8.91	29	25	12,096	14.53	130	115	35,670	42.86	128	113
	2011	15,623	10.04	36	57	139,913	89.96	124	195	155,536	157	8,489	5.46	25	40	61,380	39.46	188	294	56,671	36.44	108	168
北市中心	1991	224,644	19.14	48	88	949,252	80.86	134	244	1,173,896	182	111,210	9.47	30	55	208,778	17.79	159	290	511,504	43.57	130	236
	2011	147,518	11.75	43	88	1,107,899	88.25	122	252	1,255,417	207	86,135	6.86	32	66	415,520	33.10	157	326	450,206	35.86	106	219
北投	1991	10,576	28.91	73	27	26,002	71.09	118	44	36,578	38	8,463	23.14	74	28	1,436	3.93	35	13	13,498	36.90	110	41
	2011	16,835	27.22	99	53	45,003	72.78	101	54	61,838	54	13,333	21.56	100	54	6,777	10.96	52	28	18,789	30.38	90	49
士林	1991	20,698	30.61	77	43	46,912	69.39	115	64	67,610	56	16,628	24.59	79	44	3,855	5.70	51	29	33,287	49.23	147	82
	2011	17,182	23.00	83	46	57,507	77.00	106	58	74,689	55	11,639	15.58	72	40	8,395	11.24	53	29	32,539	43.57	129	70
內湖	1991	17,597	44.41	112	55	22,026	55.59	92	46	39,623	49	13,619	34.37	110	54	2,066	5.21	47	23	14,027	35.40	105	52
	2011	56,006	26.64	97	167	154,190	73.36	101	175	210,196	172	46,042	21.90	102	176	27,650	13.15	63	108	80,964	38.52	114	196
南港	1991	22,943	50.63	127	129	22,376	49.37	82	83	45,319	101	19,854	43.81	140	142	1,532	3.38	30	31	13,342	29.44	88	89
	2011	14,844	23.41	85	103	48,567	76.59	106	128	63,411	121	12,414	19.58	91	110	12,190	19.22	91	111	23,163	36.53	108	131
文山	1991	7,258	29.38	74	20	17,443	70.62	117	32	24,701	27	2,077	8.41	27	7	1,788	7.24	65	18	10,716	43.38	129	35
	2011	5,117	14.16	51	15	31,009	85.84	119	35	36,126	30	1,016	2.81	13	4	5,220	14.45	69	20	14,008	38.78	114	34

表 2-2.1 臺北都會區各區產業結構：員工數、百分比、區位商數與集中係數，1991、2011（續）

臺北都會	年度	二級行業				三級行業				合計		製造業				生產者服務業				分配銷售業			
		人數	%	商數	係數	人數	%	商數	係數	人數	係數	人數	%	商數	係數	人數	%	商數	係數	人數	%	商數	係數
汐止	1991	25,488	73.24	184	169	9,314	26.76	44	41	34,802	92	23,615	67.86	217	199	678	1.95	17	16	4,235	12.17	36	33
	2011	46,069	51.53	187	168	43,336	48.47	67	60	89,405	90	40,052	44.80	208	187	7,858	8.79	42	37	23,115	25.85	76	68
深坑	1991	4,451	86.48	218	213	696	13.52	22	22	5,147	98	4,311	83.76	268	262	56	1.09	10	10	379	7.36	22	21
	2011	3,854	51.79	188	137	3,588	48.21	67	48	7,442	73	3,278	44.05	205	149	411	5.52	26	19	2,348	31.55	93	68
八里	1991	1,992	63.16	159	77	1,162	36.84	61	29	3,154	48	1,827	57.93	185	89	58	1.84	16	8	627	19.88	59	29
	2011	4,408	46.19	167	126	5,135	53.81	74	56	9,543	75	3,546	37.16	173	130	483	5.06	24	18	2,337	24.49	72	54
淡水	1991	16,990	63.74	160	119	9,664	36.26	60	45	26,654	74	16,016	60.09	192	143	755	2.83	25	19	5,113	19.18	57	42
	2011	13,960	37.62	136	77	23,143	62.38	86	49	37,103	57	11,223	30.25	141	79	3,899	10.51	50	28	12,124	32.68	96	54
三芝	1991	2,581	79.29	199	99	674	20.71	34	17	3,255	49	2,422	74.41	238	118	43	1.32	12	6	411	12.63	38	19
	2011	1,740	45.62	165	70	2,074	54.38	75	32	3,814	42	1,124	29.47	137	58	249	6.53	31	13	1,169	30.65	90	38
都會北環	1991	130,574	45.52	115	62	156,269	54.48	90	49	286,843	54	108,832	37.94	121	66	12,267	4.28	38	21	95,635	33.34	99	54
	2011	180,015	30.33	110	88	413,552	69.67	96	77	593,567	80	143,667	24.20	112	90	73,132	12.32	59	47	210,556	35.47	105	84
三重	1991	74,151	61.30	154	126	46,814	38.70	64	53	120,965	82	67,092	55.46	177	145	6,624	5.48	49	40	30,868	25.52	76	62
	2011	48,994	39.60	144	104	74,733	60.40	83	60	123,727	72	41,455	33.51	156	113	12,164	9.83	47	34	47,328	38.25	113	82
板橋	1991	61,118	53.40	134	74	53,335	46.60	77	42	114,453	55	46,382	40.52	130	71	7,431	6.49	58	32	30,248	26.43	79	43
	2011	35,974	26.07	94	50	102,042	73.93	102	54	138,016	53	19,801	14.35	67	35	29,178	21.14	100	53	46,921	34.00	100	53
新莊	1991	87,647	77.57	195	177	25,349	22.43	37	34	112,996	91	84,208	74.52	238	217	2,391	2.12	19	17	15,672	13.87	41	38
	2011	69,091	53.60	194	140	59,808	46.40	64	46	128,899	72	60,879	47.23	219	159	10,850	8.42	40	29	34,812	27.01	80	58
永和	1991	9,719	33.19	84	27	19,565	66.81	111	36	29,284	32	4,907	16.76	54	17	2,840	9.70	87	28	12,163	41.53	124	40
	2011	5,869	14.24	52	20	35,352	85.76	118	47	41,221	40	2,189	5.31	25	10	8,410	20.40	97	38	17,013	41.27	122	48
中和	1991	58,777	69.50	175	102	25,792	30.50	51	30	84,569	58	50,187	59.34	190	111	2,615	3.09	28	16	15,083	17.84	53	31
	2011	67,427	43.58	158	131	87,285	56.42	78	64	154,712	83	56,630	36.60	170	141	15,730	10.17	48	40	52,322	33.82	100	83
新店	1991	42,350	64.50	162	121	23,310	35.50	59	44	65,660	75	35,906	54.68	175	131	2,219	3.38	30	23	10,400	15.84	47	35
	2011	42,034	42.38	154	115	57,161	57.62	80	59	99,195	75	34,373	34.65	161	120	10,931	11.02	52	39	29,786	30.03	89	66
新北中心	1991	333,762	63.22	159	104	194,165	36.78	61	40	527,927	66	288,682	54.68	175	115	24,120	4.57	41	27	114,434	21.68	65	42
	2011	269,389	39.28	142	94	416,381	60.72	84	56	685,770	66	215,327	31.40	146	97	87,263	12.72	60	40	228,182	33.27	98	65

表 2-2.1　臺北都會各區產業結構：員工數、百分比、區位商數與集中係數，1991、2011（續）

臺北都會	年度	二級行業				三級行業				合計		製造業				生產者服務業				分配銷售業			
		人數	%	商數	係數	人數	%	商數	係數	人數	係數	人數	%	商數	係數	人數	%	商數	係數	人數	%	商數	係數
樹林	1991	51,404	86.56	218	299	7,979	13.44	22	31	59,383	138	49,926	84.07	269	370	815	1.37	12	17	4,367	7.35	22	30
	2011	50,421	70.76	256	222	20,839	29.24	40	35	71,260	86	46,834	65.72	305	264	3,366	4.72	22	19	13,008	18.25	54	47
鶯歌	1991	20,047	86.45	218	202	3,141	13.55	22	21	23,188	93	19,532	84.23	269	250	210	0.91	8	8	2,027	8.74	26	24
	2011	16,524	62.93	228	157	9,733	37.07	51	35	26,257	69	14,696	55.97	260	179	1,243	4.73	22	15	6,796	25.88	76	53
土城	1991	44,688	83.47	210	187	8,852	16.53	27	24	53,540	89	42,620	79.60	255	227	611	1.14	10	9	5,122	9.57	29	25
	2011	48,911	60.64	220	159	31,745	39.36	54	39	80,656	72	44,003	54.56	254	183	8,863	10.99	52	38	16,325	20.24	60	43
三峽	1991	11,946	78.80	198	133	3,213	21.20	35	24	15,159	67	10,861	71.65	229	154	208	1.37	12	8	1,838	12.12	36	24
	2011	8,066	38.99	141	66	12,624	61.01	84	39	20,690	47	6,462	31.23	145	68	1,370	6.62	31	15	7,327	35.41	105	49
蘆洲	1991	16,061	70.45	177	97	6,738	29.55	49	27	22,799	55	14,699	64.47	206	113	742	3.25	29	16	4,347	19.07	57	31
	2011	14,010	38.81	141	54	22,092	61.19	85	32	36,102	38	10,108	28.00	130	50	3,815	10.57	50	19	13,344	36.96	109	42
五股	1991	22,913	83.34	210	314	4,581	16.66	28	41	27,494	150	22,683	82.50	264	395	192	0.70	6	9	3,369	12.25	37	55
	2011	35,905	66.09	239	327	18,426	33.91	47	64	54,331	137	32,884	60.53	281	384	3,684	6.78	32	44	11,877	21.86	65	88
泰山	1991	19,700	80.73	203	207	4,702	19.27	32	33	24,402	102	18,853	77.26	247	252	225	0.92	8	8	2,964	12.15	36	37
	2011	11,071	52.62	191	103	9,969	47.38	65	35	21,040	54	9,358	44.48	207	112	1,195	5.68	27	15	6,863	32.62	96	52
林口	1991	8,458	84.83	213	159	1,513	15.17	25	19	9,971	75	7,671	76.93	246	184	194	1.95	17	13	914	9.17	27	20
	2011	10,136	40.64	147	101	14,808	59.36	82	56	24,944	69	8,115	32.53	151	104	4,592	18.41	87	60	7,890	31.63	93	64
都會南環	1991	195,217	82.74	208	198	40,719	17.26	29	27	235,936	95	186,845	79.19	253	241	3,197	1.36	12	12	24,948	10.57	32	30
	2011	195,044	58.17	211	145	140,236	41.83	58	40	335,280	69	172,460	51.44	239	165	28,128	8.39	40	27	83,430	24.88	73	51
總計	1991	884,197	39.75			1,340,405	60.25			2,224,602		695,569	31.27			248,362	11.16			746,521	33.56		
	2011	791,966	27.59			2,078,068	72.41			2,870,034		617,589	21.52			604,043	21.05			972,374	33.88		

資料來源：1991、2011 年工商及服務業普查

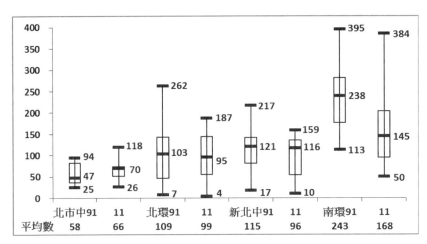

圖 2-2.1a 臺北都會製造業集中係數箱形圖

資料來源：同表 2-2.1

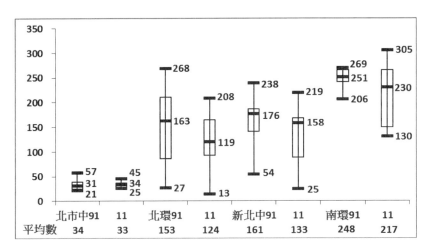

圖 2-2.1b 臺北都會製造業區位商數箱形圖

資料來源：同表 2-2.1

　　新北中心製造業的集中係數，從 1991 年的 115 降至 2011 年的 97，仍高於北市中心與都會北環。各區集中係數的中位數在 1991 和 2011 兩年度，分別是 121 和 116，區位商數的中位數為 176 和 158，顯示在都會區內製造業的相對份量較高，同時各區的製造業偏向都高於北市

中心和都會北環。但永和與板橋則是例外,永和的集中係數都在 20 以下,區位商數都在 55 以下;板橋的集中係數從 71 降到 35,區位商數則從 130 降到 67,兩區的製造業,在都會區占的相對比重低,在區內的偏向亦弱。其他四區的集中係數和區位商數雖遞減,但在 2011 年時,集中係數在 113 至 159 之間,區位商數在 156 至 219 之間,在都會區的製造業相對比重高,區內製造業的偏向亦高於其他行業,仍屬製造業優勢地區。

都會南環製造業的份量更是明顯,集中係數的中位數雖然明顯降低,仍高於其他各都會帶,而最高值的降幅不大,亦高於其他各都會帶。區位商數變化不大,都一直明顯偏高,而最高值還上升,亦是全都會的最高值。八個區的集中係數在 1991 年時都大於 100。最低的是蘆洲的 113,在 2011 年下降到 50,另外,三峽亦降至 68;不過蘆洲和三峽製造業的區位商數在 2011 年分別是 130 和 145,在該區仍是較重要的行業。其餘六區製造業的集中係數在 104 至 384 之間,區位商數則在 151 至 305 之間,不僅在都會的相對比重高,在各區內的偏向亦高,是臺北都會製造業優勢最強地帶。

(三)生產者服務業與分配銷售業

生產者服務業是全球化過程中的優勢行業,一向以集中於都會中心地帶為特色。臺北都會在 1991 年的雇用人數近 25 萬,2011 年則超過 60 萬,二十年間增加約 1.4 倍。與製造業不同,北市中心占有最大的比例,在 1991 年有 208,778 人,占全都會約八成四;在 2011 年有 415,520 人,占了全都會約七成。北市中心的集中係數在兩年間增高,區位商數略降,但均明顯高於其他三個都會帶,而集中係數與區位商數的一般值與中位數都是其他三都會帶 7 倍以上。圖 2-2.2a 和圖 2-2.2b 清楚呈現北市中心與其他都會帶集中係數和區位商數的懸殊差異,區位商數與其他環帶的差異較小,然而中位數亦明顯高於其他三個都會帶的最高值。萬華區為例外,在兩年度的集中係數和區位商數都低於 60,不僅相對份量弱,在區內亦為弱勢行業。其餘各區在 2011 年集中

係數以中山區最高，達 558，松山和中正大於 400，大安和信義在 290 左右；大同區最低，為 196，亦高於其他三個都會帶的最高值。至於區位商數，大同為 113，中正、大安、中山、松山和信義在 151 至 188 之間，最高的是信義區。以上五個區生產者服務業的集中係數和區位商數都高於分配銷售業，不僅是集中的地區，亦是各區最突出的產業。

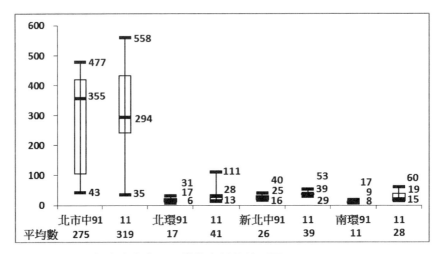

圖 2-2.2a　臺北都會生產者服務業集中係數箱形圖

資料來源：同表 2-2.1

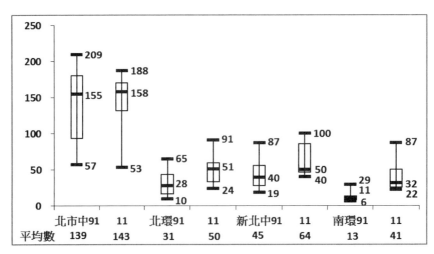

圖 2-2.2b　臺北都會生產者服務業區位商數箱形圖

資料來源：同表 2-2.1

　　其他三都會帶，生產者服務業的雇用人數都增加，集中係數和區位商數亦均提高，但明顯低於北市中心。都會北環的內湖和南港在 2011 年集中係數提高到 100 以上，顯示相當的成長，但區位商數低於分配銷售業。南港和內湖以外的新北中心和都會北環的各區的集中係數，都在 55 以下，板橋（100）、永和（97）和林口（87）以外各區的區位商數都在 70 以下，與北市中心差距甚大。

　　臺北都會分配銷售業的雇用人數遠大於生產者服務業，亦高於製造業，呈現增加趨勢。在 1991 年時，分配銷售業的人數為 74 萬，略多於製造業 5 萬，但在製造業雇用量減少的趨勢下，分配銷售業至 2011 年增加約 20 萬人，達 97 萬餘人，超過製造業約 35 萬人。北市中心，分配銷售業雇用量的成長不如生產者服務業，從集中係數和區位商數圖（圖 2-2.3a 和圖 2-2.3b）觀察，臺北都會的分配銷售業的確未如生產者服務業顯示那麼強的集中現象，不過北市中心在該行業的優勢仍然突出。在 1991 年和 2011 年的集中係數的中位數，高於其他三都會帶的最高值，在 2011 年，除了都會北環的最高值之外，其他各區的集中係數均低於北市中心的最低值。北市中心各區中只有萬華的係數為 102，其餘在 168 至 353 之間，亦即各區都提供高於其人口比例的分配銷售雇用量。其他都會帶各區分配銷售業的集中係數都低於 100，唯有都會北環的內湖達 196，南港達 131，呈現較特出的發展。在區位商數方面，北市中心的最高值、中位數與最低值均高於其他三都會帶，其他三都會帶的中位數與最高值都相差不遠，在都會北環與新北中心亦見部分地區分配銷售業的比例高於一般值的情形，以製造業占優勢的都會南環，各區分配銷售業的區位商數都在 100 以下。

　　2011 年時，在北市中心，萬華分配銷售業的區位商數達 154，大同為 133，是北市中心和全臺北都會最高與次高者，顯示相對於生產者服務業的優勢，而其他各區都是生產者服務業的區位商數高於分配銷售業。其他三個都會帶，各區均與萬華和大同相似，分配銷售業的區位商數大於生產者服務業。在都會北環分配銷售業商數高於 100 的有士林、內湖、南港和文山，在新北中心，有三重和永和，都會南環有三峽與蘆洲。總之，北市中心在生產者服務業的優勢最為突出，仍具分配銷售業

優勢。分配銷售業由北市中心向外擴散的傾向高於生產者服務業，以都會北環的內湖和南港以及新北中心的三重和永和較突出，而在這些三級行業偏向較低的地區，分配銷售業的偏向大於生產者服務業。

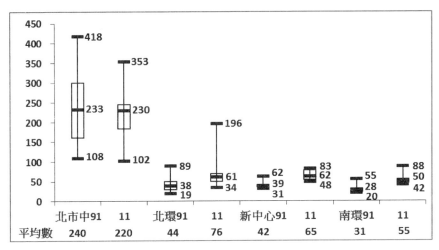

圖 2-2.3a　臺北都會分配銷售業集中係數箱形圖

資料來源：同表 2-2.1

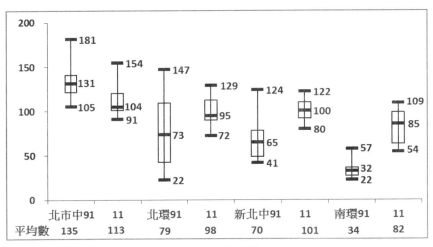

圖 2-2.3b　臺北都會分配銷售業區位商數箱形圖

資料來源：同表 2-2.1

（四）產業變遷的趨勢

在 1950 年代，臺北都會外圍地區尚有高比例一級行業（農林漁牧）就業人口，但已經低於 15%，嗣後的產業發展，就以二級和三級行業的變化為主。在臺灣工業化才起步的 1950 年代，二級行業的比重明顯不及三級行業，到了 1960 年代，製造業的雇用人數大量增加，整個二級行業的雇用人數超過了三級行業；在 1970 年代三級行業的增加速度超過二級行業；至 1980 年代，二級行業與三級行業比重相當，製造業的雇用人數仍趨近四成，二級行業仍只略低於五成。在 1990 年以後的二十年間，三級行業雇用量持續增加，占都會雇用量的比重從六成提高到超過七成，製造業降到只占二成，二級行業合計不到三成，製造業和整個三級行業的雇用量都減少，臺北都會去工業化極其明顯，後工業的特質很是明確。

在 1970 年代和 1980 年代工業化階段，北市中心的三級行業已具明顯優勢，至於臺北都會的其他各環帶都是二級行業，特別是製造業雇用量大於三級行業的狀態。在製造業的分布上有北市中心以西和以東的差異，都會北環製造業的比重明顯不及新北中心和都會南環。在 1991 年以後的二十年間，北市中心在三級行業的優勢未曾稍減，都會北環和新北中心三級行業雇用比重陸續大於二級行業，在 2011 年三級行業雇用量分別占七成和六成，只有都會南環的雇用量是二級行業占多數。在二級行業占絕大份量的製造業，雇用量 1991 年至 2011 年間只有都會北環增加，但因三級行業成長的速度更快，僅屬新北市的各區製造業的比例仍然偏高。在北市中心、新北中心和都會南環雇用量都減少，但新北中心和都會南環各區，除永和與板橋之外，因過去的基礎都在製造業，仍呈現明顯的製造業優勢，都會南環這種優勢更強。

生產者服務業在 1991 年之後集中於北市中心的情況未曾稍減，萬華以外的各區的集中係數都明顯高於其他各區，除了萬華與大同以外，其餘各區生產者服務業的區位商數均大於分配銷售業，北市中心在生產者服務業的優勢更強於分配銷售業。其他環帶各區的生產者服務業與分配銷售業的集中係數和區位商數，均明顯低於北市中心的優勢區。在

2011 年，僅都會北環的內湖和南港生產者服務業有大於 100 的集中係數，分配銷售業有大於 100 的集中係數和區位商數，板橋在生產者服務業和分配銷售業的區位商數都正好 100，三重、永和與中和在分配銷售業的區位商數等於或大於 100。這些區都是北市中心以外都會地帶三級行業較居優勢者，但與北市中心相距甚大，大都是製造業的比重明顯大於其生產者服務業與分配銷售業。

三、社會與經濟地位

（一）教育組成

　　臺北都會人口的教育組成在 1990 年與 2010 年之間有很大的變化，小學以下教育人口急遽減少，大專以上教育人口快速增加。在 1990 年時，15 歲以上人口，國小以下占 35.96%，2011 年時降至 11.71%，大專以上人口的比例則從 19.23% 提高到 47.17%，已接近半數（見表 2-3.1）。在 1980 年代中等教育與初等教育人口數量大致相當，但都大於高等教育人口，到 2010 年初等教育人口大幅下降，占比例最低，高等教育人口數量最大，還超過中等教育人口。

　　北市中心大專以上人口比例在 1990 年和 2010 年分別為 27.91% 和 57.22%，在兩個年度都是四個都會帶中最高者，二十年間增加近 30 個百分點，區位商數雖從 145 降至 121，仍屬全都會最高者。各區區位商數的中位數和最高值都下降，但最高值、中位數與最低值仍高於其他三環（見圖 2-3.1）。1990 年區位商數依序為 208（大安）、163（中正、松山）、133（信義、中山）、84（大同）和 78（萬華）。在 2010 年時，區位商數原來超過 100 的都降低，大安為 148，松山 135，中正 128，中山 119，信義 117；低於 100 的大同和萬華則提高到 95 和 83（見表 2-3.1）。各區間的順位略有改變，區間的差距降低。區位商數降低的五區，仍大於文山與內湖之外的其他各區，這五區應是臺北都會大專以上教育人口最優勢地帶。大同的區位商數高於都會北環和新北中心的中位數，大致居於全都會的中間位置，而萬華則低於都會北環和新北中心的

中位數，大專以上人口比例偏低。

表 2-3.1　臺北都會各區教育組成：人數、百分比與區位商數，1990、2010

鄉鎮市區	年別	國小以下 人數	%	商數	國（初）中 人數	%	商數	高中（職） 人數	%	商數	大專及以上 人數	%	商數	合計 人數
大同	1990	49,092	36.14	101	25,888	19.06	104	39,005	28.71	109	21,850	16.09	84	135,835
	2010	13,898	13.58	116	11,622	11.35	93	30,794	30.08	104	46,062	44.99	95	102,376
萬華	1990	80,456	37.96	106	41,816	19.73	107	57,924	27.33	103	31,735	14.97	78	211,931
	2010	27,440	16.79	143	22,095	13.52	111	49,754	30.45	105	64,108	39.23	83	163,397
中正	1990	47,811	26.57	74	26,269	14.60	80	49,555	27.54	104	56,299	31.29	163	179,934
	2010	10,923	8.29	71	11,000	8.35	69	30,417	23.08	80	79,456	60.29	128	131,796
大安	1990	73,519	21.42	60	41,079	11.97	65	91,521	26.67	101	137,075	39.94	208	343,194
	2010	13,238	5.06	43	15,385	5.88	48	50,138	19.16	66	182,933	69.90	148	261,694
中山	1990	63,200	27.07	75	37,803	16.19	88	72,893	31.22	118	59,601	25.53	133	233,497
	2010	15,469	8.04	69	16,428	8.54	70	52,353	27.21	94	108,129	56.21	119	192,379
松山	1990	49,974	25.08	70	28,073	14.09	77	58,851	29.54	112	62,352	31.29	163	199,250
	2010	10,082	6.22	53	10,950	6.76	56	37,660	23.24	80	103,324	63.77	135	162,016
信義	1990	66,810	30.31	84	34,133	15.49	84	62,965	28.57	108	56,491	25.63	133	220,399
	2010	21,663	10.76	92	17,523	8.71	72	50,875	25.27	87	111,227	55.26	117	201,288
北市中心	1990	430,862	28.27	79	235,061	15.42	84	432,714	28.39	107	425,403	27.91	145	1,524,040
	2010	112,713	9.28	79	105,003	8.64	71	301,991	24.86	86	695,239	57.22	121	1,214,946
北投	1990	76,926	33.93	94	40,101	17.69	96	62,030	27.36	103	47,660	21.02	109	226,717
	2010	27,996	12.34	105	21,218	9.35	77	60,066	26.47	91	117,632	51.84	110	226,912
士林	1990	93,418	33.16	92	46,450	16.49	90	77,488	27.50	104	64,398	22.86	119	281,754
	2010	33,134	12.22	104	27,955	10.31	85	69,644	25.68	89	140,454	51.79	110	271,187
內湖	1990	59,692	32.93	92	28,550	15.75	86	51,783	28.57	108	41,246	22.75	118	181,271
	2010	21,378	8.98	77	18,070	7.59	62	63,345	26.62	92	135,141	56.80	120	237,934
南港	1990	39,828	38.26	106	18,853	18.11	99	28,717	27.59	104	16,691	16.04	83	104,089
	2010	13,788	13.49	115	10,538	10.31	85	28,883	28.25	98	49,024	47.95	102	102,233
文山	1990	61,748	28.96	81	31,963	14.99	82	58,559	27.47	104	60,917	28.57	149	213,187
	2010	20,913	8.71	74	18,219	7.58	62	55,904	23.27	80	145,171	60.44	128	240,207
汐止	1990	37,041	42.55	118	17,192	19.75	108	21,956	25.22	95	10,856	12.47	65	87,045
	2010	17,861	9.39	80	20,933	11.01	90	60,394	31.76	110	90,984	47.84	101	190,172
深坑	1990	5,540	45.88	128	2,553	21.14	115	2,815	23.31	88	1,168	9.67	50	12,076
	2010	3,541	17.84	152	2,828	14.25	117	5,949	29.98	104	7,526	37.93	80	19,844
八里	1990	7,995	53.49	149	3,534	23.64	129	2,594	17.35	66	825	5.52	29	14,948
	2010	4,878	20.37	174	4,996	20.87	171	7,658	31.98	110	6,412	26.78	57	23,944
淡水	1990	33,210	39.89	111	16,386	19.68	107	18,762	22.54	85	14,898	17.89	93	83,256
	2010	13,206	10.32	88	15,684	12.26	101	36,113	28.22	97	62,953	49.20	104	127,956
三芝	1990	8,157	53.05	148	3,627	23.59	128	2,723	17.71	67	869	5.65	29	15,376
	2010	4,458	25.16	215	4,272	24.11	198	5,413	30.55	105	3,576	20.18	43	17,719
都會北環	1990	423,555	34.73	97	209,209	17.15	93	327,427	26.84	101	259,528	21.28	111	1,219,719
	2010	161,153	11.05	94	144,713	9.92	82	393,369	26.98	93	758,873	52.05	110	1,458,108

表 2-3.1 臺北都會各區教育組成：人數、百分比與區位商數，1990、2010（續）

鄉鎮市區	教育 年別	國小以下			國（初）中			高中（職）			大專及以上			合計
		人數	%	商數	人數	%	商數	人數	%	商數	人數	%	商數	人數
三重	1990	159,110	46.99	131	74,141	21.90	119	77,140	22.78	86	28,200	8.33	43	338,591
	2010	55,659	16.63	142	58,254	17.40	143	102,827	30.71	106	118,043	35.26	75	334,783
板橋	1990	202,899	42.35	118	102,960	21.49	117	117,866	24.60	93	55,369	11.56	60	479,094
	2010	68,159	13.32	114	72,634	14.20	117	153,703	30.05	104	217,032	42.43	90	511,528
新莊	1990	125,268	44.31	123	65,090	23.03	125	63,927	22.61	85	28,407	10.05	52	282,692
	2010	44,613	13.09	112	56,688	16.63	137	111,397	32.68	113	128,148	37.60	80	340,846
永和	1990	65,671	31.06	86	34,382	16.26	89	61,256	28.97	110	50,121	23.71	123	211,430
	2010	17,676	8.60	73	20,112	9.79	80	59,018	28.72	99	108,711	52.90	112	205,517
中和	1990	124,554	37.40	104	65,114	19.55	106	92,719	27.84	105	50,645	15.21	79	333,032
	2010	43,001	11.63	99	46,653	12.62	104	114,955	31.10	107	165,057	44.65	95	369,666
新店	1990	65,588	32.11	89	33,659	16.48	90	59,271	29.02	110	45,716	22.38	116	204,234
	2010	29,927	11.41	97	28,792	10.98	90	78,719	30.02	104	124,818	47.59	101	262,256
新北中心	1990	743,090	40.19	112	375,346	20.30	111	472,179	25.54	97	258,458	13.98	73	1,849,073
	2010	259,035	12.79	109	283,133	13.98	115	620,619	30.65	106	861,809	42.57	90	2,024,596
樹林	1990	43,885	44.72	124	22,474	22.90	125	23,792	24.24	92	7,990	8.14	42	98,141
	2010	20,521	13.53	116	23,783	15.68	129	51,215	33.76	117	56,196	37.04	79	151,715
鶯歌	1990	27,553	48.36	135	13,134	23.05	126	12,581	22.08	83	3,704	6.50	34	56,972
	2010	12,959	18.12	155	13,305	18.61	153	24,309	33.99	117	20,935	29.28	62	71,508
土城	1990	59,322	43.97	122	30,806	22.83	124	32,984	24.45	92	11,807	8.75	46	134,919
	2010	28,485	13.25	113	37,078	17.25	142	75,214	34.98	121	74,214	34.52	73	214,991
三峽	1990	25,852	49.97	139	12,533	24.22	132	10,214	19.74	75	3,139	6.07	32	51,738
	2010	12,551	15.30	131	15,196	18.53	152	28,813	35.13	121	25,448	31.03	66	82,008
蘆洲	1990	46,016	49.35	137	21,578	23.14	126	19,469	20.88	79	6,173	6.62	34	93,236
	2010	23,920	13.39	114	30,096	16.85	138	59,649	33.39	115	64,997	36.38	77	178,662
五股	1990	19,852	47.39	132	9,207	21.98	120	9,429	22.51	85	3,407	8.13	42	41,895
	2010	11,339	15.32	131	13,150	17.76	146	25,732	34.76	120	23,808	32.16	68	74,029
泰山	1990	21,288	38.72	108	11,133	20.25	110	14,480	26.34	100	8,073	14.69	76	54,974
	2010	6,716	9.28	79	9,050	12.51	103	22,800	31.52	109	33,779	46.69	99	72,345
林口	1990	12,439	40.55	113	5,977	19.48	106	8,524	27.79	105	3,738	12.18	63	30,678
	2010	7,435	11.07	95	8,075	12.03	99	20,832	31.02	107	30,805	45.88	97	67,147
都會南環	1990	256,207	45.54	127	126,842	22.55	123	131,473	23.37	88	48,031	8.54	44	562,553
	2010	123,926	13.58	116	149,733	16.41	135	308,564	33.82	117	330,182	36.19	77	912,405
總計	1990	1,853,714	35.96		946,458	18.36		1,363,793	26.45		991,420	19.23		5,155,385
	2010	656,827	11.71		682,582	12.17		1,624,543	28.96		2,646,103	47.17		5,610,055

資料來源：1990、2010 年戶口及住宅普查報告

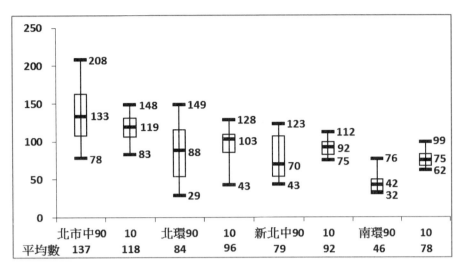

圖 2-3.1　臺北都會大專以上人口區位商數箱形圖

資料來源：同表 2-3.1

　　都會北環大專教育人口在臺北都會的相對比重在 1990 和 2010 年間並沒有太大變化，區位商數都是 110。就各區的區位商數觀察，雖然最高值下降，中位數和最低值都提高（見圖 2-3.1），在區間差異減弱之下，大專教育人口的區位商數在部分區有提升的情形。文山、士林、內湖和北投，在 1990 年區位商數在 109 與 149 之間，是都會北環大專教育人口比例最高的四區，2010 年文山與士林區位商數下降，內湖和北投則維持原來的水準，原先偏高各區大專教育人口的相對份量略減，但區位商數仍在 110 與 128 之間，高於北環其他各區。原來區位商數低於 100 的各區則均提高，南港、汐止和淡水，區位商數都略高於 100，與新北中心和都會南環各區相較，只低於永和而已。以上都會北環各區，大專以上人口比例高於新北中心和都會南環。人口數量少的深坑、八里和三芝，大專以上人口的相對份量雖增，都屬偏低，三芝的區位商數還是全都會最低。

　　新北中心大專以上人口的區位商數從 1990 年的 73 提高到 2010 年的 90，區位商數的最高值從 123 降到 112，中位數從 70 提高到 92，最低值從 43 提高到 75。1990 年時區位商數高於 100 的永和（123）和新

店（116），在 2010 年時降至 112 和 101，仍是新北中心大專人口相對
份量較高的兩區，其餘四區的區位商數雖提高，但都在 95 以下，大專
以上人口的比重不及北市中心和都會北環臺北市轄的五區。都會南環一
直是臺北都會大專人口比例最低的地區，區位商數雖從 44 提高到 77，
仍低於其他三環帶。都會南環各區的區位商數都提高，林口和泰山到
2010 年已接近 100，但其各區都在 80 以下，大專以上人口相對比重與
其他三環各區的差距拉近。整體說來，大專以上人口有在各都會環帶內
差距減小的趨向，而都會各環帶之間的差距亦減小。但北市中心優勢最
強，都會北環次之，新北中心又次之，都會南環居末，如此的相對位置
未曾改變。

（二）職業組成

　　根據表 2-3.2 說明臺北都會四個都會帶職業組成在 1990 年和 2010
年之間的變化，都會總就業人口從 200 餘萬人增加到 300 餘萬人，增加
近百萬。在就業人口增加的過程中，生產體力人員從 63 萬人增至近 70
萬人，但占就業人口的比例持續下降至 22.65％。明顯增加的是專門和
行政主管人員，占就業人口的比例從 13.53％ 增至 20.76％，增加約 35
萬人，總人數近 64 萬，超過買賣與服務人員的數量。監督佐理人員從
27.68％ 增至 36.66％，近 110 萬人，超過生產體力人員總數；買賣與服
務人員總數增加才 4 萬餘人，總數略多於 60 萬人，比例降至 19.65％，
已少於專門與行政主管人員。臺北都會的專門與行政主管人員和監督佐
理人員數量和比例均提升，買賣與服務人員及生產體力人員數量雖增，
比例卻降。在 1990 年，各類職業人數依序是生產體力人員、監督佐理
人員、買賣與服務人員及專門與行政主管人員；至 2010 年則依序為，
監督佐理人員、生產體力人員、專門與行政主管人員及買賣與服務人
員。

　　北市中心專門與行政主管及監督佐理人員的比例，在 1990 年和
2010 年間都增加，區位商數高於其他三個都會帶，買賣與服務人員的
比例下降，但仍屬四個環帶中最高者。以上三類人員的區位商數都下

降，監督佐理人員區位商數略高於都會北環，買賣與服務工作人員的區位商數則略高於新北中心；專門與行政主管人員與其他各都會帶則差距仍然明顯。至於生產體力人員在二十年間又再減少，數量低於上述三職業類別，兩個年度的區位商數幾乎相等。北市中心整體而言，專門與行政主管人員的比重明顯較高，生產體力人員的比例明顯低於其他三個環帶。

都會北環的專門與行政主管人員的區位商數增加，在臺北都會的相對份量增強，2010 年的人數還超過了買賣與服務人員。監督佐理人員數增加，在 1990 年和 2010 年都占北環就業人口的最大比例，區位商數略為下降，但仍高於 100。都會北環這兩類人員的比例都不及北市中心，但高於新北中心和都會南環；買賣與服務人員及生產體力人員的數量大致相同，區位商數則低於 100，其比例都低於新北中心。新北中心買賣與服務人員增加，在 2010 年成為人數最多的職業別，且區位商數的增加大於都會北環，相對份量已較高，僅次於北市中心；其生產體力人員數量未減，但在 2010 年少於買賣與服務業，區位商數下降，仍達 114，相對份量明顯高於都會北環與北市中心，僅次於都會南環。都會南環生產體力人員數增加，比例降至 33.90%，但仍是南環人數最多的職業類別；其區位商數雖從 168 降至 150，卻始終明顯高於其他三都會帶；至於其他三種職業類屬，監督佐理人員的數量超過買賣與服務人員，專門與行政主管人員的比例最低，三者的人數雖都增加，區位商數都低於 100，為四都會帶中最低者。四個都會帶的買賣與服務人員和監督佐理人員的區位商數都趨近甚多，都會帶間的差距降低，專門與行政主管人員和生產體力人員在各都會帶之間的差異亦降低，但仍明顯，就以這兩個職業類別觀察各都會帶內區間差異。

在 1990 年和 2010 年，北市中心各區專門與行政主管人員區位商數的中位數（128、119）和最低值（79、67）都下降，但最高值卻提高（175、181），最低值一直是萬華，最高值則都是大安（見圖 2-3.2a，表 2-3.2）；中正的商數降低，由全都會的第二位降至第三位，一直都是專門與行政主管人員比例偏高；中山區的區位商數提高，信義區的降低，在 2010 年分別為 117、119。此外，大同的區位商數雖提

高，但在 2010 年仍低於 100，專門與行政主管人員比例仍偏低。生產體力人員人數在各區都減少，但區位商數的中位數、最高值和最低值，從 1990 到 2010 年都略為提高，最高值增加最多（見圖 2-3.2b）。最高值落於萬華，該區是七個區中唯一生產體力人員數大於專門與行政主管人員者，區位商數 99，比例近於都會的一般值，其餘各區的區位商數都在 100 以下，而大安和松山則最低，為 32。除了萬華之外，北市中心各區都是專門與行政主管人員比例大於生產體力人員；在大安和松山以及萬華之間，居民職業地位相對差距似乎增強了。

表 2-3.2　臺北都會各區職業組成：人數、百分比與區位商數，1990、2010

職業 鄉鎮市區	年別	專門/行政			監佐			買賣/服務			農牧			體力			合計
		人數	%	商數	人數	%	商數	人數	%	商數	人數	%	商數	人數	%	商數	人數
大同	1990	6,633	11.60	86	17,292	30.24	109	21,172	37.03	139	201	0.35	15	11,876	20.77	70	57,174
	2010	11,691	19.86	96	22,822	38.76	106	15,606	26.51	135	12	0.02	7	8,743	14.85	66	58,874
萬華	1990	9,190	10.75	79	20,698	24.21	87	32,853	38.42	145	529	0.62	26	22,230	26.00	87	85,500
	2010	12,407	13.86	67	30,603	34.19	93	26,422	29.52	150	74	0.08	29	20,003	22.35	99	89,509
中正	1990	15,109	21.27	157	24,220	34.10	123	21,925	30.87	116	335	0.47	19	9,441	13.29	45	71,030
	2010	17,726	28.12	135	25,516	40.47	110	11,923	18.91	96	50	0.08	28	7,830	12.42	55	63,045
大安	1990	33,905	23.73	175	58,107	40.67	147	38,151	26.70	101	357	0.25	10	12,350	8.64	29	142,870
	2010	44,926	37.50	181	49,921	41.67	114	16,123	13.46	68	113	0.09	34	8,720	7.28	32	119,803
中山	1990	14,757	14.67	108	34,330	34.12	123	37,456	37.23	140	408	0.41	17	13,667	13.58	46	100,618
	2010	26,047	24.35	117	41,391	38.69	106	28,184	26.35	134	100	0.09	33	11,254	10.52	46	106,976
松山	1990	18,171	21.24	157	31,767	37.14	134	25,280	29.55	111	504	0.59	24	9,820	11.48	38	85,542
	2010	27,594	32.60	157	38,964	46.03	126	11,849	14.00	71	107	0.13	45	6,139	7.25	32	84,653
信義	1990	16,184	17.36	128	32,186	34.52	125	25,963	27.85	105	466	0.50	21	18,439	19.78	66	93,238
	2010	26,292	24.81	119	45,015	42.47	116	21,150	19.95	102	63	0.06	21	13,469	12.71	56	105,989
北市中心	1990	113,949	17.92	132	218,600	34.37	124	202,800	31.89	120	2,800	0.44	18	97,823	15.38	52	635,972
	2010	166,683	26.51	128	254,232	40.43	110	131,257	20.87	106	519	0.08	29	76,158	12.11	53	628,849
北投	1990	14,052	16.15	119	24,770	28.47	103	24,507	28.17	106	4,054	4.66	193	19,626	22.56	76	87,009
	2010	27,654	23.19	112	46,077	38.64	105	23,273	19.52	99	284	0.24	85	21,947	18.41	81	119,235
士林	1990	16,622	14.52	107	36,580	31.95	115	33,165	28.96	109	4,006	3.50	145	24,132	21.08	71	114,505
	2010	28,464	20.55	99	51,387	37.09	115	31,257	22.56	115	1,340	0.97	344	26,090	18.83	83	138,538
內湖	1990	12,683	15.74	116	26,963	33.46	121	20,371	25.28	95	1,191	1.48	61	19,376	24.04	81	80,584
	2010	36,751	26.68	128	59,568	43.24	118	22,586	16.40	83	54	0.04	14	18,793	13.64	60	137,752
南港	1990	4,852	11.31	84	11,873	27.67	100	10,247	23.88	90	894	2.08	86	15,038	35.05	118	42,904
	2010	11,769	20.00	96	22,161	37.67	103	11,423	19.42	99	70	0.12	42	13,411	22.79	101	58,834
文山	1990	16,927	19.46	144	29,956	34.43	124	20,486	23.55	89	1,599	1.84	76	18,037	20.73	70	87,005
	2010	33,988	27.12	131	50,890	40.60	111	21,388	17.06	87	252	0.20	72	18,827	15.02	66	125,345
汐止	1990	4,193	10.93	81	9,860	25.71	93	7,756	20.22	76	1,087	2.83	117	15,453	40.30	135	38,349
	2010	28,234	23.57	114	44,799	37.40	102	20,670	17.25	88	64	0.05	19	26,032	21.73	96	119,799
深坑	1990	431	7.86	58	828	15.10	55	1,061	19.35	73	644	11.74	485	2,520	45.95	154	5,484
	2010	1,594	16.31	79	2,898	29.65	81	2,007	20.54	105	30	0.31	109	3,244	33.19	147	9,773

表 2-3.2 臺北都會各區職業組成：人數、百分比與區位商數，1990、2010（續）

鄉鎮市區	年別	專門／行政 人數	%	商數	監佐 人數	%	商數	買賣／服務 人數	%	商數	農牧 人數	%	商數	體力 人數	%	商數	合計 人數
八里	1990	284	4.75	35	777	13.00	47	854	14.28	54	1,861	31.13	1,286	2,203	36.85	124	5,979
	2010	1,328	10.71	52	3,247	26.18	71	2,366	19.07	97	651	5.25	1,868	4,812	38.79	171	12,404
淡水	1990	3,487	10.82	80	6,172	19.15	69	7,339	22.78	86	4,234	13.14	543	10,991	34.11	114	32,223
	2010	14,476	21.40	103	24,509	36.23	99	14,108	20.86	106	586	0.87	308	13,964	20.64	91	67,643
三芝	1990	190	3.12	23	580	9.52	34	934	15.33	58	1,937	31.80	1,314	2,451	40.23	135	6,092
	2010	702	9.04	44	1,430	18.42	50	1,707	21.98	112	265	3.41	1,214	3,661	47.15	208	7,765
都會北環	1990	73,721	14.74	109	148,359	29.66	107	126,720	25.34	95	21,507	4.30	178	129,827	25.96	87	500,134
	2010	184,960	23.20	112	306,966	38.51	105	150,785	18.92	96	3,596	0.45	161	150,781	18.92	84	797,088
三重	1990	9,858	7.26	54	25,726	18.95	68	37,430	27.58	104	1,187	0.87	36	61,536	45.33	152	135,737
	2010	25,881	13.74	66	60,467	32.09	88	43,565	23.12	118	133	0.07	25	58,366	30.98	137	188,412
板橋	1990	18,847	10.00	74	41,287	21.92	79	48,915	25.97	98	2,798	1.49	61	76,538	40.63	136	188,385
	2010	51,842	18.64	90	95,406	34.31	94	60,568	21.78	111	285	0.10	36	70,004	25.17	111	278,105
新莊	1990	8,609	7.62	56	21,808	19.30	76	24,409	21.61	81	3,229	2.86	118	54,913	48.61	163	112,968
	2010	26,712	13.83	67	67,018	34.69	95	35,144	18.19	93	179	0.09	33	64,147	33.20	147	193,200
永和	1990	16,096	17.70	131	30,463	33.49	121	25,651	28.20	106	491	0.54	22	18,254	20.07	67	90,955
	2010	24,413	23.12	111	45,526	43.11	118	20,631	19.54	99	83	0.08	28	14,957	14.16	63	105,610
中和	1990	15,805	11.72	87	34,300	25.44	92	32,474	24.08	91	1,371	1.02	42	50,900	37.75	127	134,850
	2010	40,048	19.21	93	75,683	36.29	99	42,273	20.27	103	201	0.10	34	50,318	24.13	107	208,523
新店	1990	12,946	14.74	109	26,142	29.77	108	20,230	23.04	87	2,030	2.31	96	26,460	30.13	101	87,808
	2010	32,758	23.11	111	53,169	37.52	102	24,150	17.04	87	967	0.68	243	30,674	21.64	96	141,718
新北中心	1990	82,161	10.94	81	179,726	23.94	86	189,109	25.19	95	11,106	1.48	61	288,601	38.44	129	750,703
	2010	201,654	18.08	87	397,269	35.61	97	226,331	20.29	103	1,848	0.17	59	288,466	25.86	114	1,115,568
樹林	1990	2,760	6.92	51	6,843	17.16	62	6,858	17.20	65	2,194	5.50	227	21,213	53.21	178	39,868
	2010	16,510	17.69	85	31,239	33.48	91	13,478	14.44	74	115	0.12	44	31,965	34.26	151	93,307
鶯歌	1990	1,734	7.23	53	3,967	16.54	60	3,390	14.13	53	977	4.07	168	13,918	58.03	195	23,986
	2010	4,507	10.73	52	11,812	28.12	77	7,518	17.90	91	219	0.52	186	17,951	42.73	189	42,007
土城	1990	4,418	7.99	59	8,853	16.00	58	11,750	21.24	80	1,524	2.75	114	28,782	52.02	174	55,327
	2010	17,628	13.89	67	38,174	30.09	82	23,587	18.59	95	206	0.16	58	47,284	37.27	165	126,879
三峽	1990	1,367	6.13	45	2,883	12.93	47	3,539	15.88	60	4,668	20.94	865	9,833	44.11	148	22,290
	2010	6,080	13.58	65	11,968	26.74	73	8,060	18.01	92	600	1.34	477	18,057	40.34	178	44,765
蘆洲	1990	2,092	5.64	42	6,889	18.56	67	8,464	22.80	86	1,742	4.69	194	17,930	48.31	162	37,117
	2010	16,897	15.96	77	35,897	33.90	92	22,420	21.17	108	183	0.17	61	30,492	28.80	127	105,889
五股	1990	922	5.41	40	3,076	18.04	65	2,993	17.55	66	1,697	9.95	411	8,364	49.05	164	17,052
	2010	5,103	12.71	61	11,269	28.06	77	8,369	20.84	106	622	1.55	551	14,796	36.84	163	40,159
泰山	1990	2,100	9.92	73	4,206	19.87	72	3,594	16.98	64	1,121	5.30	219	10,148	47.94	161	21,169
	2010	9,156	20.93	101	15,911	36.37	99	6,831	15.61	79	85	0.19	69	11,769	26.90	119	43,752
林口	1990	943	8.04	59	2,083	17.76	64	2,402	20.48	77	1,864	15.89	657	4,436	37.82	127	11,728
	2010	9,651	24.99	120	13,235	34.27	95	5,874	15.21	77	654	1.69	603	9,204	23.83	105	38,618
都會南環	1990	16,336	7.15	53	38,800	16.98	61	42,990	18.81	71	15,787	6.91	285	114,624	50.16	168	228,537
	2010	85,532	15.98	77	169,505	31.66	86	96,137	17.96	91	2,684	0.50	178	181,518	33.90	150	535,376
總計	1990	286,167	13.53		585,485	27.68		561,619	26.55		51,200	2.42		630,875	29.82		2,115,346
	2010	638,829	20.76		1,127,972	36.66		604,510	19.65		8,647	0.28		696,923	22.65		3,076,881

資料來源：1990、2010 年戶口及住宅普查報告

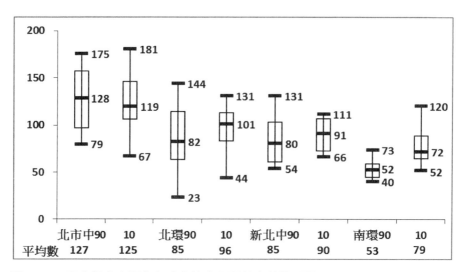

圖 2-3.2a 臺北都會專門與行政主管人員區位商數箱形圖

資料來源：同表 2-3.2

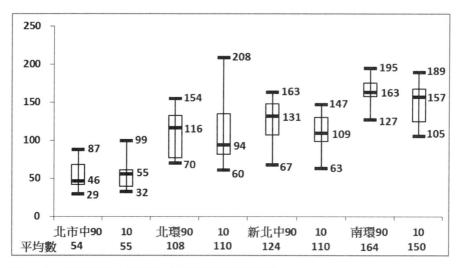

圖 2-3.2b 臺北都會生產體力人員區位商數箱形圖

資料來源：同表 2-3.2

　　都會北環各區專門與行政主管人員的中位數和最低值都上升，最高值下降，各區的差距減少。二十年間降低的是北投、士林和文山，

士林的區位商數在 2010 年降至 99，略低於都會的一般值，文山的區位商數略降，內湖的區位商數上升，分別為 131 和 128，分居都會北環前二位，亦高於北市中心的中山和信義。另外則是汐止的區位商數明顯提升，2010 年為 114，從低於轉為高於南港（96）。位於東南的深坑和西北的淡水、八里和三芝，二十年間的區位商數都增高，但只有淡水在 2010 年達 103，比例略高於全都會的一般值。就以上區位商數的變化，顯示專門與行政主管人員的分布以文山、北投、內湖和汐止的偏向較高，而後兩者區位商數的提升顯示由北市中心往東側各區延伸的趨向較強。

　　都會北環各區生產體力人員區位商數的中位數和最低值均下降，但最高值增高甚多。在專門與行政主管人員比例偏高各區，生產體力人員的區位商數大都低於 90，內湖區更降至 60，為都會北環的最低值。南港和汐止在 1990 年都是生產體力人員明顯偏高的地區，至 2010 年則與都會的一般值相近，區位商數在 100 上下。深坑的區位商數下降，八里和三芝的上升，在 2010 年的數值分別為 147、171 和 208，生產體力人員比例明顯較高。

　　新北中心各區專門與行政主管人員的區位商數中位數與最低值都提高，最高值則降低，各區的差異拉近。永和 1990 年的區位商數為 131，高於北市中心的中位數，至 2010 年降為 111，而新店在兩年度分別為 109 和 111，兩者均低於北市中心的中位數。其餘四區的區位商數都提升，2010 年依序為中和（93）、板橋（90）、新莊（67）和三重（66），專門與行政主管人員比例仍然偏低。這四區的生產體力人員的區位商數雖都降低，但高於 100，而新莊和三重的區位商數在 2010 年分別為 147 和 137，仍屬生產體力人員偏高地區。整體而言，新北中心在專門與行政主管人員增加的趨勢不及都會北環，生產體力人員的比例雖下降，但在臺北都會相對份量依舊高於都會北環與北市中心。

　　都會南環是四都會帶中生產體力人員比例最高者，各區區位商數的中位數最高值都略有下降，在 1990 年，有六個區的區位商數高於160，兩個區為 148 和 127，到 2010 年，最低的是林口（105）和泰山（119），其餘各區在 127 至 189 之間，各區的生產體力人員的比例

均高於都會的一般值。另一方面，專門與行政主管人員的區位商數，在 1990 年時都低於 73，專門與行政主管人員比例偏低是各區共同的特色。在 2010 年最大的轉變是林口專門與行政主管人員的區位商數達 120，已經高於北市中心的中位數，另外，泰山的商數為 101，略高於都會的一般值，這二區生產體力人員的比例明顯下降，為都會南環最低。

　　在 1990 年和 2010 年的臺北都會，各區的職業組成略有變化，專門與行政主管人員的比例由高而低依序為北市中心、都會北環、新北中心與都會南環，和生產體力人員的排序正好相反（見圖 2-3.2a，圖 2-3.2b）。在北市中心，大安、松山、中正、中山和信義各區，專門與行政主管人員區位商數明顯大於都會的一般值，而生產體力人員遠低於都會的一般值，為都會高社經地位地區。至於大同的專門與行政主管人員有所提升，但只趨近都會的一般值，而萬華則是專門與行政主管人員的明顯低於都會的一般值，並呈下降趨勢，社經地位明顯偏低。都會北環可區分為三類地區，其一為專門與行政主管人員的區位商數高於都會的一般值，而生產體力人員均低於都會的一般值，包含內湖、北投與文山三區，汐止亦趨近此一特質。其二為專門與行政主管人員與生產體力人員均接近都會一般值，包含士林、淡水與南港，後二區的專門與行政主管人員的相對份量都提升，生產體力人員均下降，士林則正相反。第三為專門與行政主管人員的區位商數明顯低於都會的一般值，而生產體力人員明顯高於都會的一般值，包括深坑、八里和三芝。新北中心有兩類地區，其一是永和和新店，專門與行政主管人員的區位商數高於都會的一般值，生產體力人員則低於都會的一般值；其二是板橋、中和、三重和新莊都是專門與行政主管人員的區位商數低於都會的一般值，而生產體力人員高於都會的一般值，三重和新莊偏低和偏高的趨向更為明顯。都會南環大都屬專門與行政主管人員比例明顯偏低而生產體力人員明顯偏高，唯泰山和林口在生產體力人員比例仍偏高的情形下，專門與行政主管人員明顯提升，泰山略高於都會一般值，林口則接近內湖，在都會南環特別突出。

（三）所得

　　觀察臺北都會各區所得中位數、最高值與最低值（見圖 2-3.3），在 2010 年普遍都低於 2000 年。北市中心各區的中位數、最高值和最低值在兩個年度都高於其他三個環帶；都會北環的中位數和最高值都高於新北中心和都會南環，但卻有著全都會的最低值；新北中心在 2000 年的中位數、最高值和最低值都大於都會南環，但在 2010 年時最高值則在都會南環，最主要是林口的提升，整體而言，新北中心還是高於都會南環。綜合而言，臺北都會各區所得呈現的是，北市中心最高，都會北環其次，新北中心和都會南環則再其次，不過各環有其內部的差異。

　　在 2000 年和 2010 年，北市中心的 261 個里中，55% 左右屬全都會最高所得類別，25% 屬次高所得類別，高與次高所得水準里的數量遠大於低所得里（表 2-3.3）。大安、松山和中正是全都會所得中位數最高的三區，在 2010 年，分別為 806、750 和 739；這三區都有八成至九成四的里屬最高所得類別。中山區和信義區有五成上下的里屬最高所得類別，另有四成左右屬次高類別，高所得里亦占絕大部分。大同和萬華與上述各區相異，大同區屬所得最高類別的里在兩年度都很少，次高所得里的數量最大，在 2010 年占 52%，屬所得次低的里則有 36%，其所得中位數為 576，在全都會居中；而萬華區則以所得次低的里最多，占 61.11%，合最低所得類別，兩年度各有七成或八成，區的所得中位數是 544，在北市中心所得水準最低，在臺北都會亦較偏低。

　　都會北環所得最高的是文山和內湖，兩年度都有一半以上的里屬最高所得類別，在 2010 年，分別有 81.40% 和 58.97%，2010 年所得的中位數為 707 和 705，僅低於北市中心最高的三個區，位居全都會的第四和第五；此外士林區兩年度各里屬所得最高類別的都在四成以上，合最高與次高類別則達七成，區所得中位數在都會北環居第三，亦屬都會北環所得較高者。其餘各區兩年度的相對位置相似，以 2010 年的數據觀察，北投和南港屬最高所得里的比例在 20% 至 30% 之間，但屬所得次高里的數量均在五成以上，所得的中位數分別為 625 和 600。淡水和汐止的所得中位數（598、596）接近南港，屬所得次低和最低里的數量

都在五成左右。深坑的區所得中位數為 571，屬次低類別的里占了約三分之二，在都會北環屬較低所得地區。至於八里有一半的里屬所得次低類別，一半屬最低，而三芝各里都屬所得最低類別，這兩區所得中位數分別為 516 和 462，為全都會最低者。

表 2-3.3 臺北都會高低所得分布：里數、百分比與區所得中位數，2000、2010

臺北都會		2000 年						2010 年					
		最低	次低	次高	最高	合計	中位數*	最低	次低	次高	最高	合計	中位數
大同	里數	2	11	10	3	26	601	2	9	13	1	25	576
	百分比	7.69	42.31	38.46	11.54	100.00		8.00	36.00	52.00	4.00	100.00	
萬華	里數	5	20	11	0	36	577	6	22	8	0	36	544
	百分比	13.89	55.56	30.56	0.00	100.00		16.67	61.11	22.22	0.00	100.00	
中正	里數	1	0	5	25	31	774	1	1	2	27	31	739
	百分比	3.23	0.00	16.13	80.65	100.00		3.23	3.23	6.45	87.10	100.00	
大安	里數	0	0	5	49	54	869	0	0	3	50	53	806
	百分比	0.00	0.00	9.26	90.74	100.00		0.00	0.00	5.66	94.34	100.00	
中山	里數	1	2	20	17	40	692	1	4	17	20	42	660
	百分比	2.50	5.00	50.00	42.50	100.00		2.38	9.52	40.48	47.62	100.00	
松山	里數	0	0	2	31	33	810	0	0	3	30	33	750
	百分比	0.00	0.00	6.06	93.94	100.00		0.00	0.00	9.09	90.91	100.00	
信義	里數	1	2	17	21	41	702	3	1	16	21	41	665
	百分比	2.44	4.88	41.46	51.22	100.00		7.32	2.44	39.02	51.22	100.00	
北市中心	里數	10	35	70	146	261		13	37	62	149	261	
	百分比	3.83	13.41	26.82	55.94	100.00		4.98	14.18	23.75	57.09	100.00	
北投	里數	1	8	21	10	40	643	1	9	21	11	42	625
	百分比	2.50	20.00	52.50	25.00	100.00		2.38	21.43	50.00	26.19	100.00	
士林	里數	6	10	10	24	50	674	4	9	16	22	51	634
	百分比	12.00	20.00	20.00	48.00	100.00		7.84	17.65	31.37	43.14	100.00	
內湖	里數	0	2	5	22	29	743	1	0	15	23	39	705
	百分比	0.00	6.90	17.24	75.86	100.00		2.56	0.00	38.46	58.97	100.00	
南港	里數	1	6	9	2	18	612	0	5	11	4	20	600
	百分比	5.56	33.33	50.00	11.11	100.00		0.00	25.00	55.00	20.00	100.00	
文山	里數	2	0	4	31	37	733	1	1	6	35	43	707
	百分比	5.41	0.00	10.81	83.78	100.00		2.33	2.33	13.95	81.40	100.00	
汐止	里數	7	12	15	12	46	633	9	16	12	13	50	596
	百分比	15.22	26.09	32.61	26.09	100.00		18.00	32.00	24.00	26.00	100.00	
深坑	里數	3	1	4	0	8	595	0	5	3	0	8	571
	百分比	37.50	12.50	50.00	0.00	100.00		0.00	62.50	37.50	0.00	100.00	
八里	里數	5	3	2	0	10	552	5	5	0	0	10	516
	百分比	50.00	30.00	20.00	0.00	100.00		50.00	50.00	0.00	0.00	100.00	
淡水	里數	11	10	9	3	33	616	13	9	14	6	42	598
	百分比	33.33	30.30	27.27	9.09	100.00		30.95	21.43	33.33	14.29	100.00	

表 2-3.3 臺北都會高低所得分布：里數、百分比與區所得中位數，2000、2010（續）

臺北都會		2000 年						2010 年					
		最低	次低	次高	最高	合計	中位數[*]	最低	次低	次高	最高	合計	中位數
三芝	里數	12	1	0	0	13	490	13	0	0	0	13	462
	百分比	92.31	7.69	0.00	0.00	100.00		100.00	0.00	0.00	0.00	100.00	
都會北環	里數	48	53	79	104	284		47	59	98	114	318	
	百分比	16.90	18.66	27.82	36.62	100.00		14.78	18.55	30.82	35.85	100.00	
三重	里數	80	36	3	0	119	530	70	37	11	1	119	513
	百分比	67.23	30.25	2.52	0.00	100.00		58.82	31.09	9.24	0.84	100.00	
板橋	里數	43	44	25	14	126	572	35	49	33	9	126	556
	百分比	34.13	34.92	19.84	11.11	100.00		27.78	38.89	26.19	7.14	100.00	
新莊	里數	18	38	24	4	84	576	36	31	15	2	84	532
	百分比	21.43	45.24	28.57	4.76	100.00		42.86	36.90	17.86	2.38	100.00	
永和	里數	4	3	35	20	62	669	1	9	35	17	62	640
	百分比	6.45	4.84	56.45	32.26	100.00		1.61	14.52	56.45	27.42	100.00	
中和	里數	16	37	35	5	93	593	15	39	29	10	93	569
	百分比	17.20	39.78	37.63	5.38	100.00		16.13	41.94	31.18	10.75	100.00	
新店	里數	8	9	30	20	67	656	8	10	30	21	69	625
	百分比	11.94	13.43	44.78	29.85	100.00		11.59	14.49	43.48	30.43	100.00	
新北中心	里數	169	167	152	63	551		165	175	153	60	553	
	百分比	30.67	30.31	27.59	11.43	100.00		29.84	31.65	27.67	10.85	100.00	
樹林	里數	16	21	6	0	43	561	25	10	4	3	42	524
	百分比	37.21	48.84	13.95	0.00	100.00		59.52	23.81	9.52	7.14	100.00	
鶯歌	里數	17	2	0	1	20	518	16	3	1	0	20	498
	百分比	85.00	10.00	0.00	5.00	100.00		80.00	15.00	5.00	0.00	100.00	
土城	里數	14	17	7	2	40	574	27	11	7	2	47	524
	百分比	35.00	42.50	17.50	5.00	100.00		57.45	23.40	14.89	4.26	100.00	
三峽	里數	20	5	1	0	26	523	21	4	1	2	28	534
	百分比	76.92	19.23	3.85	0.00	100.00		75.00	14.29	3.57	7.14	100.00	
蘆洲	里數	18	9	3	8	38	553	18	18	1	1	38	530
	百分比	47.37	23.68	7.89	21.05	100.00		47.37	47.37	2.63	2.63	100.00	
五股	里數	10	8	1	0	19	555	13	5	2	0	20	507
	百分比	52.63	42.11	5.26	0.00	100.00		65.00	25.00	10.00	0.00	100.00	
泰山	里數	3	6	6	0	15	582	3	9	4	1	17	562
	百分比	20.00	40.00	40.00	0.00	100.00		17.65	52.94	23.53	5.88	100.00	
林口	里數	7	3	2	2	14	612	5	4	2	6	17	672
	百分比	50.00	21.43	14.29	14.29	100.00		29.41	23.53	11.76	35.29	100.00	
都會南環	里數	105	71	26	13	215		128	64	22	15	229	
	百分比	48.84	33.02	12.09	6.05	100.00		55.90	27.95	9.61	6.55	100.00	
總計	里數	332	326	327	326	1,311		353	335	335	338	1,361	
	百分比	25.32	24.87	24.94	24.87	100.00		25.94	24.61	24.61	24.83	100.00	

資料來源：2000、2010 年綜合所得稅申報核定統計專冊

[*] 單位為千元，以後相關各圖表皆同

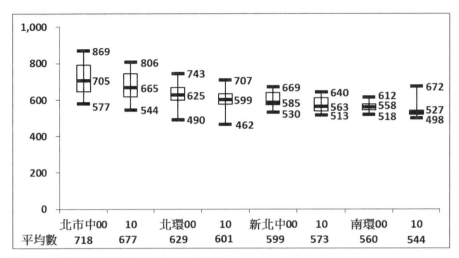

圖 2-3.3 臺北都會區所得中位數箱形圖

資料來源：同表 2-3.3

　　新北中心六區則以永和和新店的所得水準較高，這二區亦都有較多的里所得中位數屬最高與次高類別，在 2010 年，新店分別為 30.43% 和 43.88%，永和則為 27.42% 和 56.45%，高所得里都占七成以上，與都會北環的南港區相近，所得中位數（640 和 625）則與北投、士林相近。中和、板橋、新莊和三重各里屬次低與最低的類別占多數，中和和板橋在六至七成之間，新莊和三重在七成九以上。這四區的所得中位數在 513 至 569 之間，比較接近深坑與八里的水準。新北中心六區與都會北環的淡水和北市所轄各區相較，所得水準較低。都會南環有七區都是以次低與最低所得類別的里居多。在 2010 年，泰山有七成左右，其餘各區則在八成以上，且低類別的里都占五成以下。很明顯的這些區再加上八里和三芝，是臺北都會所得水準偏低的地帶。在都會南環的例外是林口，所得中位數為 672，在全都會居第六，還高於中山和信義，雖有 35% 的里屬最高類別，但超過五成的里屬次低或最低類別，林口是都會南環唯一的高所得區，但其高所得居民集中於少數的里。

（四）地區社經地位的變遷

在 1950 年代至 1970 年代臺北都會中心的大專以上教育人口的分布，大同與萬華的比例即低於都會的一般值，其餘的大安、松山、中正、中山與信義各區所轄地區的專上人口都明顯高於都會的一般值，這種對比持續到 1990 年代以後。都會北環的文山區，在 1970 年代專上人口比例偏高，士林與北投的專上人口亦高於都市的一般值，在 1980 年代內湖成為專上教育人口比例偏高地區，在 2010 年還高於北市中心的中山和信義區，汐止、南港、淡水在 2010 年專上人口比例亦大於都會的一般值。新北中心的永和在 1960 年代專上人口比例即屬偏高，新店在 1970 年代亦屬偏高，在 2010 年時仍是新北中心與都會南環各區中專上人口比例最高者。專上人口的分布，北市中心一直保持其優勢，但有逐漸分散的趨勢，往都會北環的發展最明顯。

大同和萬華兩區所轄地區，在 1950 年代和 1960 年代，除了舊雙園區之外，專門人員的比例雖低於都會的一般值，行政主管比例仍明顯高於都會的一般值，因此合併這兩類人員的比例仍接近都會的一般值；只是這類職業者的比例一直下降，在 1990 年以後，低於都會的一般值。大安、中正與中山區在 1960 年代以來，專門與行政主管人員的比例皆大於都會的一般值，在 1990 年松山與信義亦大於都會的一般值，而松山的比例還高於中山，其分布模式與專上人口的相似。都會北環在 1950 年代和 1960 年代尚屬農林漁牧與生產體力人員居多，合計都超過六成以上，在 1970 年代以後士林和北投的專門與行政主管人員的比例才大於都會的一般值，內湖與文山則略高於都會的一般值，到 2010 年文山與內湖的比例位居都會的第四與第五位，汐止與淡水亦高於都會的一般值。新北中心六區與都會北環，在 1960 年代，除永和之外，大都以農林漁牧人員和生產體力人員居多，合計都六成左右或以上，永和在 1966 年以後專門與行政主管人員的比例就大於一般值，新店在 1970 年代以後專門與行政主管人員的比例高於一般值，是新北中心與都會南環各區中比例最高者，迄 2010 年兩者仍有這樣的優勢地位，到了 2010 年則為都會南環的林口所超越，而林口的專門與行政主管人員的比例已

略高於信義與中山區，但其生產體力人員的比例大於都會的一般值，明顯較大。至於其他新北中心與都會北環各區，都是專門與行政主管人員比例偏低，生產體力人員比例偏高的情形。

所得水準各區的相對位置與專上教育人口及專門與行政主管人員的相對位置雖有出入，但大致相同。在各環帶中，各類人口比例居前的各區幾乎相同。最特別的是林口在專上人口比例低於都會的一般值，但在專門與行政主管人員比例和所得水準都位居全都會的第六位，這樣的差距，可能是該區仍有相當數量的低所得里及生產體力人員高於都市一般值所致。就教育組成和職業組成的分布，無法以里的資料呈現，大致應與所得的分布相近，似可取里所得分布代表都會社經地位分布的模式。

圖 2-3.4 呈現以 2010 年綜合所得稅總額各里中位數所區分成四類的分布狀況，北市中心以大安、中正和松山三區最高社經里銜接在一起，僅有少數屬次高的里，再往信義區的中間地帶及中山區的西側和北側延伸，構成了北市中心的高所得地帶。如果以所得前 10% 的里觀察，都會中心這幾個區的社經地位優勢更是明顯[5]。往都會北環，一則是往士林和北投的沿山地帶，一則是往內湖及跨越南港在汐止西側發展[6]。另外則是往南經文山，再由新店往南的軸線發展。其餘各區，高所得里則零散分布。低社經里的分布，在北市中心主要是在西側的萬華與大同，而以萬華最多，範圍也最大，大同北鄰士林區的後港與社子一帶亦屬低社經地區。另外，由新北中心的三重、板橋和中和次高社經里分布較多的地區，往南往西延伸到都會南環，低社經里的範圍漸增。都會北環較外圍靠東北側與西南側地區低社經里的分布亦較多。

5　這五區占最高 25% 社經地位里的比例為 46%，占最高 10% 里的比例為 61%。信義計畫區被視為臺北市的新興豪宅地帶，位居信義區西北往東南的中間地帶，其兩側較早發展地帶，沿山及接近南港區一帶與往吳興街的東南地段，仍屬五層以下公寓為主地段，因此信義在整體所得水準不及上述大安、中正和松山三區。

6　士林區有很明顯的高社經與低社經地區的區分，天母、蘭雅與芝山岩，以及外雙溪和陽明山半山的陽明里與新安里一帶，屬高社經地區。至於舊街往後港與社子一帶屬低社經地區。汐止的高社經地區則由內湖往東發展；另外，南港因早期的工業區與五層樓住宅的發展，缺少可開發的住宅用地，因此由信義區往東的發展，反而是跳過南港，在汐止靠南港的沿山地帶發展。

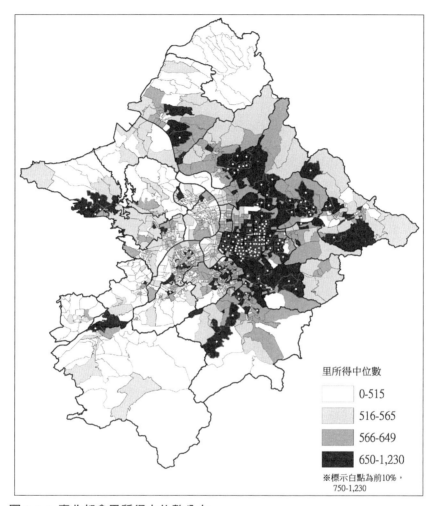

圖 2-3.4　臺北都會里所得中位數分布

里所得中位數

0-515

516-565

566-649

650-1,230

※標示白點為前10%，
750-1,230

四、年齡組成與外省族群

（一）年齡組成

　　以三階段人口年齡組成觀察，1990 年至 2010 年間，臺北都會是幼年人口大幅下降，由 27.12% 降至 14.13%，工作年齡人口（67.69% 至 76.73%）和老年人口增加（5.20% 至 9.14%）的情況（見表 2-4.1）。

表 2-4.1 臺北都會各區年齡組成：人數、百分比與區位商數，1990、2010

鄉鎮市區	年度	0-14 歲			15-64 歲			65 歲以上			合計
		人數	%	商數	人數	%	商數	人數	%	商數	人數
大同	1990	36,646	24.84	92	101,672	68.90	102	9,236	6.26	120	147,554
	2010	14,869	12.68	90	87,092	74.28	97	15,284	13.04	143	117,245
萬華	1990	56,224	24.40	90	158,875	68.94	102	15,353	6.66	128	230,452
	2010	21,963	11.85	84	136,430	73.60	96	26,967	14.55	159	185,360
中正	1990	45,866	23.61	87	133,572	68.74	102	14,867	7.65	147	194,305
	2010	17,087	11.48	81	111,904	75.16	98	19,892	13.36	146	148,883
大安	1990	81,338	22.06	81	260,538	70.65	104	26,904	7.30	140	368,780
	2010	34,421	11.62	82	220,907	74.60	97	40,787	13.77	151	296,115
中山	1990	56,111	22.23	82	182,571	72.33	107	13,738	5.44	105	252,420
	2010	23,566	10.91	77	168,669	78.11	102	23,710	10.98	120	215,945
松山	1990	52,213	24.18	89	150,559	69.74	103	13,122	6.08	117	215,894
	2010	24,245	13.02	92	137,525	73.83	96	24,491	13.15	144	186,261
信義	1990	57,172	23.73	88	167,386	69.47	103	16,387	6.80	131	240,945
	2010	24,985	11.04	78	170,592	75.39	98	30,696	13.57	148	226,273
北市中心	1990	385,570	23.36	86	1,155,173	70.00	103	109,607	6.64	128	1,650,350
	2010	161,136	11.71	83	1,033,119	75.08	98	181,827	13.21	145	1,376,082
北投	1990	64,612	25.98	96	170,457	68.54	101	13,613	5.47	105	248,682
	2010	32,625	12.57	89	196,568	75.74	99	30,344	11.69	128	259,537
士林	1990	80,702	26.09	96	212,969	68.86	102	15,623	5.05	97	309,294
	2010	38,836	12.53	89	238,144	76.81	100	33,043	10.66	117	310,023
內湖	1990	59,715	29.13	107	136,495	66.59	98	8,775	4.28	82	204,985
	2010	39,964	14.38	102	216,339	77.85	101	21,595	7.77	85	277,898
南港	1990	30,682	26.83	99	78,055	68.25	101	5,632	4.92	95	114,369
	2010	16,807	14.12	100	89,681	75.34	98	12,552	10.54	115	119,040
文山	1990	55,836	23.99	88	162,732	69.90	103	14,227	6.11	118	232,795
	2010	36,828	13.29	94	212,199	76.60	100	28,008	10.11	111	277,035
汐止	1990	26,280	27.08	100	65,149	67.14	99	5,603	5.77	111	97,032
	2010	36,945	16.27	115	175,976	77.48	101	14,196	6.25	68	227,117
深坑	1990	3,619	26.91	99	8,953	66.58	98	875	6.51	125	13,447
	2010	3,485	14.94	106	17,272	74.04	96	2,572	11.02	121	23,329
八里	1990	4,910	29.36	108	10,702	63.99	95	1,112	6.65	128	16,724
	2010	4,662	16.30	115	20,790	72.68	95	3,154	11.03	121	28,606
淡水	1990	23,359	25.46	94	63,548	69.27	102	4,839	5.27	102	91,746
	2010	21,756	14.53	103	117,231	78.30	102	10,725	7.16	78	149,712
三芝	1990	4,246	25.21	93	11,209	66.55	98	1,388	8.24	159	16,843
	2010	2,842	13.82	98	14,663	71.31	93	3,056	14.86	163	20,561

表 2-4.1　臺北都會各區年齡組成：人數、百分比與區位商數，1990、2010（續）

鄉鎮市區	年度	0-14 歲			15-64 歲			65 歲以上			合計
		人數	%	商數	人數	%	商數	人數	%	商數	人數
都會北環	1990	353,961	26.30	97	920,269	68.37	101	71,687	5.33	103	1,345,917
	2010	234,750	13.87	98	1,298,863	76.73	100	159,245	9.41	103	1,692,858
三重	1990	113,063	29.95	110	250,400	66.34	98	14,014	3.71	71	377,477
	2010	56,121	14.36	102	303,178	77.56	101	31,605	8.09	88	390,904
板橋	1990	165,807	31.08	115	347,669	65.17	96	19,995	3.75	72	533,471
	2010	85,769	14.36	102	464,548	77.78	101	46,980	7.87	86	597,297
新莊	1990	106,188	33.42	123	203,459	64.03	95	8,123	2.56	49	317,770
	2010	65,389	16.10	114	319,035	78.53	102	21,811	5.37	59	406,235
永和	1990	59,727	25.83	95	157,758	68.22	101	13,751	5.95	114	231,236
	2010	31,476	13.28	94	184,209	77.73	101	21,308	8.99	98	236,993
中和	1990	104,170	28.19	104	248,085	67.14	99	17,266	4.67	90	369,521
	2010	57,732	13.51	96	334,184	78.19	102	35,482	8.30	91	427,398
新店	1990	54,671	24.32	90	153,892	68.46	101	16,218	7.22	139	224,781
	2010	40,435	13.36	95	228,077	75.35	98	34,179	11.29	124	302,691
新北中心	1990	603,626	29.38	108	1,361,263	66.27	98	89,367	4.35	84	2,054,256
	2010	336,922	14.27	101	1,833,231	77.63	101	191,365	8.10	89	2,361,518
樹林	1990	35,711	32.36	119	70,603	63.98	95	4,044	3.66	71	110,358
	2010	33,517	18.09	128	140,299	75.74	99	11,416	6.16	67	185,232
鶯歌	1990	20,590	32.23	119	40,550	63.47	94	2,751	4.31	83	63,891
	2010	14,528	16.89	120	65,109	75.68	99	6,399	7.44	81	86,036
土城	1990	48,681	31.74	117	99,534	64.90	96	5,156	3.36	65	153,371
	2010	38,612	15.23	108	203,075	80.08	104	11,916	4.70	51	253,603
三峽	1990	16,125	27.97	103	37,404	64.87	96	4,130	7.16	138	57,659
	2010	19,221	18.99	134	73,916	73.02	95	8,092	7.99	87	101,229
蘆洲	1990	35,982	33.74	124	67,547	63.34	94	3,112	2.92	56	106,641
	2010	37,621	17.39	123	167,714	77.54	101	10,948	5.06	55	216,283
五股	1990	14,152	30.15	111	30,755	65.51	97	2,037	4.34	84	46,944
	2010	15,150	16.99	120	67,262	75.42	98	6,767	7.59	83	89,179
泰山	1990	17,964	29.40	108	41,302	67.59	100	1,837	3.01	58	61,103
	2010	16,451	18.53	131	68,368	76.99	100	3,977	4.48	49	88,796
林口	1990	9,080	26.62	98	23,420	68.65	101	1,613	4.73	91	34,113
	2010	15,025	18.28	129	61,836	75.25	98	5,311	6.46	71	82,172
都會南環	1990	198,285	31.27	115	411,115	64.84	96	24,680	3.89	75	634,080
	2010	190,125	17.24	122	847,579	76.88	100	64,826	5.88	64	1,102,530
總計	1990	1,541,442	27.12		3,847,820	67.69		295,341	5.20		5,684,603
	2010	922,933	14.13		5,012,792	76.73		597,263	9.14		6,532,988

資料來源：1990、2010 年戶口及住宅普查報告

臺北都會各區在 1990 年幼年人口的最低值均高於 2010 年的最高值，幼年人口減少是普及都會各區的狀態。至於各區老年人口的比例都告增加，亦是全面上升的現象，但比例的變化則不如幼年人口那麼劇烈。四個都會帶都有類似的傾向，但在三個年齡組中，工作年齡人口的比例大致相近，區位商數的差異不大，而幼年人口和老年人口的比例則有明顯的差異。

　　北市中心在 1990 年幼年人口的比例為 23.36％，是四個都會帶中最低的，老年人口的比例為 6.64％，是四個都會帶中最高的。在 2010 年，幼年人口降至 11.71％，老年人口提高至 13.21％，仍分別是都會中最低與最高者。幼年人口的區位商數，從 86 降至 83，老年人口從 128 提高到 145，顯示老年人口的相對比重更為提升，最值得注意的是老年人口比例已高於幼年人口。北市中心七區幼年人口區位商數的中位數和最低值均下降，最高值不變，幼年人口在臺北都會的相對份量略減。各區的區位商數都低於 100，而最高值在 2010 年僅高於都會北環的最低值，同時還低於新北中心和都會南環的最低值，北市中心各區均屬臺北都會幼年人口偏低的地區（見圖 2-4.1a）。七區老年人口區位商數的中位數、最低值和最高值都提升，在臺北都會的相對份量都提高，但在 2010 年時，區位商數在 120 至 159 之間，均屬老年人口比例偏高（見圖 2-4.1b）。綜合而言，北市中心各區均屬老年人口偏高幼年人口偏低的狀態；在臺北都會中屬老年人口比例最高，幼年人口比例最低。

　　都會北環的幼年人口比例僅高於北市中心，老年人口的比例僅低於北市中心，兩年度的區位商數都在 100 上下，沒有太大變化，接近臺北都會的一般值。2010 年幼年人口占其人口的 13.87％，老年人口占 9.41％。都會北環的幼年人口區位商數的最高值和中位數提高，最低值相近，老年人口的中位數和最高值都提高，最低值則降低，意味著年齡組成的區間差異增加，可以分成三類，並與人口成長有關。首先，北投、士林、文山、南港和三芝是人口成長較緩，老年人口偏高幼年人口偏低；其次，深坑和八里成長速度較快但人口規模小，老年人口的區位商數略降，幼年人口的區位商數提高，在 2010 年時，老年人口偏高，幼年人口比例亦偏高；第三，內湖、汐止和淡水，人口成長較快，增加

數量亦大，則屬幼年人口較偏高老年人口偏低地區（見表 2-4.1）。

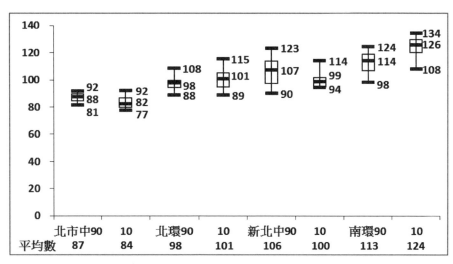

圖 2-4.1a　臺北都會幼年人口區位商數箱形圖

資料來源：同表 2-4.1

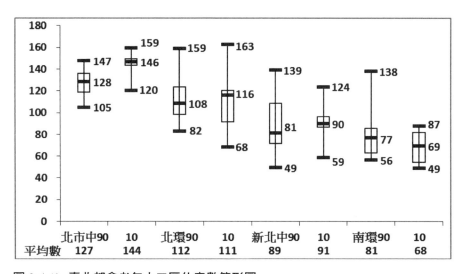

圖 2-4.1b　臺北都會老年人口區位商數箱形圖

資料來源：同表 2-4.1

　　新北中心兩年度的幼年人口比例在四個都會帶中居次，老年人口則占第三位，幼年人口的區位商數降低，老年人口的區位商數增高，老年人口在 2010 年的比例為 8.10%，區位商數為 89，仍低於都會北環。新北中心各區幼年人口區位商數的中位數和最高值都下降，最低值則提高，老年人口區位商數的中位數與最低值都提高，最高值卻下降，兩個年齡組的區間差異減少（見圖 2-4.1a 和圖 2-4.1b）。在 1990 年時，幼年人口區位商數超過 100 的有新莊（123）、板橋（115）、三重（110）和中和（104），老年人口則只有新店（139）和永和（114）。2010 年時，三重和板橋幼年人口的區位商數降至 102，只有新莊為 114，比例較偏高，其餘三區略低於 100；而老年人口的區位商數，只有新店（124）超過 100。新北中心基本上幼年人口比例從高於轉為趨近都會一般值，老年人口的比例則都低於都會的一般值。

　　都會南環的人口年齡組成正與北市中心相反，幼年人口的比例為都會最高，老年人口比例最低，在 2010 年的比例分別為 17.24% 和 5.88%。幼年人口的區位商數為 122（高於 1990 年的 115），老年人口為 64（低於 1990 年的 75）。都會南環各區大都是幼年人口偏高而老年人口偏低的情形。幼年人口區位商數的中位數、最高值與最低值都上升，而老年人口的都下降。在 1990 年幼年人口區位商數低於 100 的林口，在 2010 年時也提高為 129。除了土城為 108 之外，其餘各區都在 120 以上，高於其他三環的各區。老年人口的區位商數在 1990 年時，三峽為 138，至 2010 年時降為 87，仍是都會南環的最高值；在 2010 年，區位商數的中位數、最高值和最低值都是四個環帶中最低者，其幼年人口偏高的傾向更強。

　　臺北都會人口的年齡組成一直是幼年人口減少及工作年齡人口和老年人口增加的情形。迄 1990 年幼年人口數量尚屬於增加的趨勢，但在 1990 年和 2010 年之間幼年人口減少了 60 萬，老年人口增加了 30 萬，並已達到老齡化社會的階段。臺北都會人口組成是少子化與老齡化並進，幼年人口比例以北市中心最低，都會北環與新北中心居中，都會南環最高，老年人口比例則由北市中心、都會北環、新北中心與都會南環依序遞減，而北市中心在老年人口的相對比重增加，與都會南環的差

異增大。北市中心與都會南環各區年齡組成的同質性高，北市中心是老年人口比例最高，幼年人口比例最低，都會南環則相反，幼年人口比例最高，老年人口最低。新北中心則幼年人口的比重趨近都會一般值，老年人口略為偏低；都會北環則因人口成長的不同而有不同的年齡組成模式。

（二）外省族群的分布

臺北都會的外省人口在 1950 和 1960 年代各鄉鎮市區達到最高點之後，占都會人口的比例就持續下降，以多重認定推估 2010 年的外省人口達 1,149,065 人，占總人口的 18%[7]。

北市中心在 1989 年占有臺北都會最大量的外省人口，46 萬餘人，到 2010 年減至 28 萬餘人，還少於新北中心和都會北環。外省人占北市中心人口比例從 28.26% 減至 19.61%，區位商數從 130 降至 109，反映北市中心外省人口在都會的比重下降。大同和萬華在 1989 年時外省人口比例明顯偏低，中正、大安和松山的區位商數在 144 與 174 之間。在 2010 年時則是大安（145）、松山（123）與信義（115）三區的區位商數較高，仍是臺北都會中外省人口明顯偏高的地區。萬華的平均商數從低於 100 提高到 112，可能是在區界整併的過程中，原古亭區外省人口集中的一些里併入萬華區，導致外省人口相對份量的增強，外省人口比例偏高[8]。中正由 163 掉到 95，很大部分原因可能是中正區在都市更新過程中流失了很多外省人口。在 2010 年，大同和中山的區位商數再降，與中正同為外省人口偏低地區（見表 2-4.2）。

7　全國客家人口基礎資料調查中，以單一認定的外省人口僅 726,800 人，占都會人口的 11.41%。由於單一認同獲得的數字降幅太大，本研究以多重認定的數值觀察外省人口的變化。

8　這一帶為往昔南機場地區，其中的新和里、新忠里與忠貞里有多處眷村改建之國宅座落其間。

表 2-4.2 臺北都會各區外省人口：人數、百分比與區位商數，1989、2010

臺北都會	年別	外省籍 人數	%	商數	總人口 人數	臺北都會	年別	外省籍 人數	%	商數	總人口 人數
大同	1989	20,081	13.23	61	151,840	三重	1989	31,540	8.50	39	370,957
	2010	11,588	9.30	52	124,600		2010	36,660	9.40	52	390,000
萬華	1989	28,500	15.57	71	183,102	板橋	1989	70,541	13.31	61	530,065
	2010	38,387	20.30	112	189,100		2010	86,518	15.60	86	554,600
中正	1989	85,848	35.54	163	241,527	新莊	1989	23,867	8.30	38	287,645
	2010	27,275	17.10	95	159,500		2010	46,253	11.50	64	402,200
大安	1989	127,276	37.99	174	335,058	永和	1989	93,403	37.67	173	247,939
	2010	81,639	26.20	145	311,600		2010	66,598	28.40	157	234,500
中山	1989	59,077	21.57	99	273,935	中和	1989	110,659	30.30	139	365,225
	2010	30,374	13.80	76	220,100		2010	89,925	21.70	120	414,400
松山	1989	142,710	31.41	144	454,416	新店	1989	83,689	38.61	177	216,757
	2010	46,265	22.20	123	208,400		2010	72,025	24.30	135	296,400
信義	1989	-	-	-	-	新北中心	1989	413,699	20.49	94	2,018,588
	2010	46,596	20.70	115	225,100		2010	397,979	17.36	96	2,292,100
北市中心	1989	463,492	28.26	130	1,639,878	樹林	1989	9,839	9.20	42	106,951
	2010	282,123	19.61	109	1,438,400		2010	14,264	8.10	45	176,100
北投	1989	52,681	22.06	101	238,786	鶯歌	1989	7,015	10.86	50	64,581
	2010	46,351	18.60	103	249,200		2010	11,024	12.70	70	86,800
士林	1989	55,484	19.16	88	289,593	土城	1989	19,288	14.90	68	129,424
	2010	69,987	24.60	136	284,500		2010	41,738	17.50	97	238,500
內湖	1989	54,213	27.39	126	197,922	三峽	1989	5,564	9.52	44	58,418
	2010	55,661	20.60	114	270,200		2010	13,145	12.70	70	103,500
南港	1989	24,328	21.05	96	115,584	蘆洲	1989	7,826	8.00	37	97,874
	2010	25,422	22.30	124	114,000		2010	19,780	10.00	55	197,800
文山	1989	40,926	22.16	102	184,666	五股	1989	6,702	14.99	69	44,712
	2010	71,608	27.30	151	262,300		2010	8,400	10.50	58	80,000
汐止	1989	13,521	14.99	69	90,198	泰山	1989	6,385	12.66	58	50,420
	2010	25,596	13.50	75	189,600		2010	9,563	12.50	69	76,500
深坑	1989	1,789	14.41	66	12,416	林口	1989	3,377	10.99	50	30,738
	2010	3,712	16.00	89	23,200		2010	15,808	19.00	105	83,200
八里	1989	1,043	6.11	28	17,059	都會南環	1989	65,996	11.32	52	583,118
	2010	6,160	17.70	98	34,800		2010	133,720	12.83	71	1,042,400
淡水	1989	9,514	11.88	54	80,094	總計	1989	1,196,686	21.82		5,484,543
	2010	25,830	18.00	100	143,500		2010	1,149,065	18.05		6,367,500
三芝	1989	660	3.97	18	16,641						
	2010	4,916	21.10	117	23,300						
都會北環	1989	253,499	20.39	93	1,242,959						
	2010	335,243	21.02	117	1,594,600						

資料來源：1989 年臺北市統計要覽、臺北縣統計要覽
　　　　　2011 年「99 年至 100 年全國客家人口基礎資料調查研究」

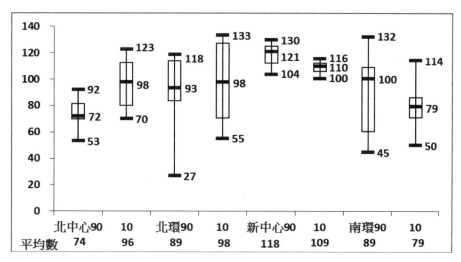

圖 2-4.2　臺北都會外省人口區位商數箱形圖

　　都會北環的外省人口則告增加，1989 年為 253,499 人，2010 年為 335,243 人，占人口的比例僅略增不到一個百分點，為 21.02%。區位商數則從 93 提高到 117（見圖 2-4.2），外省人口的比例大於其他三個都會帶。都會北環外省人口相對份量增加，但主要增加的地區是臺北市的士林、內湖、南港和文山；屬新北市的各區外省人口亦增加，然區位商數均低於臺北市的五區，唯獨三芝增加數倍，原因不明，其區位商數達 117，但人數遠低於臺北市的五個區。

　　新北中心在 1989 年有 413,699 人，少於北市中心，在 2010 年減至 397,979 人，占都會外省人口最大量，不過外省人口占新北中心人口的比例則從 20.49% 降至 17.36%，低於都市北環與北市中心。新北中心的六個區，正好分成兩類，永和、新店和中和，外省人口數量雖減，仍是比例較高的三個區，區位商數 1989 年介於 139 和 177 之間，2010 年則在 120 和 157 之間，與北市中心和都會北環外省人口偏高的各區相近；板橋、新莊和三重的區位商數都略提高，在 2010 年時仍在 52 和 86 之間，外省人口比例仍偏低。新北中心外省人口分布的狀態在前後兩個年度大致相似。都會南環外省人口明顯增加，兩個年度分別為 65,996 人和 133,720 人，人口比例為 11.32% 和 12.83%，區位商數僅

為 52 和 71，雖提高但與其他三個都會帶仍有明顯差距。

　　臺北都會的北市中心與新北中心，在 1950 年代和 1960 年代是外省人口比例明顯偏高的地區，很多區的外省人口多於本省人口，最高者占人口六成以上的，嗣後，外省人口的比重降低，占全都會的比重只有二成上下，各區中最高比例在 1989 年為 38%，在 2010 年為 28.4%。從區位商數的變化觀察，可見到外省人口向都會北環和南環分散的趨勢。都會南環的外省人口數與比例都增加，各區區位商數都提高，但仍居全都會之末。北市中心外省人口遽減，主要增加的地帶是都會北環。至 2010 年，外省人口數量是新北中心最高，都會北環其次，北市中心第三；以人口比例而言，則是都會北環最高、北市中心其次，新北中心第三，三個環帶都有明顯的外省人口偏高和偏低區。

五、住宅建築類型

　　臺北都會在 1990 年時的住宅建築類型以五樓以下公寓為主，有 1,028,485 個住宅單位，占全部住宅單位的 65.21%，其次是六樓以上的電梯大樓，有 238,430 個單位，占 15.12%，再其次是連棟式住宅，有 207,993 個單位，占 13.19%，最少的是傳統／獨院或雙拼式的住宅，有 102,321 個單位，只占 6.49%。很明顯的，在這年度臺北都會居民最大部分是住在四、五樓的集合住宅中。2010 年時，住宅建築類型有很大的轉變，六樓以上大樓住宅有 1,069,909 個單位，占 45.20%，較 1990 年增加約 80 萬個單位和 30 個百分點。2010 年住宅建築類型改為平房與二至五樓兩類，不易與 1990 年的三類直接比較。然而 1990 年五樓以下的各類型住宅有 1,338,799 個單位，2010 年二至五樓和平房的住宅合計有 1,297,319 個單位，反而較少。換言之，二十年間住宅單位的增加幾乎都屬六樓以上的建築（見表 2-5.1）。1990 年時，五樓以下公寓的比重很大，而這類住宅的更新或改建很是困難，因此 2010 年的二至五樓的住宅，絕大部分應屬五樓以下的集合住宅。我們或可推論，這年度臺北都會住宅單位的數量，六樓以上大樓略多於五樓以下公寓，

其餘住宅類型合計占不到 15%[9]。

北市中心在 1990 年的住宅單位以五樓以下公寓的比例最高，占 47.20%，其次是六樓以上大樓，占 37.22%，接著是連棟式住宅（10.90%）和傳統／獨院或雙拼住宅（4.67%）。五樓以下公寓的比重最大，但在圖 2-5.1a 顯示區位商數的最高值低於北環與南環，中位數與最低值則都低於其他三環帶，整體而言，這類住宅的比例是全都會最低的。北市中心六樓以上大樓住宅單位的比例居四個都會帶之首，是都會一般值的 2.46 倍（區位商數 246），其餘三類住宅類型的區位商數在 72 與 83 之間，低於都會的一般值，與五樓以下公寓一樣也低於其他三個都會帶。北市中心各區六樓以上住宅單位區位商數的中位數（203）、最高值（355）和最低值（132）都高於其他三個環帶。區位商數在中位數以上的四個區，依序是大安、松山、中山和中正區，商數較低的信義、萬華與大同，也高於北環與新北中心各區，只有林口的比例略高於大同（見圖 2-5.1b）。總之，在 1990 年時，六樓以上住宅類型主要分布在北市中心。同年度，大同、萬華和中正三區連棟式住宅的區位商數都大於 100，大同更達 203，其比例還大於六樓以上大樓。這三區都包含臺北市的舊核心地區，連棟住宅偏高，反映著老舊住宅殘存的狀態。

表 2-5.1 臺北都會各區住宅建築類型：單位數、百分比與區位商數，1990、2010

鄉鎮市區		1990 年					2010 年			
		傳統／獨院或雙拼	連棟式	5 樓以下	6 樓以上	合計	平房	2 至 5 樓	6 樓以上	合計
大同	個數	1,792	10,185	18,524	7,613	38,114	1,543	26,333	19,137	47,013
	百分比	4.70	26.72	48.60	19.97	100.00	3.28	56.01	40.71	100.00
	區位商數	72	203	75	132		74	111	90	

9 2010 年臺北市平房和二至五樓住宅竣工年份在 1990 年以前的分別占 85.63% 和 95.24%，新北市分別為 91.94% 和 88.08%，因此我們或可以 1990 年臺北都會住宅中五樓以下公寓占傳統農宅、獨院雙拼住宅、連棟住宅及五樓以下公寓的比例，來估計五樓以下公寓的數量，而傳統農宅和連棟住宅在都市發展中更容易遭拆除，五樓以下住宅的數量還可能低估。2010 年的五樓以下公寓推估約 996,600 個單位，略低於六樓以上住宅的 1,069,909 個單位，其他五樓以下建築類型的住宅只有 300,714 個單位，占約 12.7%。以上推論符合 2015 年住宅抽樣調查的結果：新北市六樓以上大樓的住宅單位占 45.83%，五樓以下公寓 40.75%，連棟式透天 8.66%，其他 4.76%；臺北市相應的是，45.79%、45.50%、4.22% 和 4.48%（故鄉市場調查公司，2017）。

表 2-5.1 臺北都會各區住宅建築類型：單位數、百分比與區位商數，1990、2010（續）

鄉鎮市區		1990 年					2010 年			
		傳統／獨院或雙拼	連棟式	5 樓以下	6 樓以上	合計	平房	2 至 5 樓	6 樓以上	合計
萬華	個數	2,032	8,356	34,208	14,851	59,447	1,374	42,484	24,842	68,700
	百分比	3.42	14.06	57.54	24.98	100.00	2.00	61.84	36.16	100.00
	區位商數	53	107	88	165		45	123	80	
中正	個數	3,693	6,938	22,126	14,474	47,231	1,992	26,882	25,716	54,590
	百分比	7.82	14.69	46.85	30.65	100.00	3.65	49.24	47.11	100.00
	區位商數	121	111	72	203		83	98	104	
大安	個數	5,759	6,416	36,374	56,101	104,650	3,725	39,320	68,031	111,076
	百分比	5.50	6.13	34.76	53.61	100.00	3.35	35.40	61.25	100.00
	區位商數	85	46	53	355		76	70	136	
中山	個數	3,076	8,208	39,127	34,650	85,061	2,578	38,908	63,668	105,154
	百分比	3.62	9.65	46.00	40.74	100.00	2.45	37.00	60.55	100.00
	區位商數	56	73	71	269		56	73	134	
松山	個數	2,919	4,334	26,826	25,455	59,534	452	27,805	35,578	63,835
	百分比	4.90	7.28	45.06	42.76	100.00	0.71	43.56	55.73	100.00
	區位商數	76	55	69	283		16	86	123	
信義	個數	2,344	5,995	41,105	19,011	68,455	1,961	45,216	31,737	78,914
	百分比	3.42	8.76	60.05	27.77	100.00	2.48	57.30	40.22	100.00
	區位商數	53	66	92	184		56	114	89	
北市中心	個數	21,615	50,432	218,290	172,155	462,492	13,625	246,948	268,709	529,282
	百分比	4.67	10.90	47.20	37.22	100.00	2.57	46.66	50.77	100.00
	區位商數	72	83	72	246		58	93	112	
北投	個數	5,095	7,246	44,004	7,380	63,725	2,815	53,274	25,329	81,418
	百分比	8.00	11.37	69.05	11.58	100.00	3.46	65.43	31.11	100.00
	區位商數	123	86	106	77		78	130	69	
士林	個數	6,805	9,428	47,085	13,899	77,217	4,053	62,588	26,649	93,290
	百分比	8.81	12.21	60.98	18.00	100.00	4.34	67.09	28.57	100.00
	區位商數	136	93	94	119		99	133	63	
內湖	個數	2,962	4,579	45,508	5,854	58,903	1,201	52,509	36,247	89,957
	百分比	5.03	7.77	77.26	9.94	100.00	1.34	58.37	40.29	100.00
	區位商數	78	59	118	66		30	116	89	
南港	個數	1,570	3,706	22,534	1,879	29,689	813	24,346	12,285	37,444
	百分比	5.29	12.48	75.90	6.33	100.00	2.17	65.02	32.81	100.00
	區位商數	82	95	116	42		49	129	73	
文山	個數	3,742	4,432	44,777	5,414	58,365	2,099	53,171	30,745	86,015
	百分比	6.41	7.59	76.72	9.28	100.00	2.44	61.82	35.74	100.00
	區位商數	99	58	118	61		55	123	79	
汐止	個數	5,767	6,118	20,290	1,181	33,356	3,072	32,918	57,293	93,283
	百分比	17.29	18.34	60.83	3.54	100.00	3.29	35.29	61.42	100.00
	區位商數	267	139	93	23		75	70	136	
深坑	個數	1,008	1,115	2,474	35	4,632	756	3,962	5,111	9,829
	百分比	21.76	24.07	53.41	0.76	100.00	7.69	40.31	52.00	100.00
	區位商數	335	183	82	5		174	80	115	

表 2-5.1 臺北都會各區住宅建築類型：單位數、百分比與區位商數，1990、2010（續）

鄉鎮市區		1990 年					2010 年			
		傳統／獨院或雙拼	連棟式	5 樓以下	6 樓以上	合計	平房	2 至 5 樓	6 樓以上	合計
八里	個數	1,279	1,009	1,112	0	3,400	739	3,844	9,250	13,833
	百分比	37.62	29.68	32.71	0.00	100.00	5.34	27.79	66.87	100.00
	區位商數	580	225	50	0		121	55	148	
淡水	個數	5,567	5,196	17,209	1,513	29,485	3,760	28,267	44,723	76,750
	百分比	18.88	17.62	58.37	5.13	100.00	4.90	36.83	58.27	100.00
	區位商數	291	134	90	34		111	73	129	
三芝	個數	2,365	1,581	844	0	4,790	611	3,822	6,734	11,167
	百分比	49.37	33.01	17.62	0.00	100.00	5.47	34.23	60.30	100.00
	區位商數	761	250	27	0		124	68	133	
都會北環	個數	36,160	44,410	245,837	37,155	363,562	19,919	318,701	254,366	592,986
	百分比	9.95	12.22	67.62	10.22	100.00	3.36	53.75	42.90	100.00
	區位商數	153	93	104	68		76	107	95	
三重	個數	3,869	23,374	75,949	2,342	105,534	6,014	87,041	56,381	149,436
	百分比	3.67	22.15	71.97	2.22	100.00	4.02	58.25	37.73	100.00
	區位商數	57	168	110	15		91	116	83	
板橋	個數	4,369	17,231	118,925	4,834	145,359	15,439	116,020	72,868	204,327
	百分比	3.01	11.85	81.81	3.33	100.00	7.56	56.78	35.66	100.00
	區位商數	46	90	125	22		171	113	79	
新莊	個數	2,512	11,352	68,718	2,817	85,399	6,984	72,497	63,748	143,229
	百分比	2.94	13.29	80.47	3.30	100.00	4.88	50.62	44.51	100.00
	區位商數	45	101	123	22		111	100	98	
永和	個數	2,773	5,201	49,830	6,964	64,768	2,402	48,509	35,450	86,361
	百分比	4.28	8.03	76.94	10.75	100.00	2.78	56.17	41.05	100.00
	區位商數	66	61	118	71		63	111	91	
中和	個數	4,070	9,413	91,361	3,255	108,099	13,624	87,403	63,590	164,617
	百分比	3.77	8.71	84.52	3.01	100.00	8.28	53.09	38.63	100.00
	區位商數	58	66	130	20		188	105	85	
新店	個數	9,883	10,109	51,133	4,565	75,690	5,890	67,655	50,342	123,887
	百分比	13.06	13.36	67.56	6.03	100.00	4.75	54.61	40.64	100.00
	區位商數	201	101	104	40		108	108	90	
新北中心	個數	27,476	76,680	455,916	24,777	584,849	50,353	479,125	342,379	871,857
	百分比	4.70	13.11	77.95	4.24	100.00	5.78	54.95	39.27	100.00
	區位商數	72	99	120	28		131	109	87	
樹林	個數	2,653	7,278	20,055	461	30,447	3,351	28,715	32,876	64,942
	百分比	8.71	23.90	65.87	1.51	100.00	5.16	44.22	50.62	100.00
	區位商數	134	181	101	10		117	88	112	
鶯歌	個數	2,131	8,391	4,692	69	15,283	2,638	16,142	9,283	28,063
	百分比	13.94	54.90	30.70	0.45	100.00	9.40	57.52	33.08	100.00
	區位商數	215	416	47	3		213	114	73	
土城	個數	2,762	5,187	31,212	875	40,036	2,931	31,680	46,673	81,284
	百分比	6.90	12.96	77.96	2.19	100.00	3.61	38.97	57.42	100.00
	區位商數	106	98	120	14		82	77	127	

表 2-5.1 臺北都會各區住宅建築類型：單位數、百分比與區位商數，1990、2010（續）

鄉鎮市區		傳統／獨院或雙拼	連棟式	5 樓以下	6 樓以上	合計	平房	2 至 5 樓	6 樓以上	合計
		1990 年					2010 年			
三峽	個數	3,536	5,346	3,754	278	12,914	3,088	12,354	23,663	39,105
	百分比	27.38	41.40	29.07	2.15	100.00	7.90	31.59	60.51	100.00
	區位商數	422	314	45	14		179	63	134	
蘆洲	個數	1,109	2,687	25,789	384	29,969	1,275	27,103	37,778	66,156
	百分比	3.70	8.97	86.05	1.28	100.00	1.93	40.97	57.10	100.00
	區位商數	57	68	132	8		44	81	126	
五股	個數	1,611	2,984	8,677	107	13,379	2,907	10,801	15,278	28,986
	百分比	12.04	22.30	64.86	0.80	100.00	10.03	37.26	52.71	100.00
	區位商數	186	169	99	5		227	74	117	
泰山	個數	1,226	3,134	10,340	304	15,004	1,972	12,272	14,202	28,446
	百分比	8.17	20.89	68.91	2.03	100.00	6.93	43.14	49.93	100.00
	區位商數	126	158	106	13		157	86	110	
林口	個數	2,042	1,464	3,923	1,865	9,294	2,314	9,105	24,702	36,121
	百分比	21.97	15.75	42.21	20.07	100.00	6.41	25.21	68.39	100.00
	區位商數	339	119	65	133		145	50	151	
都會南環	個數	17,070	36,471	108,442	4,343	166,326	20,476	148,172	204,455	373,103
	百分比	10.26	21.93	65.20	2.61	100.00	5.49	39.71	54.80	100.00
	區位商數	158	166	100	17		124	79	121	
總計	個數	102,321	207,993	1,028,485	238,430	1,577,229	104,373	1,192,946	1,069,909	2,367,228
	百分比	6.49	13.19	65.21	15.12	100.00	4.41	50.39	45.20	100.00

資料來源：1990、2010 年戶口及住宅普查報告

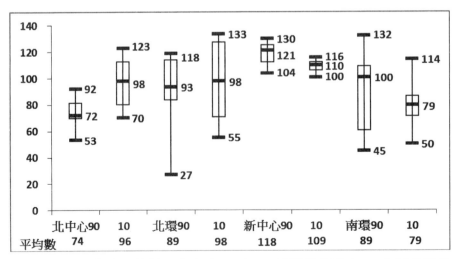

圖 2-5.1a 臺北都會五樓以下公寓（1990）、二至五樓公寓（2010）區位商數
　　　　箱形圖

資料來源：同表 2-5.1

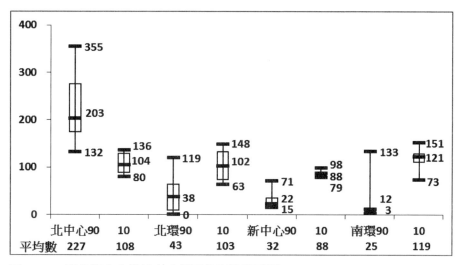

圖 2-5.1b　臺北都會六樓以上大樓區位商數箱形圖

資料來源：同表 2-5.1

　　在 2010 年的北市中心，六樓以上大樓的住宅單位占 50.77%，增加了 13 個百分點，9 萬多個單位，而五樓以下的住宅合計較 1990 年減少 3 萬左右。由於六樓以上住宅類型在全都會都大量建設，北市中心這類住宅類型的數量超過五樓以下公寓，只是在全都會的突出地位已不復見。大安、中山和松山三區的區位商數在 123 和 136 之間，仍是全都會中六樓以上住宅單位偏高地區。中正區的區位商數為 104，與都會的一般值相近。大同、萬華與信義三區二至五樓住宅的區位商數，在 112 和 123 之間（見表 2-5.1），占六成上下。我們推估，這三區五樓以下公寓的比例可能仍略多於六樓以上住宅，且大同與萬華仍有相當比重的連棟式住宅。

　　都會北環在 1990 年的住宅類型是以五樓以下公寓最多，占 67.62%，超過三分之二，其次依序為連棟式住宅（12.22%）、六樓以上大樓（10.22%）和傳統／獨院或雙拼住宅（9.95%）。六樓以上大樓的區位商數的最高值為 119，落在士林區，有 18%，還低於北市中心的最低比例，其餘各區的區位商數都在 77 以下，比例都低於 11.58%。在都會北環數量最大的五樓以下公寓，比例略高於都會的一般值，但有很

明顯的區間差異。區位商數大於 100 的有文山（118）、內湖（118）、南港（116）和北投（106），均屬臺北市，士林區的區位商數為 94，大於中位數，這五區五樓以下公寓的比例均在六成以上。屬新北市的五區，汐止、淡水和深坑五樓以下公寓的區位商數雖低於中位數，但比例分別為 60.83%、58.37% 和 53.41%，仍是各區內最多的住宅單位，不過傳統／獨院或雙拼住宅區位商數在 267 與 335 之間，應是傳統農家住宅仍多，而這幾個區的連棟式住宅比例亦高於都會的一般值。八里和三芝則更是傳統／獨院或雙拼住宅單位的比例最高，分別為 37.62% 和 49.37%，都高於五樓以下公寓（32.71% 和 17.62%）。這兩區在 1990 年時傳統農家住宅還是最主要的住宅類型。

2010 年都會北環的住宅類型與 1990 年很不相同。新北市所轄五區轉而成為六樓以上大樓比例偏高，三芝和八里也不例外，區位商數在 115 至 148 之間，比例在 52% 至 66.87% 之間，三芝六樓以上住宅單位亦有六成，成為六樓以上住宅居多的地區。而臺北市的五區，區位商數在 63 與 89 之間，比例在 28.57% 和 40.29% 之間，低於都會的一般值。這五區二至五樓住宅單位的比例都高於六樓以上大樓，區位商數在 116 和 133 之間，比例在 58.37% 和 67.09% 之間，很可能仍是五樓以下公寓多於六樓以上大樓的狀態。

新北中心在 1990 年，五樓以下的公寓占住宅單位的 77.95%，其次依序是連棟住宅（13.11%）、傳統／獨院或雙拼住宅（4.70%）和六樓以上大樓住宅（4.24%），各區住宅單位的分布狀況都是如此。各區五樓以下住宅區位商數的最低值是 104，比例為 67.56%，最高值是 130，比例為 84.52%，是全都會五樓以下公寓比例最高地區，六樓以上大樓和傳統／獨院或雙拼住宅都極為稀少。2010 年相較於 1990 年，六樓以上大樓住宅增加了近 32 萬個單位，而五樓以下的則減少約 3 萬。六樓以上大樓住宅占了 39.27%，各區的比例在 37.43% 和 44.51% 之間，都低於都會的一般值。整體而言，低於其他三環帶。新北中心二至五樓住宅的區位商數在 100 和 116 之間，比例在 50.62% 和 58.25%，其五樓以下公寓占住宅的單位數雖減少很多，可能仍居各區住宅的最大比例，與都會北環屬臺北市各區相似。

都會南環在 1990 年五樓以下公寓數量占 65.20%，與都會北環相近，其餘住宅類型依序是連棟住宅（21.93%）、傳統／獨院或雙拼住宅（10.26%）和六樓以上大樓（2.61%）。都會南環是六樓以上住宅比例最低的環帶，除了林口的區位商數達 133 之外，其餘都低於 14，比例在 2.15% 以下，是該環帶的稀有住宅類型。其餘三類住宅則有著區間差異。五樓以下公寓占高比例的有蘆洲、土城、泰山、樹林和五股，其中最低者亦有 64.86%。鶯歌和三峽則是以連棟式住宅的比例大於五樓以下公寓，而傳統／獨院或雙拼住宅的比例亦明顯偏高，具有傳統市鎮的性質；林口雖在都會南環有最高比例的六樓以上大樓，但也有最高比例的傳統／獨院或雙拼住宅。

在 2010 年時都會南環有 204,455 個六樓以上大樓住宅單位，較 1990 年的 4,343 個單位，多出約 20 萬，占住宅單位的比例為 54.80%，增加了 52 個百分點，從稀有住宅類型轉變為最多數類型，占約五成五。除了鶯歌之外，其餘七區的區位商數在 112 與 151 之間，比例在 50.62% 和 68.39% 之間，與都會北環屬新北市的五區同屬六樓以上大樓比例偏高地區。都會南環的十個區都屬平房比例偏高，但皆在 10.03% 以下，而二至五樓住宅的比例除鶯歌高於都會的一般值，比例為 57.52%，還高於六樓以上大樓比例（33.08%），其餘各區區位商數都在 50-88 之間，比例在 25.21% 和 57.52% 之間，均低於各區六樓以上大樓的比例，高於平房，五樓以下公寓在這些區的數量，估計應居次。

根據 1980 年人口與住宅普查的資料，臺北市有 60.24%，臺北縣有 54.95% 的住宅單位屬五樓以下公寓，在 1990 年的臺北都會則有 65.21% 的住宅單位屬五樓以下公寓。2010 年臺北市和新北市二至五樓住宅分別有 78.77% 和 73.44% 在 1971 年至 1990 年間興建完成，在 1991 年以後竣工分別只占了 4.73% 和 11.92%。就此我們可以推論，五樓以下公寓是 1970 年代和 1980 年代臺北都會主流的住宅建築類型，至 1990 年以後，五樓以下公寓住宅的興建已很少見，因此 2010 年的五樓以下公寓主要是 1990 年前二十年間遺留下來的。

臺北都會在 1990 年以後住宅類型最大的變化是六樓以上大樓住

宅單位的大量增加。在 2010 年，臺北市六至十二樓的住宅有 24.21%
竣工於 1971-1980 年間，39.54% 於 1981-1990 年間，35.19% 於 1991-
2010 年間，25.18% 的十三樓以上大樓峻工於 1981-1990 年間，67% 於
1990-2010 年間。新北市則是六至十二樓大樓有 17.79% 峻工於 1981-
1990 年間，77.07% 於 1991-2010 年間，十三樓以上大樓幾乎都峻工於
1991-2010 年間，並且住宅單位數遠大於六至十二樓的建築類型[10]。大體
而言，六至十二樓的住宅於 1970 年代起於北市中心，然後往外擴散，
十三樓以上大樓住宅在 1980 年代起於北市中心，在 1990 年代往外擴
散，並超越六至十二樓住宅單位數，而北市中心以外各環帶興建的單位
數還多於北市中心。

　　在上述住宅建築類型變遷的趨勢下，原來只有北市中心有著相當
數量的六樓以上大樓住宅，在 1990 年代以後在全都會都增加，迄 2010
年北市中心六樓以上大樓住宅的優勢已經消失，可以分為六樓以上大樓
住宅優勢地區，包含大安、松山、中山與中正區；以及五樓以下公寓優
勢區，包含萬華、大同與信義區。新北中心各區仍以五樓以下公寓占較
高比例，但六樓以上大樓住宅單位數已漸趨近。都會北環屬臺北市的北
投、士林、內湖、南港和文山，俱屬五樓以下公寓多於六樓以上住宅地
區。都會北環新北市轄下的五個區（汐止、深坑、八里、淡水和三芝）
以及都會南環除鶯歌以外的七個區，則屬六樓以上大樓住宅優勢地區，
整體說來，所占比例還高於北市中心，並以十三層以上的建築類型居
多。鶯歌可能是臺北都會中唯一連棟住宅仍占有相尚份量的地方[11]。

六、小結

　　以本章界定之臺北都會的範圍，人口規模從 1960 年代的 100 餘

---

10 以上住宅建築類型的峻工年代係根據 2010 年的普查資料。

11 在 1990 年鶯歌的連棟住宅占了 54.9%，在 1990 年以後新建的住宅可能都是以六樓以上
　大樓住宅為主。如果 2010 年連棟住宅的數量維持 1990 年的數量，大約有 29% 左右的住
　宅單位屬連棟住宅。如果二至五樓住宅的增加都歸為五樓以下公寓，最多只有 7,751 個
　單位，占 27.61%。

萬，到 1970 年代的 200 餘萬，1980 年代的 450 萬左右，以至 2000 年代的 650 餘萬，其成長速度在 1980 年代為其他都會追越，但人口與面積，則遠大於其他都會。人口老化程度略高於臺中都會，但低於臺南與高雄都會。二級行業於 1980 年代即低於三級行業，至 2011 年占產業雇用量低於三成，製造業只占二成。製造業與三級行業的雇用量都減少，去工業化趨勢明顯。大專以上教育人口逐年提高，至 2010 年多於整個中等教育人口。監督與佐理人員及專門與行政主管人員數量增加，前者已占全體就業人口的最大比例，後者則趨近生產體力人員，還多過買賣與服務人員。外省人口比例與人數都稍降低，但仍為四都會之首。

在 1960 年代，北市中心內的大同與萬華一帶人口即已呈現負成長，人口負成長的範圍逐漸擴大，至 1990 年代，各區都邁入負成長。在三級行業往其他環帶擴散的過程中，北市中心的優勢仍強，特別是生產者服務業的數量與比例遠非其他環帶所能比擬；分配銷售業雇用量稍降，為都會中環所趨近。相對於其人口，北市中心的就業功能還增強。臺北市最早發展地帶之一的大同，仍是三級行業優勢地帶，但是以分配銷售業較突出；另一較早發展的萬華，就業功能偏低，三級行業的發展遠不及核心其他各區。其餘各區生產者服務業的優勢更強，雇用數都增加，中山與信義增加量最大，分配銷售業僅信義區有所增加。

整體而言，北市中心在全都會一直維持較高的社經地位，最高社經地位里的比例也較高，只是較早發展的大同與萬華，社經地位偏低，尤其是萬華，在全都會都屬較低社經地帶。其餘各區社經地位都偏高，大安自 1980 年代之後，一直維持最高社經地位。受人矚目的信義區，其最高所得里與三級產業的發展主要在居中的信義計畫區，全區產業發展或居民社經地位，與中山區相近。外省籍人口比例大幅降低，並低於都會中環，大安為文山所超越。住宅建築類型，1990 年尚以五樓以下公寓住宅單位最多，只是六樓以上大樓所占比例遠高於其他環帶。至 2000 年代，六樓以上大樓住宅單位占最多數，僅大同、萬華與信義三區，五樓以下公寓住宅單位仍較多。

都會北環在 1980 年代人口成長速度較北市中心與新北中心快，數量在 2000 年超越北市中心。自 1990 年代以來，人口成長率超越新北

中心，增加量也較大，人口規模則尚有段差距。雖有少數行政區老化程度較低，幼年人口比例亦較高，人口老化程度略高於新北中心與都會南環。製造業與二級行業的雇用量都增加，內湖、南港與新北市所屬各區製造業比例仍偏高，不過生產者服務業與分配銷售業雇用量均大幅增加，三級行業的偏向較新北中心強，占雇用量比例幾乎都高於二級行業，只是與北市中心差距仍大。除了八里、三芝與深坑外，各區社經地位雖不及北市中心，在全都會仍屬偏高。士林與北投沿陽明山地帶，在1980年之前已是突出的高社經地帶，此一特色並未消失，而高所得里有向內湖與汐止沿山地帶延伸的傾向。外省人口的比例和數量都增加，超越北市中心。六樓以上大樓住宅單位在1990年代以後大量增加，至2000年代在屬新北市各區為住宅單位最多的類型，屬臺北市各區尚不及五樓以下公寓。

新北中心在1960和1970年代是全都會人口成長最快速且增加數最大地帶，1980年人口數即已超越北市中心，至2010年大過北市中心近百萬。自1980年代以來，人口成長速度不及北環與南環，但三十年間的增加數相近。一如都會北環，有幼年人口偏高與偏低的行政區，但老化的傾向較低。相應於人口，產業的發展不及都會北環，製造業與整個二級行業的雇用量下降，三級行業雇用量的增加不及北環，同樣都與北市中心有相當差距。就各項社經指標觀察，永和與新店屬社經地位較高區，最高所得里亦以這兩區數量較多，整體而言，則略低於都會北環。外省人口的數量與比例都減少，數量為全都會最大，比例則低於都會北環與北市中心。在1980年代五樓以下公寓比例最高，各行政區六樓以上大樓均快速增加，至2000年代仍以五樓以下公寓較多。

都會南環自1980年代以來，人口成長速度為全都會之首，1990年以後的增加量大於新北中心與北環，三十年間增加幾乎兩倍的人口。至2010年，幼年人口比例為全都會最高，老年人口為最低，還有成長的潛力。製造業的雇用數，在1991年之後的二十年略為下降，但是製造業與整體二級行業的雇用量仍均超過整個三級行業，僅三峽和林口例外。生產者服務業和分配銷售業的發展不及其他三環帶，在各區內所占比例均明顯偏低。根據各項社經指標，其社經地位較其他環帶為低，最

高所得里的數量與比例亦明顯較少。林口是例外，專門與行政主管人員的比例與所得中位數明顯提升，還出現幾個前 10% 的高所得里。各區外省人口的數量增加，然而整體的比例較其他環帶低。住宅建築類型有很大的轉變，在 1990 年，有連棟式住宅居多或五樓以下公寓為大宗的行政區，至 2010 年，六樓以上大樓住宅單位的數量最多，五樓以下公寓居次，只有鶯歌以連棟建築仍占最多為例外。最特別的是，都會南環六樓以上大樓住宅單位居多的行政區多於北市中心，整體的比例亦較高。

第三章

臺中都會

在六都改制後的臺中市範圍中，排除了人口持續遞減地區，以及人口成長停滯的地區[1]，視為臺中市中心市區往外擴張的都會地帶。整個臺中都會區分成以下三個環帶（見圖 3-1）。

都會核心：中區、東區、南區、西區、北區；

都會中環：南屯、西屯、北屯、大雅、潭子、太平、大里；

都會外環：霧峰、烏日、大肚、龍井、沙鹿、梧棲、清水、神岡、
　　　　　豐原。

以上的都會範圍較《前篇》界定的都會地帶，增加了都會外環西側和北側的大肚、龍井、沙鹿、梧棲、清水、神岡與豐原。

一、人口成長與分布

首先從都會核心，即臺中市的舊市區，包含中區、東區、南區、西區和北區，觀察人口成長的變化（見表 3-1.1）。臺中市的中區在 1970 年代前半開始人口遞減，在 1970 年代後期東區人口數亦開始下降。嗣後，中區人口持續減少，從 1980 年的 34,536 降到 2010 年的 9,820 人，減少了約七成的人口，呈現人口空洞化[2]；東區則先遞減，在 2010

1　人口持續遞減地區，位於臺中市往東延伸地帶的石岡、東勢、新社與和平，及西邊靠海的大安；人口成長停滯的為大甲、后里和外埔，三者俱在大甲溪以北，大甲與后里 2010 年的人口少於 1990 年，而外埔則是 2010 年的人口略高於 1990 年，但小於 2000 年。

2　中區的人口與戶籍人口有很大的差距，2010 年底戶籍人口有 18,471 人，但普查人口只

年又回復到 1990 年的人口數量，只是低於 1980 年的人口數，仍可視為人口流失地區。臺中都會核心的人口流失的範圍遠小於臺北都會。西區、南區和北區的人口持續增加，2010 年的人口數大於 1980、1990 和 2000 年三個年度，南區人口的增加率和增加數都高於西區和北區。雖有兩區的人口減少，整個都會核心在 1980 年以後的三十年間，人口持續增加。

在 1980 年和 2010 年間，人口增加最多的是都會中環。三十年間北屯人口增加 1.7 倍，西屯增加 2.7 倍，南屯增加近 3 倍。人口增加量以西屯最大，北屯其次，均超過 16 萬，南屯再次，近 13 萬，分別居全都會的第一、第二和第四。在 1970 年代，太平、大里的成長高於屯區、大雅和潭子的成長速度亦接近屯區，但在 1980 年代以後就不及屯區。在 1980 年以後的三十年間，大里增加 1.7 倍，與北屯相近，太平增加 1.56 倍，增量均超過 10 萬，大里還略多過南屯。潭子和大雅都增加約 1.3 倍，各增加約五或六萬上下。整體而言，中環屬舊臺中縣各區是次於屯區的人口增加區。中環人口的增加，速度是臺中都會中最大的，數量也最大。在 1980 和 1990 年代，各區的成長率都遠高於都會核心與都會外環各區，2000 年至 2010 年的年平均成長率雖下降，中環整體的人口成長率依舊高於都會核心與外環，三個屯區的人口成長率仍屬全都會最高者。

都會外環各區，人口成長在三成上下至近七成五，人口數量增加近 2 萬至 3 萬之間，包括（以人口增加量為序）烏日、沙鹿、豐原、梧棲、龍井、神岡、霧峰和大肚。這幾個區位於上述人口大量成長地區的南緣、西緣和北緣。清水的人口成長率不及 20%，人口增量在萬人以下。

有 9,820 人；都會核心其餘各區的戶籍人口與普查人口都有些差距，都只在 10% 以內，而中區的普查人口只有戶籍人口的一半左右，可能反映常住人口與戶籍人口的差異。中區在 1980 年、1990 年、2000 年與 2010 年的戶籍人口分別為 38,171、35,702、23,096 與 18,471，與普查人口的差距逐年增加，但 30 年間戶籍人口雖不如普查人口降低那麼多，但也減少了五成二。

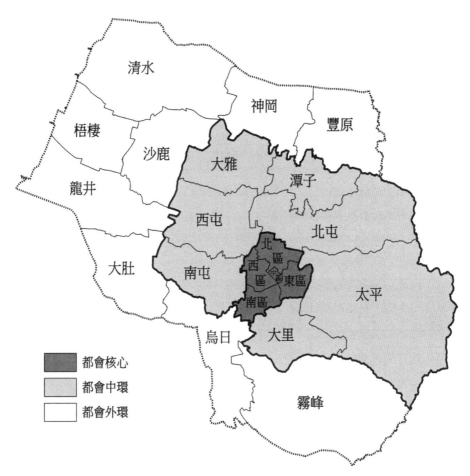

圖 3-1　臺中都會分區圖

　　臺中都會的三個都會帶在 1980 年至 2010 年的三十年間，人口增加近 110 萬。最主要的成長帶是在都會中環，增加近 80 萬人，其次是都會外環，增加近 19 萬人。在 1960 年代中環人口成長速度已較都會核心快，在 1970 年代中環以屬舊臺中縣各區的成長速度最快，特別是大里和太平，1980 年代之後，則以舊臺中市三個屯區的人口成長最快。都會外環各區在 1980 年代和 1990 年代人口成長加快，超過都會核心，卻遠不及都會中環，在 2000 年以後再落於都會核心之後。都會核心雖有中區和東區人口衰退，還是逐漸增加，三十年間才增加

表 3-1.1 **臺中都會人口成長**，1980-2010

鄉鎮市區	人數				成長率			人數增減	
	1980	1990	2000	2010	1990	2000	2010	1980-2010	1990-2010
中區	34,536	30,478	19,473	9,820	-1.25	-4.48	-6.85	-24,716	-20,658
東區	79,359	75,245	68,288	74,689	-0.53	-0.97	0.90	-4,670	-556
西區	100,145	111,938	111,983	114,483	1.11	0.00	0.22	14,338	2,545
南區	65,797	71,265	104,828	122,682	0.80	3.86	1.57	56,885	51,417
北區	111,571	137,948	143,811	147,208	2.12	0.42	0.23	35,637	9,260
都會核心	391,408	426,874	448,383	468,882	0.87	0.49	0.45	77,474	42,008
西屯	75,260	125,073	192,645	236,390	5.08	4.32	2.05	161,130	111,317
南屯	43,405	65,384	133,902	170,511	4.10	7.17	2.42	127,106	105,127
北屯	96,724	155,497	214,117	257,391	4.75	3.20	1.84	160,667	101,894
大雅	39,920	61,700	87,802	91,400	4.35	3.53	0.40	51,480	29,700
潭子	47,250	62,500	95,830	105,567	2.80	4.27	0.97	58,317	43,067
太平	72,812	124,733	169,632	182,460	5.38	3.07	0.73	109,648	57,727
大里	78,336	130,540	179,348	206,640	5.11	3.18	1.42	128,304	76,100
都會中環	453,707	725,427	1,073,276	1,250,359	4.69	3.92	1.53	796,652	524,932
霧峰	55,335	61,208	67,117	73,319	1.01	0.92	0.88	17,984	12,111
烏日	47,365	60,554	68,242	75,385	2.46	1.20	1.00	28,020	14,831
大肚	35,553	47,652	56,438	49,981	2.93	1.69	-1.21	14,428	2,329
龍井	39,923	47,077	66,692	62,835	1.65	3.48	-0.60	22,912	15,758
沙鹿	56,590	71,490	74,695	84,923	2.34	0.44	1.28	28,333	13,433
清水	76,008	81,001	83,065	83,588	0.64	0.25	0.06	7,580	2,587
梧棲	33,401	42,083	49,880	56,531	2.31	1.70	1.25	23,130	14,448
神岡	44,475	56,894	63,680	66,538	2.46	1.13	0.44	22,063	9,644
豐原	127,563	148,062	155,222	150,616	1.49	0.47	-0.30	23,053	2,554
都會外環	516,213	616,021	685,031	703,716	1.77	1.06	0.27	187,503	87,695
總計	1,361,328	1,768,322	2,206,690	2,422,957	2.62	2.21	0.93	1,061,629	654,635

資料來源：1980、1990、2000 年戶口及住宅普查報告；2010 年人口及住宅普查報告

77,474 人，遠不及都會中環，亦與都會外環有段差距。在 1960 年代中期，都會核心的人口數大於都會中環，但在 1980 年以後則都會中環大於都會核心[3]，都會中環的人口數在 1980 年還小於都會外環，但在 1990 年以後則超過外環，更彰顯都會中環在臺中都會人口成長的份量。都會外環人口成長率在 1980 年代和 1990 年代高於都會核心，但在 2000 年

3　都會核心在 1965 年的人口為 271,805 人，都會中環為 230,391 人（據表 3-4.1 各區普查人口數計算的結果），都會核心多近 4 萬餘人，到 1980 年則都會中環較核心多 6 萬餘人。至 2010 年都會中環有 1,250,359 人，超過都會核心近 80 萬人。

以後的十年低於都會核心，人口的增加量則略多於都會核心，然而難與臺北的都會南環相比擬。臺中都會人口成長的規模不及臺北都會，三十年間的人口成長率卻高於臺北都會，亦高於臺南與高雄都會，人口總數在 2010 年達 2,422,957 人，接近高雄都會，遠大於臺南都會，面積為 785.5 平方公里。

二、產業結構與變遷

臺中都會區在 1980 年代尚有相當數量的農林漁牧人口，在 1980 年時，《前篇》界定的臺中都會區農林漁牧業就業人口約占各行業總雇用人口的 12%。到了 2010 年，我們所界定的都會帶範圍更廣，但都會的農業就業人口只占雇用人口的 1.8%。都會核心為 0.35%，各區都在 0.49% 以下；都會中環為 1.48%，最高的是太平區的 3.76%，其次是北屯區的 2.42%，其餘各區都在 2% 以下；都會外環農林漁牧業的比重較高，為 3.65%，各區大都在 4% 以下，唯霧峰和清水分別有 10.41% 和 7.98%，農林漁牧業仍占有相當的份量，但低於都會範圍外的各區[4]。以下就本篇界定的都會核心、中環與外環三個都會帶，觀察臺中都會工商業的地區差異與變遷。

（一）二級與三級行業

臺中都會二級與三級行業總雇用人數的集中係數，根據表 3-2.1，在 1991 年和 2011 年都以都會核心最高，都會外環最低，都會核心的係數分別為 114 與 107，都會外環分別為 94 與 86，三都會帶提供的就業機會與其人口比重相距不遠，特別是都會核心與都會中環在 2011 年

4　臺中都會的外圍鄉鎮，其農林漁牧業占了雇用人口數的近 20%。東勢、和平和新社三區，分別是近五成和近六成，農林漁牧是最主要的行業；另外，外埔為 11.86%，大安和石岡分別為 20.89% 和 25.54%，亦屬農林漁牧偏高地區。至於大甲和后里，分別有 5.2% 和 4.08%，其二級行業雇用人口的總量相當大，應屬製造業偏向地區。整體而言，臺中都會之外屬臺中市的各區農林漁牧的份量明顯高於都會外環各區，這些鄉鎮工商業雇用總數只有 73,659 人，只占臺中都會帶的 8%，其中近三分之二是在大甲和后里二區。

表 3-2.1 臺中都會各區產業結構：員工數、百分比、區位商數與集中係數，1991、2011

臺中都會	年度	二級行業 人數	%	商數	係數	三級行業 人數	%	商數	係數	合計 人數	商數	係數	製造業 人數	%	商數	係數	生產者服務業 人數	%	商數	係數	分配銷售業 人數	%	商數	係數
中區	1991	1,972	6.81	11	31	26,978	93.19	237	662	28,950	279	989	441	1.52	3	8	7,091	24.49	354	989	11,424	39.46	181	507
	2011	357	2.97	7	21	11,645	97.03	179	571	12,002	320	692	254	2.12	5	17	2,976	24.80	216	692	4,722	39.34	136	436
東區	1991	13,921	57.04	94	90	10,483	42.96	109	104	24,404	95	45	12,808	52.48	98	93	805	3.30	48	45	6,666	27.32	126	120
	2011	8,774	34.11	75	67	16,951	65.89	121	109	25,725	90	65	7,380	28.69	73	66	2,133	8.29	72	65	11,333	44.05	153	138
西區	1991	11,759	26.45	44	51	32,691	73.55	187	218	44,450	117	304	5,519	12.42	23	27	7,999	18.00	260	304	16,209	36.47	168	196
	2011	6,730	9.93	22	34	61,048	90.07	166	257	67,778	155	444	2,892	4.27	11	17	22,257	32.84	287	444	26,029	38.40	133	206
南區	1991	11,864	45.15	74	81	14,415	54.85	139	151	26,279	108	198	10,532	40.08	75	81	3,322	12.64	183	198	8,025	30.54	140	152
	2011	9,862	29.54	65	46	23,522	70.46	130	93	33,384	72	74	6,842	20.49	52	37	3,967	11.88	104	74	12,611	37.78	131	94
北區	1991	9,961	24.19	40	35	31,222	75.81	193	169	41,183	88	196	3,700	8.98	17	15	6,345	15.41	223	196	17,351	42.13	194	170
	2011	6,413	12.11	27	25	46,545	87.89	162	153	52,958	95	157	2,112	3.99	10	10	10,061	19.00	166	157	22,574	42.63	148	140
都會核心	1991	49,477	29.94	49	56	115,789	70.06	178	203	165,266	114	255	33,000	19.97	37	42	25,562	15.47	224	255	59,675	36.11	166	189
	2011	32,136	16.75	37	39	159,711	83.25	153	165	191,847	107	202	19,480	10.15	26	28	41,394	21.58	188	202	77,269	40.28	140	150
西屯	1991	27,458	54.29	90	107	23,115	45.71	116	138	50,573	119	93	25,133	49.70	93	110	2,743	5.42	78	93	13,943	27.57	127	151
	2011	53,770	40.29	88	129	79,695	59.71	110	161	133,465	147	173	46,617	34.93	89	130	18,032	13.51	118	173	42,039	31.50	109	160
南屯	1991	16,111	65.62	108	120	8,442	34.38	87	96	24,553	110	80	14,500	59.06	110	121	1,233	5.02	73	80	5,842	23.79	109	121
	2011	29,183	36.30	80	98	51,218	63.70	117	144	80,401	123	178	23,709	29.49	75	93	13,302	16.54	144	178	27,909	34.71	120	148
北屯	1991	13,718	45.73	75	43	16,282	54.27	138	78	30,000	57	58	11,137	37.12	69	39	2,137	7.12	103	58	11,075	36.92	170	96
	2011	14,079	22.87	50	32	47,482	77.13	142	89	61,561	63	107	7,574	12.30	31	20	11,997	19.49	170	107	26,034	42.29	147	92
大雅	1991	20,127	85.20	141	158	3,495	14.80	38	42	23,622	113	22	19,682	83.32	155	175	316	1.34	19	22	1,915	8.11	37	42
	2011	32,270	71.42	156	201	12,912	28.58	53	68	45,182	128	38	30,074	66.56	170	218	1,545	3.42	30	38	7,657	16.95	59	75
潭子	1991	30,353	87.94	145	236	4,163	12.06	31	50	34,516	162	26	30,067	87.11	162	264	381	1.10	16	26	2,424	7.02	32	52
	2011	50,893	80.17	176	270	12,588	19.83	36	56	63,481	154	31	49,302	77.66	198	305	1,471	2.32	20	31	7,102	11.19	39	60
太平	1991	29,036	84.22	139	113	5,440	15.78	40	33	34,476	81	15	28,059	81.39	152	123	450	1.31	19	15	3,758	10.90	50	41
	2011	38,726	67.93	149	121	18,279	32.07	59	48	57,005	81	34	35,307	61.94	158	128	2,704	4.74	41	34	10,745	18.85	65	53
大里	1991	32,706	80.16	132	122	8,097	19.84	50	46	40,803	92	38	30,115	73.81	137	126	1,154	2.83	41	38	4,887	11.98	55	51
	2011	37,645	58.73	129	104	26,456	41.27	76	61	64,101	81	41	32,648	50.93	130	105	3,745	5.84	51	41	15,563	24.28	84	68

表 3.2.1　臺中都會各區產業結構：員工數、百分比、區位商數與集中係數，1991、2011（續）

臺中都會	年度	二級行業				三級行業				合計		製造業				生產者服務業				分配銷售業			
		人數	%	商數	係數	人數	%	商數	係數	人數	係數	人數	%	商數	係數	人數	%	商數	係數	人數	%	商數	係數
都會中環	1991	169,509	71.06	117	113	69,034	28.94	74	71	238,543	97	158,693	66.53	124	120	8,414	3.53	51	49	43,844	18.38	84	82
	2011	256,566	50.79	111	117	248,630	49.21	91	95	505,196	105	225,231	44.58	114	120	52,796	10.45	91	96	137,049	27.13	94	99
霧峰	1991	12,866	78.03	129	102	3,622	21.97	56	44	16,488	79	11,574	70.20	131	104	317	1.92	28	22	2,039	12.37	57	45
	2011	13,052	61.45	135	102	8,189	38.55	71	54	21,241	75	11,392	53.63	137	103	912	4.29	37	28	5,066	23.85	83	62
烏日	1991	15,725	82.40	136	126	3,359	17.60	45	41	19,084	93	14,998	78.59	146	136	254	1.33	19	18	2,161	11.32	52	48
	2011	15,191	61.19	134	115	9,633	38.81	71	61	24,824	86	13,614	54.84	140	120	885	3.57	31	27	6,648	26.78	93	80
大肚	1991	13,507	84.41	139	138	2,494	15.59	40	39	16,001	99	12,858	80.36	150	148	155	0.97	14	14	1,753	10.96	50	50
	2011	9,761	68.23	149	111	4,545	31.77	58	43	14,306	74	8,482	59.29	151	112	475	3.32	29	22	2,723	19.03	66	49
龍井	1991	11,702	81.87	135	121	2,592	18.13	46	41	14,294	89	8,909	62.33	116	104	385	2.69	39	35	1,590	11.12	51	46
	2011	13,060	66.61	146	118	6,547	33.39	61	50	19,607	81	11,201	57.13	146	118	747	3.81	33	27	4,446	22.68	79	64
沙鹿	1991	12,517	63.78	105	85	7,109	36.22	92	74	19,626	81	11,011	56.10	104	84	628	3.20	46	37	4,171	21.25	98	79
	2011	8,992	39.01	85	61	14,057	60.99	112	80	23,049	71	6,968	30.23	77	55	1,829	7.94	69	49	8,001	34.71	120	86
清水	1991	14,317	77.47	128	86	4,163	22.53	57	38	18,480	67	9,866	53.39	99	67	377	2.04	29	20	2,222	12.02	55	37
	2011	9,689	54.70	120	66	8,023	45.30	83	46	17,712	55	7,628	43.07	110	60	1,080	6.10	53	29	4,663	26.33	91	50
梧棲	1991	10,956	64.74	107	126	5,968	35.26	90	106	16,924	118	10,558	62.38	116	137	353	2.09	30	36	1,641	9.70	45	53
	2011	16,708	54.12	119	167	14,166	45.88	84	119	30,874	140	14,740	47.74	122	171	1,637	5.30	46	65	4,011	12.99	45	63
神岡	1991	22,144	90.40	149	189	2,351	9.60	24	31	24,495	127	21,959	89.65	167	211	156	0.64	9	12	1,542	6.30	29	37
	2011	25,966	80.94	177	221	6,115	19.06	35	44	32,081	124	24,874	77.53	198	246	499	1.56	14	17	4,060	12.66	44	55
豐原	1991	31,784	61.21	101	104	20,138	38.79	99	102	51,922	103	29,357	56.54	105	109	4,990	9.61	139	143	10,192	19.63	90	93
	2011	23,028	47.61	104	88	25,343	52.39	96	81	48,371	84	21,027	43.47	111	93	4,201	8.68	76	64	13,993	28.93	100	84
都會外環	1991	145,518	73.75	122	115	51,796	26.25	67	63	197,314	94	131,090	66.44	124	117	7,615	3.86	56	53	27,311	13.84	64	60
	2011	135,447	58.37	128	110	96,618	41.63	77	66	232,065	86	119,926	51.68	132	113	12,265	5.29	46	40	53,611	23.10	80	69
總計	1991	364,504	60.64			236,619	39.36			601,123		322,783	53.70			41,591	6.92			130,830	21.76		
	2011	424,149	45.65			504,959	54.35			929,108		364,637	39.25			106,455	11.46			267,929	28.84		

資料來源：1991、2011 年工商及服務業普查

的集中係數幾乎相等，且都有集中係數偏高與偏低區，和臺北都會之北市中心相對於人口所顯示的就業優勢，很不相同。

　　臺中都會在 1991 年時二級行業的雇用數為 364,504 人，占了總雇用人數的 61%，比重明顯大於三級行業。二級行業的雇用數持續增加，至 2011 年時有 424,149 人，但比重降至 46%。三級行業增長較快，在 2011 年時，有 504,959 人，占 54%。在 1991 至 2011 的二十年間，三級行業增加近 27 萬人，二級行業只增加近 6 萬人。都會核心的三級行業雇用人數在 1991 年就明顯較多，占 70.06%；嗣後持續增加，到 2011 年達 83.25%，各區都是三級行業比例較高。在 1991 年，都會中環與外環二級行業的雇用數顯著高於三級行業，都占七成以上。二級行業的人數仍然上升，但三級行業增加較快。都會中環二級行業在 2011 年只占 50.79%，雇用量與三級行業幾乎相等，這種變化，主要是三個屯區從二級行業居多變成三級行業居多，屬舊臺中縣的四區，依舊是二級行業的比例大於三級行業。都會外環三級行業的雇用量增加，二級行業卻減少，以致二級行業所占比例降至 58.37%，除沙鹿與豐原外，其餘七區二級行業比例仍高於三級行業。

（二）製造業

　　在臺中都會占二級行業最大份量的製造業，1991 年的雇用數為 322,783 人，2011 年為 364,637 人，增加 4 萬餘人，占總雇用比例則由 54% 減少到 39%，略現去工業化的跡象。都會核心的製造業雇用數一直遞減，到了 2011 年只占總雇用量的一成左右，都會核心各區都顯示同樣的趨勢，集中係數和區位商數的中位數都降到 20 以下，最高值分別為 66 和 73（見圖 3-2.1a 與圖 3-2.1b），意味著都會核心各區製造業占整個都會的份量甚低，在各區內亦屬弱勢。

　　都會中環的製造業雇用量最大，1991 年至 2011 年增加六萬餘人，集中係數一般值都為 120，各區的中位數亦在 125 上下；區位商數一般值從 124 降至 114，中位數分別為 137 和 130。在這二年度，都會中環的製造業在整個都會的份量大致維持相似的水準，各區製造業的偏向亦

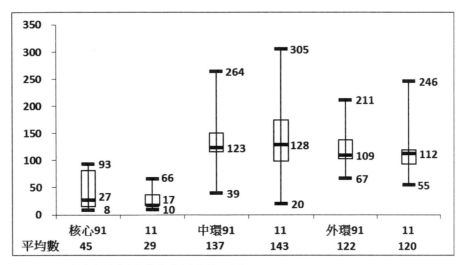

圖 3-2.1a　臺中都會製造業集中係數箱形圖

資料來源：同表 3-2.1

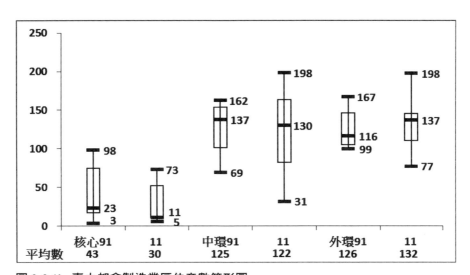

圖 3-2.1b　臺中都會製造業區位商數箱形圖

資料來源：同表 3-2.1

較都會核心強。值得注意的是，都會中環各區的製造業的集中係數與區
位商數的差距增大。屬舊臺中市的南屯和北屯，在 2011 年時集中係數

和區位商數都已低於 100，西屯的集中係數略增高至 130，區位商數降為 89，製造業在這三區的重要性都明顯不如 1991 年。至於舊臺中縣的太平和大里，集中係數和區位商數的變化不大，在 2011 年集中係數分別為 128 和 105，區位商數為 158 和 130。大雅和潭子的集中係數分別為 218 和 305，區位商數為 170 和 198，明顯高於 1991 年的數值。都會中環屬舊臺中縣的四區，是臺中製造業的最優勢地區，而潭子和大雅的製造業的成長更是突出。

都會外環在 2011 年製造業的雇用量不及 1991 年，集中係數和區位商數一般值分別為 113 和 132，在都會內的相對份量不及都會中環，但製造業在各區內偏向都較強。都會外環各區的差異較都會中環小，製造業集中係數低於 100 的有沙鹿、清水和豐原，區位商數低於 100 的只有沙鹿；集中係數僅神岡大於 200，其區位商數則為 198。整體說來，都會中環的舊臺中縣各區以及都會外環，仍係臺中都會主要的製造業分布地帶，製造業在都會中環屬舊臺中縣四區的成長還勝過都會外圍各區。

（三）生產者服務業與分配銷售業

臺中都會生產者服務業的雇用人數在 1991 至 2011 年增加達 1.5 倍強，占雇用人數的比例從 6.92% 增至 11.46%。都會核心生產者服務業的雇用人數增加近 1 萬 6 千人，占總雇用人數的比例從 15.47% 提高至 21.58%；集中係數與區位商數在 1991 年（255 和 224）與 2011 年（202 和 188）同步降低，不過 2011 年的集中係數與區位商數的一般值和中位數（198 和 157）仍明顯高於都會中環和外環（見圖 3-2.2a 與 3-2.2b）。在都會核心，以中區的集中係數最高，由於該區人口急速減少，生產者服務業的人數雖已減半，但還是有最高的集中係數；該區的區位商數仍高，生產者服務業的相對份量已隨人口減少而大幅遞減，從與西區相近並多於北區，轉為不到西區的七分之一，不及北區的三分之一，不過相對於其人口，仍有其優勢。東區和南區生產者服務業員工數增加，但在 2011 年的集中係數和區位商數在東區分別為 65 和 72，南區為 74 和 104，這兩區的生產者業服務業在都會的份量都低，亦非區

內的優勢產業。西區和北區是都會核心中生產者服務業最重要的二區。
西區最為突出，是全都會雇用量最大者，集中係數和區位商數在 2011
年（444 和 287）還高於 1991 年（304 和 260），在全都會生產者服務
業最具優勢；北區在兩年度中集中係數和區位商數均降，但 2011 年分
別為 157 和 166，仍明顯偏高。

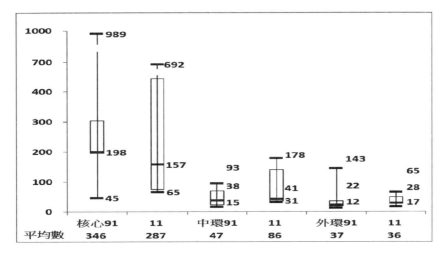

圖 3-2.2a　臺中都會生產者服務業集中係數箱形圖

資料來源：同表 3-2.1

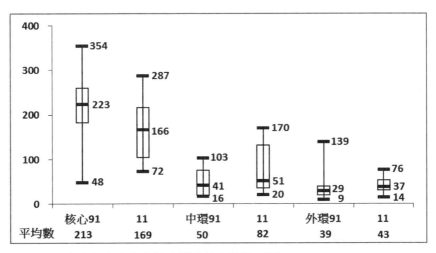

圖 3-2.2b　臺中都會生產者服務業區位商數箱形圖

資料來源：同表 3-2.1

　　都會中環生產者服務業 1991 年的集中係數和區位商數的一般值分別在 50 左右，增至 2011 年的 90 上下，中位數都在 60 以下，生產者服務業並非優勢行業。不過類似製造業的分布，至 2011 年亦有舊臺中市的屯區與舊臺中縣所轄四區間的明顯差異。三個屯區的集中係數從 1991 年的 58 至 93 之間轉變為 2011 年的 107 至 178 之間，區位商數則是從 73 與 103 之間，增至 118 與 170 之間，均高於都會中環的中位數，亦明顯大於都會核心的東區和南區；相對的，舊臺中縣所屬的四區，皆低於 51。生產者服務業明顯是向屯區發展，三個屯區在 1991 年的雇用量遠不及都會核心，至 2011 年雇用 43,331 人，還略多於都會核心的 41,394 人。綜合而言，西區是生產者服務業最優勢區，再往其東的北區與中區及往西的西屯與南屯延伸擴展。都會外環各區生產者服務業的集中係數和區位商數一般值都在 55 以下，在 1991 年集中係數和區位商數在 140 上下的豐原市，至 2011 年亦降至 76 以下，生產者服務業在都會外環的發展明顯較弱。

　　分配銷售業在 1991 至 2011 年的雇用量增加約 13 萬人，大於製造業和生產者服務業，比例從 21.76% 提高到 28.84%。分配銷售業在臺中都會核心的雇用量微幅增加，1991 年為 59,675 人，2011 年為 77,269 人，只增加近 1 萬 8 千人，集中係數從 1991 年的 189 降為 2011 年的 150，區位商數則從 166 降至 140。另外，各區集中係數的中位數從高於轉為低於其他二都會帶的最高值，區位商數的中位數在 2011 年之後轉為低於都會中環的最高值（見圖 3-2.3a 與圖 3-2.3b）。換言之，都會核心各區內分配銷售業的比重減弱，占全都會的分配銷業雇用量的比重降低。

　　都會核心的中區，分配銷售業亦如生產者服務業，雖然集中係數和區位商數仍為全都會最高，數量二十年間減少近六成，呈現衰退現象。東區的生產者服務業集中係數較低，分配銷售業卻從 1991 年的 120 升高至 2011 的 138，區位商數亦從 1991 年的 126 升至 2011 年的 153，不僅在全都會的相對比重增加，在該區內的相對優勢亦增強，分配銷售業明顯強於生產者服務業。另外南區的分配銷售業集中係數與區位商數都降低，但在 2011 年時分配銷售業的區位商數高於生產者服務業。綜

合而言，東區和南區是分配銷售業強於生產者服務業。西區和北區分配
銷售業的集中係數和區位商數在 2011 年時都偏高，但仍低於生產者服
務業，和中區一樣屬生產者服務業強於分配銷售業地區。

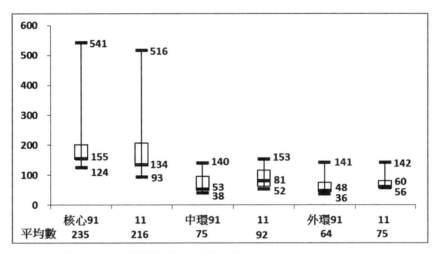

圖 3-2.3a　臺中都會分配銷售業集中係數箱形圖

資料來源：同表 3-2.1

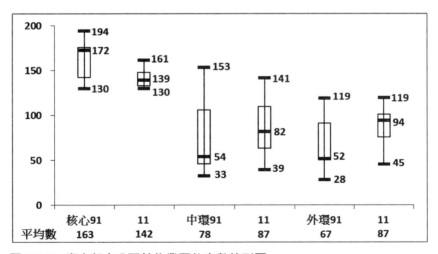

圖 3-2.3b　臺中都會分配銷售業區位商數箱形圖

資料來源：同表 3-2.1

　　都會中環各區分配銷售的集中係數都增加中，特別是舊臺中市的西屯和南屯兩區，在 2011 年已高於都會核心的中位數，僅低於核心的中區和西區，但生產者服務業的集中係數大於分配銷售業，顯示生產者服務業更突出的發展。北屯區分配銷售業與生產者服務業的集中係數相近，都在 90 上下，區位商數則都略高於 140，在都會內的份量稍偏低，分配銷售業與生產者服務業的份量相當。至於舊臺中縣的四區，分配銷售業在 2011 年的集中係數小於 75，區位商數小於 84。都會外環的集中係數和區位商數一般值略增，在 2011 年分別為 69 和 80。都會中環屬舊臺中縣各區及都會外環各區，分配銷售業的區位商數都低於製造業，但高於生產者服務業；僅沙鹿分配銷售業的區位商數大於製造業，雇用人數亦大於製造業。

（四）產業變遷的趨勢

　　臺中都會中環與外環在 1960 年代一級行業仍有很大的份量，大部分行政區農林漁牧業占居住就業人口的比例都在四成上下，在 1970 年代二級行業已經成為份量最重的產業之時，農林漁牧業在中環與外環各區的農業工作人口還是大於二級行業的雇用人口。到了 1980 年代以後，都會中環和外環的農林漁牧業的比重才遠遜於二級與三級行業，在都會中環更是微不足道。在 1980 年代以後，二、三級行業的變化才是產業變遷的主軸。接著是三級行業成長大於二級行業，迄 2011 年，三級行業的雇用員工數已大於二級行業，但兩者的差距不大。三級行業的優勢地區主要在都會核心與都會中環的三個屯區，而都會中環舊臺中縣的四區以及都會外環各區，仍是二級行業比重大於三級行業。雖有二、三級行業分布上的差異，到了 2011 年三個都會帶相對於人口數，在就業功能上的差異不大，特別是都會核心與都會中環幾乎相同。

　　在 1980 年代占最大雇用量的製造業，持續成長，但占工商業雇用量的比例卻不斷下降，略呈去工業化的趨勢。都會核心各區，製造業份量甚低，都會中環舊臺中縣各區與都會外環各區均屬製造業優勢地區，都會外環各區製造業的偏向較強，但雇用量下降，集中係數觀察仍遠不

及中環，製造業往都會外環分散的傾向不及臺北都會。在這些製造業優勢地區，分配銷售業偏向強於生產者服務業。生產者服務業在東區以外都會核心各區的優勢最強，三個屯區有後來居上的趨勢，在 2011 年集中傾向最強的依序是中區、西區、西屯、南屯、北區與北屯，這六區生產者服務業上相對優勢更強於分配銷售；值得注意的是，中區在兩個行業的雇用量都大幅下降，呈現產業衰退的趨勢。都會核心的東區、南區三級行業的優勢較弱，分配銷售業強於生產者服務業。

三、社會與經濟地位

（一）教育組成

　　臺中都會人口的教育程度隨著臺灣整體教育水準的提升而提高，15 歲以上人口中，小學以下教育人口從 1990 年的 41.78% 降至 2010 年的 13.70%，大專以上則從 13.39% 增至 39.39%（見表 3-3.1），初等教育比例的減幅與高等教育的增幅約略相等，2010 年時高等教育人口超過高中教育人口，只是仍少於整體中等教育人口。

　　都會核心的大專以上人口的比例增加到 47.99%，超過了中等教育的 41.37%，但區位商數卻從 143 降為 122，都會核心在高等教育人口的相對份量降低，各區區位商數的中位數、最高值和最低值都降低，反映核心各區的普遍現象（見圖 3-3.1）。在 1966 年時，都會核心各區的大專以上教育人口比例都高於都會中環各區，至 1980 年時，東區已經不及三個屯區，中區則在 1990 年時不及三個屯區。這兩區是人口減少或停滯區，在 2010 年時，大專以上人口的區位商數都不及 100，為都會核心中大專以上人口偏低的地區；再者，中區的區位商數更從高於轉為低於東區，大專以上比例為都會核心最低。西區、南區和北區在 1990 年被西屯超越，但在 2010 年時西區又高於西屯，南區與西屯居次，北區居第四位，都會核心的這三區仍是大專以上人口的優勢地區。

　　都會中環大專以上人口比例在 1990 年和 2010 年分別為 13.47% 和 40.56%，但在 2010 年仍低於中等教育人口的 47.55%，區位商數都略

高於 100，人口的教育程度整體低於都會核心。要注意的是，都會中環在人口教育程度的變化，有著屯區與舊臺中縣各區間的明顯差異。屯區自 1970 年代以後逐漸趨近都會核心各區。在 1990 年時，西屯更是臺中都會大專教育人口比例最高者，區位商數達 174，明顯高於中環其他各區。然而隨著人口增加，大專以上人口的相對份量減低，而在 2010 年轉而略低於都會核心的西區。南屯和北屯則在 2010 年分別趨近北區的比例，北屯還高於中區和東區。三個屯區的區位商數均高於都會中環的中位數。舊臺中縣的四區，1990 年時的區位商數為 64 至 74，在中位數以下，在 2010 年為 80 至 90 之間，低於都會的一般值，亦在中環的中位數以下，各區的比例漸趨近。基本上大專以上教育程度優勢地區是由西區往西屯與南屯延伸。

都會外環的大專以上人口，在 1990 和 2010 年間，從 9.30% 提高到 31.50%，小學以下則從 47.11% 降至 18.95%，大專以上的區位商數低於 100，比例低於全都會的一般值，小學則高於 100，比例高於全都會的一般值。外環各區大專以上人口區位商數的中位數從 61 增至 77，最低值從 50 增至 65，最高值則分別為 90 至 93。綜合而言，高等教育的相對比重增加，但仍明顯低於都會大專以上人口居優勢的三區與中環的屯區，與都會中環舊臺中縣的四區均屬比例偏低。

表 3-3.1 臺中都會各區教育組成：人數、百分比與區位商數，1990、2010

鄉鎮市區	年別	國小以下 人數	%	商數	國（初）中 人數	%	商數	高中（職） 人數	%	商數	大專及以上 人數	%	商數	合計 人數
中區	1990	10,531	37.68	90	5,537	19.81	101	7,446	26.64	106	4,434	15.87	118	27,948
	2010	1,442	16.99	124	1,211	14.27	108	2,907	34.24	102	2,929	34.50	88	8,489
東區	1990	28,467	41.66	100	13,483	19.73	100	17,528	25.65	102	8,854	12.96	97	68,332
	2010	8,889	14.20	104	8,233	13.15	99	20,937	33.45	99	24,527	39.19	99	62,586
西區	1990	34,350	33.70	81	18,267	17.92	91	28,178	27.64	110	21,145	20.74	155	101,940
	2010	9,479	9.76	71	9,035	9.30	70	28,444	29.29	87	50,141	51.64	131	97,099
南區	1990	22,976	35.44	85	10,896	16.81	86	17,846	27.53	109	13,113	20.23	151	64,831
	2010	9,385	9.16	67	9,519	9.29	70	31,546	30.79	91	52,021	50.77	129	102,471
北區	1990	41,853	33.63	80	21,313	17.13	87	34,846	28.00	111	26,435	21.24	159	124,447
	2010	13,057	10.32	75	13,586	10.74	81	38,880	30.73	91	60,989	48.21	122	126,512
都會核心	1990	138,177	35.66	85	69,496	17.93	91	105,844	27.31	109	73,981	19.09	143	387,498
	2010	42,252	10.64	78	41,584	10.47	79	122,714	30.90	92	190,607	47.99	122	397,157

表 3-3.1　臺中都會各區教育組成：人數、百分比與區位商數，1990、2010（續）

鄉鎮市區	教育 年別	國小以下			國（初）中			高中（職）			大專及以上			合計
		人數	%	商數	人數	%	商數	人數	%	商數	人數	%	商數	人數
西屯	1990	39,247	34.83	83	19,257	17.09	87	27,915	24.77	98	26,271	23.31	174	112,690
	2010	16,825	8.57	63	19,848	10.11	76	60,123	30.62	91	99,534	50.70	129	196,330
南屯	1990	23,753	40.50	97	10,833	18.47	94	15,515	26.45	105	8,554	14.58	109	58,655
	2010	12,307	8.98	66	15,025	10.96	83	44,277	32.30	96	65,476	47.76	121	137,085
北屯	1990	53,394	38.38	92	26,255	18.87	96	38,245	27.49	109	21,212	15.25	114	139,106
	2010	22,947	10.83	79	23,073	10.89	82	75,841	35.80	106	90,005	42.48	108	211,866
大雅	1990	24,070	43.25	104	12,564	22.58	115	14,256	25.62	102	4,763	8.56	64	55,653
	2010	10,995	14.72	107	10,680	14.30	108	26,844	35.95	107	26,160	35.03	89	74,679
潭子	1990	24,536	44.03	105	11,208	20.11	102	14,841	26.63	106	5,136	9.22	69	55,721
	2010	12,892	14.80	108	13,035	14.97	113	33,130	38.04	113	28,041	32.19	82	87,098
太平	1990	49,097	43.97	105	23,794	21.31	108	27,726	24.83	99	11,032	9.88	74	111,649
	2010	23,712	15.53	113	26,265	17.20	130	54,701	35.82	106	48,020	31.45	80	152,698
大里	1990	51,386	44.46	106	24,701	21.37	109	29,040	25.13	100	10,446	9.04	67	115,573
	2010	22,916	13.40	98	25,288	14.79	112	62,015	36.26	108	60,801	35.55	90	171,020
都會中環	1990	265,483	40.90	98	128,612	19.82	101	167,538	25.81	103	87,414	13.47	101	649,047
	2010	122,594	11.89	87	133,214	12.92	98	356,931	34.63	103	418,037	40.56	103	1,030,776
霧峰	1990	24,779	45.36	109	11,261	20.61	105	13,547	24.80	99	5,045	9.23	69	54,632
	2010	10,311	16.35	119	9,212	14.61	110	20,512	32.53	97	23,028	36.52	93	63,063
烏日	1990	24,266	44.46	106	10,681	19.57	100	14,027	25.70	102	5,604	10.27	77	54,578
	2010	10,059	15.76	115	8,587	13.45	102	22,064	34.57	103	23,118	36.22	92	63,828
大肚	1990	20,714	48.89	117	8,880	20.96	107	9,573	22.59	90	3,203	7.56	56	42,370
	2010	8,690	21.25	155	6,306	15.42	116	14,251	34.85	104	11,651	28.49	72	40,898
龍井	1990	21,176	50.60	121	9,111	21.77	111	8,132	19.43	77	3,430	8.20	61	41,849
	2010	9,169	17.84	130	9,115	17.74	134	17,501	34.05	101	15,610	30.37	77	51,395
沙鹿	1990	30,320	47.08	113	13,088	20.32	103	13,245	20.56	82	7,753	12.04	90	64,406
	2010	11,921	17.24	126	9,836	14.22	107	22,223	32.14	95	25,171	36.40	92	69,151
清水	1990	36,963	50.70	121	14,996	20.57	105	15,109	20.72	82	5,836	8.01	60	72,904
	2010	16,981	24.38	178	12,350	17.73	134	22,479	32.28	96	17,829	25.60	65	69,639
梧棲	1990	19,175	51.42	123	7,927	21.26	108	7,713	20.68	82	2,477	6.64	50	37,292
	2010	9,231	20.08	147	7,469	16.25	123	15,949	34.70	103	13,316	28.97	74	45,965
神岡	1990	24,140	47.09	113	11,006	21.47	109	12,305	24.00	95	3,816	7.44	56	51,267
	2010	11,571	20.77	152	9,838	17.66	133	19,847	35.63	106	14,449	25.94	66	55,705
豐原	1990	58,740	44.09	106	27,293	20.49	104	32,956	24.74	98	14,229	10.68	80	133,218
	2010	23,026	18.29	134	19,274	15.31	116	43,282	34.39	102	40,278	32.00	81	125,860
都會外環	1990	260,273	47.11	113	114,243	20.68	105	126,607	22.91	91	51,393	9.30	69	552,516
	2010	110,959	18.95	138	91,987	15.71	119	198,108	33.84	101	184,450	31.50	80	585,504
總計	1990	663,933	41.78		312,351	19.66		399,989	25.17		212,788	13.39		1,589,061
	2010	275,805	13.70		266,785	13.25		677,753	33.66		793,094	39.39		2,013,437

資料來源：1990 年戶口及住宅普查報告、2010 年人口及住宅普查報告

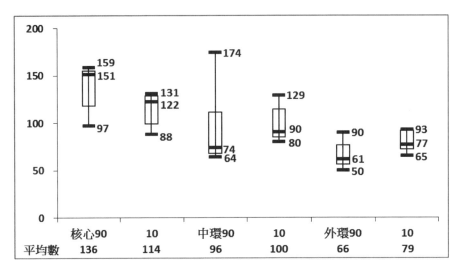

圖 3-3.1　臺中都會大專以上人口區位商數箱形圖

資料來源：同表 3-3.1

（二）職業組成

　　臺中都會的總就業人口從 1990 年的 61 萬餘人到 2010 年的 111 萬餘人，增加約 50 萬人。生產體力人員數並未如臺北都會般減少，從 216,648 人到 368,161 人，增加約 15 萬人，占就業人口的比例雖略減至 33.07%，仍是人數最多的類屬。在 1990 年時人數少於買賣與服務工作人員的監督佐理人員，在 2010 年時的人數為 327,777 人，占 29.44%，僅次於生產體力人員，買賣與服務人員為 223,312 人，占 20.06%，高於專門與行政主管人員（177,059 人，15.90%），其專門與行政主管人員的成長遠不及臺北都會（見表 3-3.2）。

　　在 1990 年至 2010 年的二十年間，都會核心的就業人口數量雖有增加，但占臺中都會比重下降，從 23.65% 降至 18.86%。各職業類屬的區位商數雖都減少，然而到 2010 年時，專門與行政主管人員（136）、監督佐理人員（110）以及買賣與服務人員（117）的區位商數仍高於其他兩個都會帶，生產體力人員（67）則是最低，比例低於臺中都會的一般值。都會中環的就業人口成長最快，占都會就業人口的比例

表 3-3.2 臺中都會各區職業組成：人數、百分比與區位商數，1990、2010

鄉鎮市區	職業／年別	專門／行政 人數	%	商數	監佐 人數	%	商數	買賣／服務 人數	%	商數	農牧 人數	%	商數	體力 人數	%	商數	合計 人數
中區	1990	1,490	16.29	151	1,945	21.26	114	4,181	45.70	205	203	2.22	17	1,329	14.53	41	9,148
	2010	647	15.81	99	928	22.68	77	1,633	39.91	199	6	0.15	10	878	21.46	65	4,092
東區	1990	2,735	10.70	99	5,397	21.12	113	7,421	29.04	130	944	3.69	29	9,061	35.45	100	25,558
	2010	4,926	14.59	92	10,053	29.77	101	8,609	25.50	127	103	0.31	20	10,076	29.84	90	33,767
西區	1990	7,021	18.87	175	10,387	27.91	150	11,170	30.02	135	1,106	2.97	23	7,530	20.23	57	37,214
	2010	12,556	24.96	157	16,644	33.09	112	12,384	24.62	123	138	0.27	18	8,583	17.06	52	50,305
南區	1990	4,017	16.27	151	5,872	23.79	127	6,571	26.62	120	1,022	4.14	32	7,204	29.18	82	24,686
	2010	12,435	22.72	143	18,587	33.96	115	10,797	19.73	98	156	0.29	19	12,751	23.30	70	54,726
北區	1990	8,573	17.83	166	13,631	28.35	152	14,649	30.47	137	1,143	2.38	18	10,085	20.98	59	48,081
	2010	14,757	21.99	138	21,918	32.67	111	15,965	23.79	119	262	0.39	25	14,194	21.15	64	67,096
都會核心	1990	23,836	16.47	153	37,232	25.73	138	43,992	30.40	137	4,418	3.05	24	35,209	24.33	69	144,687
	2010	45,321	21.58	136	68,130	32.45	110	49,388	23.52	117	665	0.32	21	46,482	22.14	67	209,986
西屯	1990	6,000	14.86	138	7,587	18.79	101	10,343	25.62	115	4,162	10.31	80	12,279	30.42	86	40,371
	2010	23,410	21.63	136	37,064	34.25	116	23,610	21.82	109	304	0.28	18	23,828	22.02	67	108,216
南屯	1990	2,339	10.53	98	4,457	20.06	108	4,850	21.83	98	2,519	11.34	88	8,052	36.24	102	22,217
	2010	18,470	24.77	156	26,451	35.47	120	14,426	19.35	96	352	0.47	31	14,865	19.94	60	74,564
北屯	1990	6,934	12.54	117	11,861	21.45	115	13,630	24.64	111	6,257	11.31	88	16,625	30.06	85	55,307
	2010	21,807	18.23	115	39,246	32.80	111	27,778	23.22	116	1,529	1.28	83	29,292	24.48	74	119,652
大雅	1990	1,196	6.10	57	2,719	13.87	74	3,411	17.40	78	3,835	19.57	152	8,438	43.05	122	19,599
	2010	5,107	12.32	77	12,281	29.62	101	6,248	15.07	75	914	2.20	144	16,908	40.78	123	41,458
潭子	1990	1,635	6.84	64	3,556	14.87	80	3,650	15.27	69	3,709	15.51	120	11,359	47.51	134	23,909
	2010	6,278	11.65	73	15,338	28.47	97	9,099	16.89	84	1,037	1.92	126	22,121	41.06	124	53,873
太平	1990	2,868	6.67	62	6,577	15.30	82	9,374	21.80	98	4,778	11.11	86	19,402	45.12	127	42,999
	2010	8,718	10.24	64	21,238	24.96	85	18,197	21.38	107	2,227	2.62	171	34,716	40.80	123	85,096
大里	1990	4,036	8.97	83	8,112	18.03	97	9,403	20.90	94	4,622	10.27	80	18,811	41.82	118	44,984
	2010	14,332	14.37	90	26,749	26.82	91	19,873	19.92	99	1,250	1.25	82	37,548	37.64	114	99,752
都會中環	1990	25,008	10.03	93	44,869	17.99	96	54,661	21.92	98	29,882	11.98	93	94,966	38.08	108	249,386
	2010	98,122	16.84	106	178,367	30.62	104	119,231	20.46	102	7,613	1.31	85	179,278	30.77	93	582,611
霧峰	1990	2,031	8.63	80	3,208	13.63	73	4,135	17.57	79	5,658	24.04	186	8,506	36.14	102	23,538
	2010	3,074	9.24	58	8,700	26.16	89	5,251	15.79	79	2,468	7.42	484	13,767	41.39	125	33,260
烏日	1990	1,626	7.77	72	2,829	13.51	72	3,758	17.95	81	4,138	19.76	153	8,589	41.02	116	20,940
	2010	4,076	12.03	76	10,051	29.67	101	5,229	15.44	77	1,020	3.01	196	13,495	39.84	120	33,871
大肚	1990	1,217	6.82	63	2,472	13.84	74	2,719	15.23	68	3,677	20.59	160	7,770	43.52	123	17,855
	2010	2,417	10.12	64	6,498	27.21	92	3,370	14.11	70	454	1.90	124	11,144	46.66	141	23,883
龍井	1990	983	6.00	56	1,975	12.06	65	2,369	14.46	65	4,222	25.78	200	6,831	41.70	118	16,380
	2010	2,781	9.24	58	7,181	23.87	81	4,602	15.30	76	512	1.70	111	15,010	49.89	151	30,086
沙鹿	1990	1,815	8.05	75	2,888	12.80	69	4,602	20.40	92	4,066	18.02	140	9,187	40.73	115	22,558
	2010	3,940	11.31	71	7,725	22.17	75	7,235	20.77	104	255	0.73	48	15,683	45.02	136	34,838
清水	1990	2,044	7.38	69	3,877	13.99	75	3,938	14.21	64	7,257	26.19	203	10,597	38.24	108	27,713
	2010	3,593	9.74	61	8,216	22.28	76	6,991	18.96	95	1,536	4.17	272	16,540	44.85	136	36,876
梧棲	1990	821	5.59	52	2,369	16.14	87	2,415	16.45	74	2,655	18.09	140	6,418	43.73	123	14,678
	2010	2,205	7.99	50	7,620	27.62	94	4,389	15.91	79	245	0.89	58	13,130	47.59	144	27,589
神岡	1990	1,169	5.93	55	2,399	12.17	65	2,306	11.70	53	5,899	29.92	232	7,941	40.28	114	19,714
	2010	3,479	11.08	70	6,915	22.03	75	4,365	13.90	69	727	2.32	151	15,910	50.68	153	31,396
豐原	1990	5,268	9.69	90	10,036	18.46	99	11,360	20.89	94	7,071	13.01	101	20,634	37.95	107	54,369
	2010	8,051	11.67	73	18,374	26.63	90	13,261	19.22	96	1,581	2.29	149	27,722	40.18	122	68,989

表 3-3.2　臺中都會各區職業組成：人數、百分比與區位商數，1990、2010（續）

	職業	專門/行政			監佐			買賣/服務			農牧			體力			合計
鄉鎮市區	年別	人數	%	商數	人數	%	商數	人數	%	商數	人數	%	商數	人數	%	商數	人數
都會外環	1990	16,974	7.80	72	32,053	14.72	79	37,602	17.27	78	44,643	20.50	159	86,473	39.71	112	217,745
	2010	33,616	10.48	66	81,280	25.34	86	54,693	17.05	85	8,798	2.74	179	142,401	44.39	134	320,788
總計	1990	65,818	10.76		114,154	18.66		136,255	22.27		78,943	12.90		216,648	35.41		611,818
	2010	177,059	15.90		327,777	29.44		223,312	20.06		17,076	1.53		368,161	33.07		1,113,385

資料來源：1990 年戶口及住宅普查報告、2010 年人口及住宅普查報告

從 40.76% 提高到 52.33%。都會中環各職業類屬的人數都增加，除生產體力人員的區位商數從 108 下降至 93，其餘三個類屬則都上升，至 2010 年提高到 102 和 106 之間，各類屬所占比例都與都會的一般值相近。都會外圍的就業人口增加數亦大於都會核心，不過占都會就業人口的比例從 35.59% 減至 28.81%。各職業類屬的就業人口都增加，但專門與行政主管人員的區位商數卻下降，監督佐理人員和買賣與服務人員的區位商數雖增，2010 年的區位商數在 85 左右，仍屬比例偏低，而生產體力人員的區位商數達 134，比例明顯高於都會中環和都會核心。

在 1990 年至 2010 年之間，都會核心各區專門與行政主管人員區位商數的中位數、最高值和最低值都下降，不過中位數和最低值仍明顯高於其他都會帶各區（見圖 3-2.2a、3-2.2b）。最急遽的變化在中區，二十年間的區位商數從 151 降至 99，在 1990 年和 2010 年間人口與產業快速流失的過程中，專門與行政主管人員的流失更快，東區這類的就業人數雖有增加，但商數從 99 減至 92，與中區一樣是都會核心專門與行政主管人員比例偏低的地區。其他三區的區位商數雖降，在 2010 年仍居都會的第一、第二和第四位，依序是西區（157）、南區（143）和北區（138）。中區的生產體力人員比例增加，但 2010 年的區位商數只有 65，東區的商數從 100 減至 90，其餘各區在 2010 年都在 70 以下，都會核心的五區都屬生產體力人員偏低地區，區位商數的最高值、中位數和最低值都低於都會中環與外環。

都會中環各區專門與行政主管人員區位商數的中位數、最低值和最高值都提高，最高值和最低值的差距加大。觀察各區的區位商數，三個屯區與舊臺中縣轄的四區明顯不同。西屯（136 左右）和北屯（115 左

右）的商數沒有變化，在 2010 年時，分居全都會的第五位和第六位。
南屯從 98 提高到 156，與西區幾乎相同，居全都會的第二位。三個屯
區的生產體力人員的區位商數都下降，2010 年時均在 74 以下。舊臺
中縣轄下四區，專門與行政主管人員的區位商數都增加，大里提高到
90，大雅、潭子和太平在 77 以下，仍低於都會核心各區及屯區。相反
的，這四區的生產體力人員的區位商數於 1990 年在 118 和 134 之間，
2010 年在 114 和 124 之間，都在中位數以上，大於核心各區與屯區，
這四區屬生產體力人員偏高地區。都會外環專門與行政主管及生產體力
人員在二十年間，呈現明顯的對比，前者區位商數的中位數、最高值和
最低值都減低，而後者都提高。專門與行政主管人員的最高值在 2010
年為 76，低於都會中環的中位數，生產體力人員的最低值是 120，與
都會中環的最高值相近。整個都會外環均屬生產體力人員比例偏高地
區，專業與行政主管人員則普遍偏低。

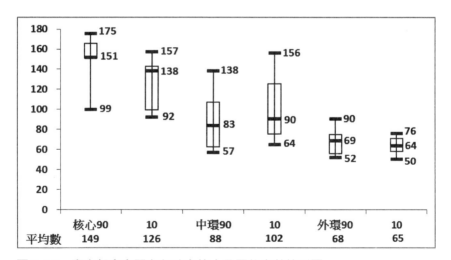

圖 3-3.2a **臺中都會專門與行政主管人員區位商數箱形圖**

資料來源：同表 3-3.2

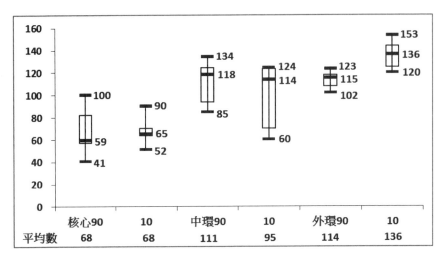

圖 3-3.2b 臺中都會生產體力人員區位商數箱形圖

資料來源：同表 3-3.2

（三）所得

臺中都會核心各區所得中位數、最高值和最低值在 2000 年都明顯高於都會中環和外環；在 2010 年所得的中位數和最低值仍高於其他二環，但最高值則低於都會中環的最高值（見圖 3-3.3）；都會外環明顯偏低，都會核心與中環的差異就不太明顯。都會核心在 2000 和 2010 兩年度各區所得中位數的排序相同，中區和東區一直居末位。這兩區因人口大量減少，里數減少甚多。中區在 2000 年有 40% 的里屬最高所得類別，在 2010 年則只有 12.5% 屬最高所得類別，次高類別的占 62.50%，區所得中位數為 523，還都高於都會中環舊臺中縣與外環各區（見表 3-3.3）。東區在 2000 年屬最高與次高所得類別里的比例在 55% 左右，但至 2010 年則低於五成，仍高於舊臺中縣各區，區所得中位數為 501，與舊臺中縣各區的高值相當。西區和南區屬最高所得類別里的比例在 2000 年和 2010 年相近，分別有 84% 和 68.18%，2010 年次高類別為 8% 和 31.82%；北區屬最高所得類別里的比例只有 41.67%，但有 44.44% 屬次高類別，兩類較高的所得類別里都占八成以上。在 2010

年，西區、南區和北區里的所得中位數分別為 609、581 和 556，仍居前五位。

　　都會中環屬舊臺中市的三個屯區亦屬高所得地帶，1990 年南屯最高所得類別里占 56.25%，在 2010 年提高到 76%，略低於西區和南區，區所得中位數在 2000 年為 661，稍低於西區，在 2010 年為 647，為全都會最高；西屯在 2000 年，有 52% 屬最高所得類別，2010 年提高至 58.97%，兩年度區的所得中位數分別為 638、609，從低於轉成與西區相同；西區、南區、南屯區和西屯區，在高所得類別里的比例與區所得中位數互有高低，但均高於臺中都會其他各區，很明確是臺中都會所得水準最高地帶。北屯的高所得類別里占了四成七，區所得中位數為 564，與北區相近，兩者的所得水準低於以上四區，但高於臺中都會的其他各區，所得水準亦屬偏高。都會中環屬舊臺中縣轄的四區，在 2000 年沒有一個里屬最高所得類別，而屬次低和最低類別的里則都大於五成，甚或高於八成，這種情況到 2010 年沒有什麼改變，區所得的中位數在 472 和 503 之間，還不及中區和東區。都會外環的九區屬高所得類別的里，在 2000 年和 2010 年總共只有六個，屬次低和最低所得類別的里占了六成以上，大部分是在八成以上。臺中都會屬舊臺中縣的各區在所得水準與舊臺中市核心各區和屯區呈現明顯的差距。

表 3-3.3　臺中都會高低所得分布：里數、百分比與區所得中位數，2000、2010

鄉鎮市區		2000 年						2010 年					
		最低	次低	次高	最高	合計	中位數 [*]	最低	次低	次高	最高	合計	中位數
中區	里數	1	5	9	10	25	583	1	1	5	1	8	523
	百分比	4.00	20.00	36.00	40.00	100.00		12.50	12.50	62.50	12.50	100.00	
東區	里數	7	6	12	4	29	525	3	7	6	1	17	501
	百分比	24.14	20.69	41.38	13.79	100.00		17.65	41.18	35.29	5.88	100.00	
西區	里數	0	0	6	25	31	663	0	2	2	21	25	609
	百分比	0.00	0.00	19.35	80.65	100.00		0.00	8.00	8.00	84.00	100.00	
南區	里數	1	0	6	15	22	613	0	0	7	15	22	581
	百分比	4.55	0.00	27.27	68.18	100.00		0.00	0.00	31.82	68.18	100.00	
北區	里數	8	5	9	22	44	620	3	2	16	15	36	556
	百分比	18.18	11.36	20.45	50.00	100.00		8.33	5.56	44.44	41.67	100.00	
都會核心	里數	17	16	42	76	151		7	12	36	53	108	
	百分比	11.26	10.60	27.81	50.33	100.00		6.48	11.11	33.33	49.07	100.00	

表 3-3.3 臺中都會高低所得分布：里數、百分比與區所得中位數，2000、2010（續）

鄉鎮市區		2000 年						2010 年					
		最低	次低	次高	最高	合計	中位數*	最低	次低	次高	最高	合計	中位數*
西屯	里數	1	1	10	13	25	638	0	4	12	23	39	609
	百分比	4.00	4.00	40.00	52.00	100.00		0.00	10.26	30.77	58.97	100.00	
南屯	里數	1	2	4	9	16	661	0	1	5	19	25	647
	百分比	6.25	12.50	25.00	56.25	100.00		0.00	4.00	20.00	76.00	100.00	
北屯	里數	1	8	9	13	31	599	1	3	18	20	42	564
	百分比	3.23	25.81	29.03	41.94	100.00		2.38	7.14	42.86	47.62	100.00	
大雅	里數	3	6	4	0	13	506	4	6	5	0	15	492
	百分比	23.08	46.15	30.77	0.00	100.00		26.67	40.00	33.33	0.00	100.00	
潭子	里數	3	4	6	0	13	534	4	7	5	0	16	503
	百分比	23.08	30.77	46.15	0.00	100.00		25.00	43.75	31.25	0.00	100.00	
太平	里數	8	7	4	0	19	509	21	11	7	0	39	472
	百分比	42.11	36.84	21.05	0.00	100.00		53.85	28.21	17.95	0.00	100.00	
大里	里數	2	10	8	0	20	533	8	13	4	2	27	497
	百分比	10.00	50.00	40.00	0.00	100.00		29.63	48.15	14.81	7.41	100.00	
都會中環	里數	19	38	45	35	137		38	45	56	64	203	
	百分比	13.87	27.74	32.85	25.55	100.00		18.72	22.17	27.59	31.53	100.00	
霧峰	里數	9	7	2	2	20	506	9	9	2	0	20	475
	百分比	45.00	35.00	10.00	10.00	100.00		45.00	45.00	10.00	0.00	100.00	
烏日	里數	4	9	3	0	16	515	6	6	4	0	16	503
	百分比	25.00	56.25	18.75	0.00	100.00		37.50	37.50	25.00	0.00	100.00	
大肚	里數	6	5	4	1	16	506	6	6	4	1	17	494
	百分比	37.50	31.25	25.00	6.25	100.00		35.29	35.29	23.53	5.88	100.00	
龍井	里數	8	6	1	1	16	502	5	6	4	1	16	501
	百分比	50.00	37.50	6.25	6.25	100.00		31.25	37.50	25.00	6.25	100.00	
沙鹿	里數	11	7	2	0	20	474	4	9	6	2	21	504
	百分比	55.00	35.00	10.00	0.00	100.00		19.05	42.86	28.57	9.52	100.00	
清水	里數	20	7	5	0	32	478	22	5	5	0	32	470
	百分比	62.50	21.88	15.63	0.00	100.00		68.75	15.63	15.63	0.00	100.00	
梧棲	里數	3	6	4	1	14	504	2	7	5	0	14	496
	百分比	21.43	42.86	28.57	7.14	100.00		14.29	50.00	35.71	0.00	100.00	
神岡	里數	14	2	0	0	16	463	14	2	0	0	16	439
	百分比	87.50	12.50	0.00	0.00	100.00		87.5	12.50	0.00	0.00	100.00	
豐原	里數	8	16	11	1	36	509	13	18	3	2	36	480
	百分比	22.22	44.44	30.56	2.78	100.00		36.11	50.00	8.33	5.56	100.00	
都會外環	里數	83	65	32	6	186		81	68	33	6	188	
	百分比	44.62	34.95	17.20	3.23	100.00		43.09	36.17	17.55	3.19	100.00	
總計	里數	119	119	119	117	474		126	125	125	123	499	
	百分比	25.11	25.11	25.11	24.68	100.00		25.25	25.05	25.05	24.65	100.00	

資料來源：2000、2010 年綜合所得稅申報核定統計專冊
* 單位為千元，以後相關圖表皆同

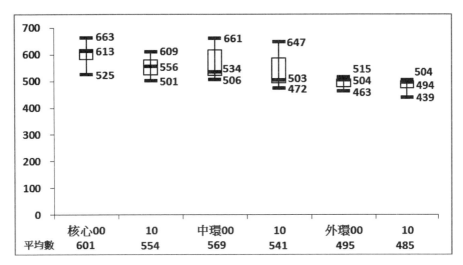

圖 3-3.3　**臺中都會區所得中位數箱形圖**

資料來源：同表 3-3.3

（四）地區社經地位的變遷

　　在 1960 年代臺中都會的中環與外環農業人口尚多，都會核心各區在大專教育人員以及專門與行政主管人員的比例明顯高於都會中環與外環各區；同時，生產體力人員的比例亦高於都會外環。以大專以上教育人口及專門與行政主管人員為高社經地位的指標的話，高社經地位地區主要分布在都會核心各區。在 1970 年代都會中環製造業大量增加，都會核心的生產體力人員的比重大幅降低，都會中環各區生產體力人員的比重超過都會核心，而都會核心在大專以上教育人口及專門與行政主管人員的比重仍明顯高於都會中環，應也高於都會外環各區，都會核心各區的社經地位優勢仍然明顯。

　　在 1980 年代以後則有相當的變化，一則是都會核心的中區和東區社經地位的降低，一則是都會中環的三個屯區社經地位的提升，屯區的大專以上教育人口及專門與行政主管人員的比例，在 2010 年不亞於都會核心的西區、南區和北區。至於都會中環舊臺中縣轄的四區與都會外環各區，都是以生產體力人員的比例偏高為特色。2000 年與 2010 年

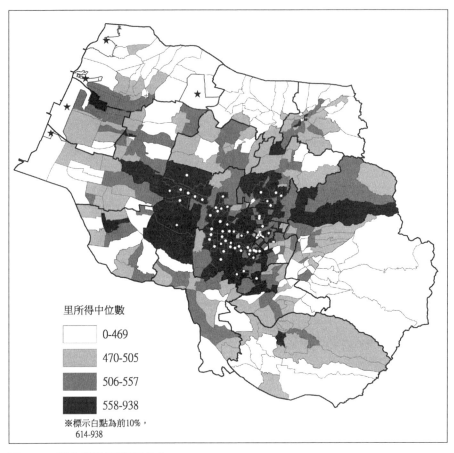

里所得中位數

□ 0-469
▨ 470-505
▦ 506-557
■ 558-938
※標示白點為前10%，
614-938

圖 3-3.4 **臺中都會里所得分布**

所得分布狀況大致上亦與上述職業人口的分布相符。在 1980 年時的高
社經里的分布主要在中區及西區、南區和北區靠近中區的地方，東區為
低社經地帶，在屯區只有少數高社經地位里。若以 2010 年里所得為里
社經地位指標（見圖 3-3.4），則有相當的改變，在都會核心東區低社經
地位里依舊占多數，中區是以次高地位里占多數，中區社經地位下降；
高社經地位里，主要分布在西區、南區和北區以及三個屯區。若以前百
分之十最高所得里觀察，則是由西區及其鄰近的南屯（高速公路以西地
帶），向西北沿臺灣大道（原中港路）的西屯各里，以及由北區往東北

延伸至北屯區東側[5]。在 1980 年，屯區高社經里只是點的分布，在 2010 年則為面的分布。在中環與外環屬舊臺中縣各區，高社經地位里稀少，僅大里有一個前 10% 的高所得里，在都會邊緣低社經地位里的分布更明顯。

四、年齡組成與外省族群

（一）年齡組成

臺中都會在 1990 至 2010 年間，與臺北都會一樣，是幼年人口數與比例減少，工作年齡人口與老年人口數和比例增加的情形。臺中都會幼年人口比例高於其他三個都會，老年人口的比例低於其他三個都會。兩個年度的數據顯示，工作年齡人口數與比例雖然增高，在三個都會環帶的比例差距甚小，區位商數一般值都在 98 至 101 之間。幼年人口的區位商數在 1990 年介於 95 和 102 之間，在 2010 年介於 91 和 104 之間，比例的差異略為增加，至於老年人口比例的差異則趨明顯，從 91 至 107 之間，擴大為 84 至 120 之間。

與臺北都會一般，臺中都會幼年人口比例降低極為劇烈。在 1990 年，都會核心、中環與外環各區的最低比例分別為 26.91%、27.53% 和 28.26%，而 2010 年的最高比例為 16.47%、19.60% 和 18.69%，明顯較 1990 年低。老年人口增加的數量沒有幼年人口減少的那麼大，但 2010 年的最低比例都高於 1990 年的最高比例。老年人口比例增高，幼年人口比例降低是都會各區的共同趨勢。

從區位商數的變化觀察（見圖 3-4.1a 與 3-4.1b），都會核心在 1990 年尚見中區的幼年人口區位商數為 111，其餘四區在 91 至 97 之間，在 2010 年，五區的區位商數都低於 100，在 80 至 97 之間，核心各區幼年人口的比例都低於都會的一般值。1990 年，都會核心內老年人口

---

5 在西屯與南屯中間有高速公路與高鐵南北貫穿，有些較低社經里分布，在西屯是跨過這些低社經里之後，越過高速公路往東海大學方向又有前百分之十的高所得里，在南屯則前 10% 的高所得里都在這些低社經里的東方，這些里的西方則有前 25% 的三個里。

區位商數大於 100 的有東區（121）、中區（112）和北區（111）。到了
2010 年，西區的區位商數提高到 131，東區和北區均為 127，而中區的
區位商數更高達 226，占人口的 18.60%，已超過高齡社會的水準，是
臺中都會一般值的 2.26 倍。綜合而言，都會核心除南區外，老年人口
的比例明顯偏高，而幼年人口的比例偏低。

　　在 1990 年，都會中環幼年人口的區位商數大於 100 的只有大里
（112）和太平（103），但至 2010 時則下降到 102 和 97，其餘各區的區
位商數都提高到 100 以上，南屯的區位商數最高，達 116；其餘四區則
在 100 至 108 之間，都會中環的幼年人口比例略有偏高的趨勢。至於
老年人口的中位數、最高值和最低值，在兩年度均下降，不及都會核心
與都會外環，老年人口明顯偏低。

　　都會外環在 1990 年與 2010 年，各區幼年人口比重的相對位置變
化不大，都偏高的有梧棲、沙鹿、大肚與龍井，其餘各區在 1990 年的
區位商數則接近 100 或略低於 100，至 2010 年則都低於 100。大體而
言，幼年人口的比例較都會中環略低，高於核心。老年人口在這兩年度
都偏高的行政區有霧峰、大肚、清水與神岡，豐原則是在 2010 年轉為
偏高，老年人口比例大致較都會中環高，但低於核心。除大肚外，其餘
老年人口比例偏高的行政區，幼年人口比例則偏低。

表 3-4.1　臺中都會各區年齡組成：人數、百分比與區位商數，1990、2010

鄉鎮市區	年度	0-14 歲			15-64 歲			65 歲以上			合計
		人數	%	商數	人數	%	商數	人數	%	商數	人數
中區	1990	10,030	32.91	111	18,824	61.76	94	1,624	5.33	112	30,478
	2010	1,331	13.55	80	6,662	67.84	91	1,827	18.60	226	9,820
東區	1990	21,482	28.55	97	49,401	65.65	100	4,362	5.80	121	75,245
	2010	12,103	16.20	96	54,766	73.33	98	7,820	10.47	127	74,689
西區	1990	31,426	28.07	95	75,235	67.21	102	5,277	4.71	99	111,938
	2010	17,384	15.18	90	84,799	74.07	99	12,300	10.74	131	114,483
南區	1990	19,175	26.91	91	48,816	68.50	104	3,274	4.59	96	71,265
	2010	20,211	16.47	97	93,406	76.14	102	9,065	7.39	90	122,682
北區	1990	37,834	27.43	93	92,776	67.25	102	7,338	5.32	111	137,948
	2010	20,696	14.06	83	111,151	75.51	101	15,361	10.43	127	147,208
都會核心	1990	119,947	28.10	95	285,052	66.78	102	21,875	5.12	107	426,874
	2010	71,725	15.30	91	350,784	74.81	100	46,373	9.89	120	468,882

表 3-4.1　臺中都會各區年齡組成：人數、百分比與區位商數，1990、2010（續）

鄉鎮市區	年度	0-14 歲			15-64 歲			65 歲以上			合計
		人數	%	商數	人數	%	商數	人數	%	商數	人數
西屯	1990	34,437	27.53	93	85,673	68.50	104	4,963	3.97	83	125,073
	2010	40,060	16.95	100	180,925	76.54	102	15,405	6.52	79	236,390
南屯	1990	18,894	28.90	98	43,479	66.50	101	3,011	4.61	97	65,384
	2010	33,426	19.60	116	127,566	74.81	100	9,519	5.58	68	170,511
北屯	1990	45,706	29.39	100	102,215	65.73	100	7,576	4.87	102	155,497
	2010	45,525	17.69	105	191,926	74.57	100	19,940	7.75	94	257,391
大雅	1990	17,048	27.63	94	41,755	67.67	103	2,897	4.70	98	61,700
	2010	16,721	18.29	108	68,867	75.35	101	5,812	6.36	77	91,400
潭子	1990	18,329	29.33	99	41,198	65.92	100	2,973	4.76	100	62,500
	2010	18,469	17.50	104	79,003	74.84	100	8,095	7.67	93	105,567
太平	1990	38,027	30.49	103	81,335	65.21	99	5,371	4.31	90	124,733
	2010	29,762	16.31	97	139,047	76.21	102	13,651	7.48	91	182,460
大里	1990	43,322	33.19	112	82,671	63.33	96	4,547	3.48	73	130,540
	2010	35,620	17.24	102	157,448	76.19	102	13,572	6.57	80	206,640
都會中環	1990	215,763	29.74	101	478,326	65.94	100	31,338	4.32	91	725,427
	2010	219,583	17.56	104	944,782	75.56	101	85,994	6.88	84	1,250,359
霧峰	1990	17,996	29.40	100	39,683	64.83	99	3,529	5.77	121	61,208
	2010	10,256	13.99	83	56,160	76.60	102	6,903	9.42	114	73,319
烏日	1990	17,363	28.67	97	40,308	66.57	101	2,883	4.76	100	60,554
	2010	11,557	15.33	91	57,947	76.87	103	5,881	7.80	95	75,385
大肚	1990	15,176	31.85	108	30,115	63.20	96	2,361	4.95	104	47,652
	2010	9,083	18.17	108	36,388	72.80	97	4,510	9.02	110	49,981
龍井	1990	14,478	30.75	104	30,107	63.95	97	2,492	5.29	111	47,077
	2010	11,440	18.21	108	46,611	74.18	99	4,784	7.61	93	62,835
沙鹿	1990	22,305	31.20	106	46,039	64.40	98	3,146	4.40	92	71,490
	2010	15,772	18.57	110	62,833	73.99	99	6,318	7.44	90	84,923
清水	1990	24,108	29.76	101	51,909	64.08	98	4,984	6.15	129	81,001
	2010	13,949	16.69	99	58,998	70.58	94	10,641	12.73	155	83,588
梧棲	1990	13,925	33.09	112	26,041	61.88	94	2,117	5.03	105	42,083
	2010	10,566	18.69	111	41,679	73.73	98	4,286	7.58	92	56,531
神岡	1990	16,081	28.26	96	38,019	66.82	102	2,794	4.91	103	56,894
	2010	10,833	16.28	96	49,535	74.45	99	6,170	9.27	113	66,538
豐原	1990	44,860	30.30	103	96,341	65.07	99	6,861	4.63	97	148,062
	2010	24,756	16.44	97	108,465	72.01	96	17,395	11.55	140	150,616
都會外環	1990	186,292	30.24	102	398,562	64.70	98	31,167	5.06	106	616,021
	2010	118,212	16.80	99	518,616	73.70	98	66,888	9.50	116	703,716
總計	1990	522,002	29.52		1,161,940	65.71		84,380	4.77		1,768,322
	2010	409,520	16.90		1,814,182	74.87		199,255	8.22		2,422,957

資料來源：1990 年戶口及住宅普查報告、2010 年人口及住宅普查報告

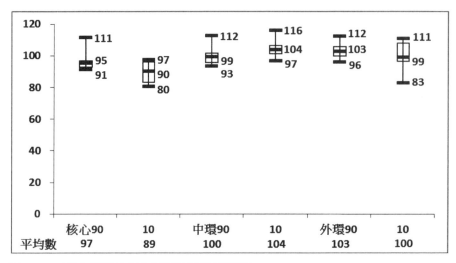

圖 3-4.1a　臺中都會幼年人口區位商數箱形圖

資料來源：同表 3-4.1

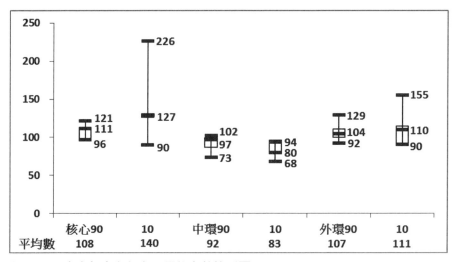

圖 3-4.1b　臺中都會老年人口區位商數箱形圖

資料來源：同表 3-4.1

　　綜合而言，臺中都會人口的年齡組成自 1950 年代至 1980 年代之間，一直是工作年齡人口和老年人口比例增高而幼年人口比例降低，在

1990 年至 2010 年之間延續此一趨勢，而幼年人口的絕對數量也告減少。這種趨勢與臺北相同，只是臺中都會的幼年人口比例是四都會中最高的，老年人口比例則為最低。在 1990 年和 2010 年，臺中都會老年人口與幼年人口分布的情形類似，老年人口，是都會核心各區均偏高，都會中環各區均偏低，都會外環有偏高與偏低的區，在圖 3-4.1a 基本上呈現 U 型的分布，2010 年這種趨向更明顯，且都會核心老年人口偏高的情形也更突出。都會核心的幼年人口偏低亦是各區共同的現象，都會中環和都會外環都有幼年人口偏高和偏低的區，從圖 3-4.1b 區位商數的中位數、最高值和最低值觀察，中環的幼年人口稍高於外環，略呈倒 U 型分布，但各環帶之間的差異不如老年人口那麼明顯。

（二）外省族群的分布

根據表 3-4.2，在 1989 年，臺中都會外省人口有 206,849 人，占總人口的 12.24%；以多重認定的推估，2010 年人數達 360,476 人，占總人口的比例亦提高到 15.29%[6]。以 2010 年的數值與 1989 年的比較，都會核心不但外省人口數增加，比例亦提高，商數從 114 提升到 119，外省人口的比例超過了都會中環。都會中環的外省人口在 1989 年和 2010 年分別為 107,080 人和 204,948 人，增加了近十萬人，比例只提高到 17.54%，區位商數從 133 降至 115，反低於都會核心。都會外環的外省人口與比例都增加，區位商數雖提高到 63，外省人的比例明顯低於都會核心與都會中環。

臺中都會外省人的分布主要在都會核心與都會中環，兩個環帶外省人口的比例相近。都會核心在 1989 年時，外省人口比例偏高的是東區和北區，到了 2010 年則是東區、西區和南區，北區則從偏高轉為偏低，中區在兩個年度的都屬偏低。都會中環外省人口的比例略增，西屯和北屯在 2010 年的區位商數分別為 135 和 142，僅低於都會核心的東區和南區。其他都會中環與外環各區，除大雅外，區位商數在 97 至

6　根據同一調查，以單一認定的推估，外省人口數為 194,700 人，低於 1989 年戶籍的外省人口數，且比例降為 8.26%。

106 之間，外省人口接近都會一般值，差異不大。

表 3-4.2 臺中都會各區外省人口：人數、百分比與區位商數，1989、2010

臺中都會	年別	外省籍人數	%	商數	總人口人數	臺中都會	年別	外省籍人數	%	商數	總人口人數
中區	1989	3,366	9.05	74	37,177	霧峰	1989	3,939	6.44	53	61,209
	2010	2,183	9.70	63	22,500		2010	4,480	7.00	46	64,000
東區	1989	10,211	13.24	108	77,144	烏日	1989	5,490	9.92	81	55,321
	2010	16,206	21.90	143	74,000		2010	6,320	9.20	60	68,700
西區	1989	12,977	11.45	94	113,332	大肚	1989	3,399	7.40	60	45,922
	2010	21,376	18.21	119	117,400		2010	5,849	10.50	69	55,700
南區	1989	6,688	9.64	79	69,383	龍井	1989	2,082	4.43	36	46,945
	2010	25,945	22.82	149	113,700		2010	1,639	2.20	14	74,500
北區	1989	27,191	20.14	165	135,040	沙鹿	1989	4,284	6.38	52	67,179
	2010	20,664	14.00	92	147,600		2010	5,379	6.60	43	81,500
都會核心	1989	60,433	13.99	114	432,076	清水	1989	5,345	6.57	54	81,356
	2010	86,374	18.18	119	475,200		2010	7,875	9.20	60	85,600
西屯	1989	21,430	19.61	160	109,307	梧棲	1989	2,016	4.84	40	41,682
	2010	42,539	20.60	135	206,500		2010	3,926	7.10	46	55,300
南屯	1989	8,808	14.59	119	60,385	神岡	1989	2,838	5.56	45	51,028
	2010	22,916	14.90	97	153,800		2010	6,890	10.80	71	63,800
北屯	1989	29,790	20.54	168	145,012	豐原	1989	9,943	6.65	54	149,506
	2010	53,577	21.70	142	246,900		2010	26,795	16.20	106	165,400
大雅	1989	8,002	15.27	125	52,389	都會外環	1989	39,336	6.55	54	600,148
	2010	10,776	12.00	78	89,800		2010	69,154	9.68	63	714,500
潭子	1989	7,409	12.71	104	58,297	總計	1989	206,849	12.24		1,690,278
	2010	15,779	15.70	103	100,500		2010	360,476	15.29		2,357,900
太平	1989	21,770	19.09	156	114,021						
	2010	27,334	15.80	103	173,000						
大里	1989	9,871	8.32	68	118,643						
	2010	32,027	16.20	106	197,700						
都會中環	1989	107,080	16.27	133	658,054						
	2010	204,948	17.54	115	1,168,200						

資料來源：1989 年臺中市統計要覽、臺中縣統計要覽
2011 年「99 年至 100 年全國客家人口基礎資料調查研究」

　　臺中都會在 1950 和 1960 年代是以都會核心各區的外省人口比例較高，在 1980 年代屯區的外省人比例則已高於核心各區。根據圖3-4.2，在 1989 和 2010 兩年，都會核心和都會中環區位商數的中位數、最低值與最高值均大於都會外環。在 1989 年都會核心的最低值雖

高於中環，但最高值略低於中環且中位數和一般值都明顯低於都會中環，都會中環外省人的比例較偏高。以 2010 年的區位商數中位數、最高值和一般值觀察，都會核心的外省人口的優勢略高於都會中環，主要因舊臺中縣轄的四區比例降低之故。都會外圍九區，除豐原在 2010 年區位商數為 106 之外，其他各區介於 14 和 71 之間，而在 1989 年時則都介於 36 至 81 之間，兩個年度比例都明顯低於都會的一般值。

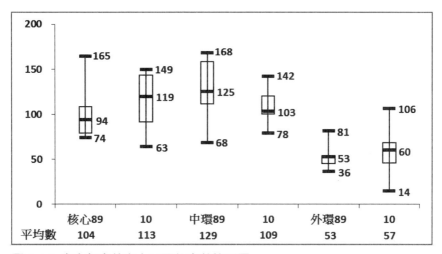

圖 3-4.2　臺中都會外省人口區位商數箱形圖

資料來源：同表 3-4.2

五、住宅建築類型

根據表 3-5.1，臺中都會在 1990 年最主要的住宅類型是連棟住宅，占 59.49%，其次是傳統／獨院或雙拼住宅，占 20.39%，五樓以下公寓占 14.24%，而六樓以上大樓只占 5.88%。不同於臺北都會以五樓以下公寓為多，臺中都會以連棟住宅為主，六樓以上大樓住宅比重甚低。嗣後變化與臺北都會類似，以六樓以上大樓住宅單位增加量最大，在 1990 年至 2010 年，占全都會住宅單位的比例增加近 30 個百分點，達 35.74%，從 25,504 增至 307,652，增加 28 萬多個單位。五樓以下（包括傳統／獨院或雙拼和連棟式住宅以及五樓以下公寓）的住宅單位從

408,263 至 553,039，增加約 14 萬 5 千個單位，增加數量約只有六樓以上大樓的一半。由於臺中都會在 1990 年時連棟式住宅單位的數量最大，如果增加的住宅單位只有一半屬連棟住宅，約 73,000，2010 年時可以有 331,038 個單位，占 38.46%，仍大於六樓以上建築。我們應可推論說，臺中都會在 2010 年時仍以連棟住宅單位占最大比例，六樓以上的建築居次，再其次是傳統／獨院或雙拼住宅與五樓以下公寓[7]。

表 3-5.1 臺中都會各區住宅建築類型：單位數、百分比與區位商數，1990、2010

鄉鎮市區		1990 年					2010 年			
		傳統／獨院或雙拼	連棟式	5樓以下	6樓以上	合計	平房	2至5樓	6樓以上	合計
中區	單位數	297	3,457	999	3,404	8,157	225	2,973	5767	8,965
	百分比	3.64	42.38	12.25	41.73	100.00	2.51	33.16	64.33	100.00
	區位商數	18	71	86	710		22	63	180	
東區	單位數	2,166	12,337	1,778	1,214	17,495	3,637	19,173	7479	30,289
	百分比	12.38	70.52	10.16	6.94	100.00	12.01	63.30	24.69	100.00
	區位商數	61	119	71	118		103	120	69	
西區	單位數	3,697	13,437	8,655	6,125	31,914	3,175	18,357	31229	52,761
	百分比	11.58	42.10	27.12	19.19	100.00	6.02	34.79	59.19	100.00
	區位商數	57	71	190	326		52	66	166	
南區	單位數	2,098	10,247	4,251	1,296	17,892	3,433	22,465	29225	55,123
	百分比	11.73	57.27	23.76	7.24	100.00	6.23	40.75	53.02	100.00
	區位商數	58	96	167	123		54	77	148	
北區	單位數	3,789	18,027	14,447	7,914	44,177	5,890	31,214	33138	70,242
	百分比	8.58	40.81	32.70	17.91	100.00	8.39	44.44	47.18	100.00
	區位商數	42	69	230	305		72	84	132	
都會核心	單位數	12,047	57,505	30,130	19,953	119,635	16,360	94,182	106,838	217,380
	百分比	10.07	48.07	25.18	16.68	100.00	7.53	43.33	49.15	100.00
	區位商數	49	81	177	284		65	82	137	
西屯	單位數	5,720	17,394	7,475	2,255	32,844	8,270	30,173	59335	97,778
	百分比	17.42	52.96	22.76	6.87	100.00	8.46	30.86	60.68	100.00
	區位商數	85	89	160	117		73	59	170	
南屯	單位數	3,264	10,697	919	241	15,121	4,674	22,482	36290	63,446
	百分比	21.59	70.74	6.08	1.59	100.00	7.37	35.43	57.20	100.00
	區位商數	106	119	43	27		63	67	160	

7　2015 年住宅抽樣調查報告（故鄉市場調查公司，2017）有關臺中市的住宅類型顯示，六樓以上大樓、五樓以下公寓、連棟透天與傳統／獨院或雙拼住宅的比例分別為 36.55%、8.80%、41% 和 13.65%，大致符合我們的推論。

表 3-5.1 臺中都會各區住宅建築類型：單位數、百分比與區位商數，1990、2010（續）

鄉鎮市區		傳統／獨院或雙拼	連棟式	5樓以下	6樓以上	合計	平房	2至5樓	6樓以上	合計
		1990 年					2010 年			
北屯	單位數	7,513	23,950	7,532	1,842	40,837	9,173	43,611	40739	93,523
	百分比	18.40	58.65	18.44	4.51	100.00	9.81	46.63	43.56	100.00
	區位商數	90	99	129	77		84	89	122	
大雅	單位數	4,112	7,914	949	44	13,019	4,935	18,103	4358	27,396
	百分比	31.58	60.79	7.29	0.34	100.00	18.01	66.08	15.91	100.00
	區位商數	155	102	51	6		155	126	45	
潭子	單位數	3,378	10,219	616	39	14,252	4,111	19,196	10895	34,202
	百分比	23.70	71.70	4.32	0.27	100.00	12.02	56.13	31.85	100.00
	區位商數	116	121	30	5		104	107	89	
太平	單位數	5,949	22,573	2,197	212	30,931	9,246	35,292	12037	56,575
	百分比	19.23	72.98	7.10	0.69	100.00	16.34	62.38	21.28	100.00
	區位商數	94	123	50	12		141	118	60	
大里	單位數	5,456	23,056	3,560	168	32,240	7,574	41,376	15455	64,405
	百分比	16.92	71.51	11.04	0.52	100.00	11.76	64.24	24.00	100.00
	區位商數	83	120	78	9		101	122	67	
都會中環	單位數	35,392	115,803	23,248	4,801	179,244	47,983	210,233	179,109	437,325
	百分比	19.75	64.61	12.97	2.68	100.00	10.97	48.07	40.96	100.00
	區位商數	97	109	91	46		94	91	115	
霧峰	單位數	4,511	7,325	580	35	12,451	4,220	12,555	2243	19,018
	百分比	36.23	58.83	4.66	0.28	100.00	22.19	66.02	11.79	100.00
	區位商數	178	99	33	5		191	125	33	
烏日	單位數	3,338	8,357	611	78	12,384	2,893	13,862	3429	20,184
	百分比	26.95	67.48	4.93	0.63	100.00	14.33	68.68	16.99	100.00
	區位商數	132	113	35	11		123	130	48	
大肚	單位數	3,868	7,192	1,910	2	12,972	3,052	11,552	613	15,217
	百分比	29.82	55.44	14.72	0.02	100.00	20.06	75.92	4.03	100.00
	區位商數	146	93	103	0		173	144	11	
龍井	單位數	4,496	5,489	732	82	10,799	2,119	15,284	2912	20,315
	百分比	41.63	50.83	6.78	0.76	100.00	10.43	75.24	14.33	100.00
	區位商數	204	85	48	13		90	143	40	
沙鹿	單位數	3,940	10,202	1,207	99	15,448	4,051	19,984	820	24,855
	百分比	25.50	66.04	7.81	0.64	100.00	16.30	80.40	3.30	100.00
	區位商數	125	111	55	11		140	153	9	
清水	單位數	6,609	10,185	354	8	17,156	5,628	19,897	1170	26,695
	百分比	38.52	59.37	2.06	0.05	100.00	21.08	74.53	4.38	100.00
	區位商數	189	100	14	1		182	142	12	
梧棲	單位數	2,517	5,822	1,026	0	9,365	2,206	12,486	1091	15,783
	百分比	26.88	62.17	10.96	0.00	100.00	13.98	79.11	6.91	100.00
	區位商數	132	105	77	0		120	150	19	

表 3-5.1 臺中都會各區住宅建築類型：單位數、百分比與區位商數，1990、2010（續）

鄉鎮市區		1990 年					2010 年			
		傳統／獨院或雙拼	連棟式	5 樓以下	6 樓以上	合計	平房	2 至 5 樓	6 樓以上	合計
神岡	單位數	4,686	6,259	186	2	11,133	4,746	11,523	1305	17,574
	百分比	42.09	56.22	1.67	0.02	100.00	27.01	65.57	7.43	100.00
	區位商數	206	95	12	0		233	125	21	
豐原	單位數	7,034	23,899	1,803	444	33,180	6,683	31,540	8122	46,345
	百分比	21.20	72.03	5.43	1.34	100.00	14.42	68.05	17.53	100.00
	區位商數	104	121	38	23		124	129	49	
都會外環	單位數	40,999	84,730	8,409	750	134,888	35,598	148,683	21,705	205,986
	百分比	30.39	62.82	6.23	0.56	100.00	17.28	72.18	10.54	100.00
	區位商數	149	106	44	9		149	137	29	
總計	單位數	88,438	258,038	61,787	25,504	433,767	99,941	453,098	307,652	860,691
	百分比	20.39	59.49	14.24	5.88	100.00	11.61	52.64	35.74	100.00

資料來源：1990 年戶口及住宅普查報告、2010 年人口及住宅普查報告

　　都會核心在 1990 年以連棟式住宅占的比例最高，有 48.07%，但區位商數為 81，比例明顯低於都會的一般值。都會核心連棟式住宅區位商數的中位數（71）和最高值（119）與最低值（69）都明顯低於都會中環與外環（見圖 3-5.1a）。另外不同於都會整體以傳統／獨院或雙拼住宅居次，都會核心是以五樓以下公寓（25.18%）居次，再次是六樓以上大樓（16.68%）。五樓以下公寓偏高的主要是西區、南區與北區。至於六樓以上住宅，都會核心的數量與比例都明顯大於都會中環與外環，區位商數中位數、最低值和最高值分別為 305、118 和 710（見圖 3-5.1b），各區的比例均大於都會的一般值，而其最低值還高於都會中環與外環的最高值。在 1990 年臺中都會六樓以上住宅尚少之際，都會核心各區雖然與都會中環和外環一樣都是以連棟式住宅比例最高，但都會核心以六樓以上大樓與五樓以下公寓住宅單位的比例明顯偏高有別於其他各區，中區的六樓以上住宅比例更達一般值的 7 倍以上。在 2010 年都會核心轉成六樓以上大樓住宅單位的比例最高，其次是二至五樓住宅。除了東區二至五樓住宅單位明顯大於六樓以上大樓以外，其他四區都是六樓以上大樓比例較高，區位商數在 132 至 180 之間，住宅單位數量亦較多。總之，都會核心住宅的建築類型已從連棟式住宅轉成六樓以上大樓為主。

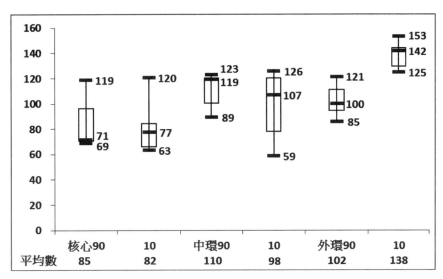

圖 3-5.1a　臺中都會連棟住宅（1990）、二至五樓住宅（2010）區位商數箱形圖

資料來源：同表 3-5.1

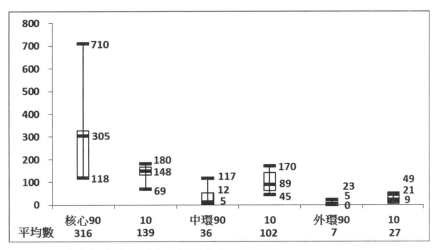

圖 3-5.1b　臺中都會六樓以上大樓區位商數箱形圖

資料來源：同表 3-5.1

　　在 1990 年，都會中環和外環都是連棟住宅最多，接著依序則為傳統／獨院或雙拼住宅。都會中環與外環各區六樓以上大樓住宅單位的

區位商數超過 100 的只有西屯，但亦只占 6.87%，其餘各區區位商數都在 100 以下，比例為 6% 以下，均低於都會的一般值。都會中環只有西屯的六樓以上住宅和五樓以下公寓的比例以及北屯的五樓以下公寓大於都會的一般值，但比例都不及連棟住宅。在 1990 年的都會中環，連棟住宅的區位商數只有西屯和北屯低於 100，占住宅單位的比例分別為 52.96% 和 58.65%，其餘各區都大於六成，最高比例是 72.98%。舊臺中縣四區的比例略高於屯區。至 2010 年，西屯、南屯和北屯六樓以上大樓住宅增加甚多，區位商數分別為 170、160、122，均大於都會中環的中位數，特別是西屯和南屯的比例，分別有 60.68% 和 57.20%，遠大於二至五樓住宅的比例，與都會核心一樣，轉成以六樓以上住宅類型為主。都會中環舊臺中縣所轄各區六樓以上住宅的區位商數均小於 100，在中位數以下，最高的潭子亦只有 31.85%；二至五樓住宅區位商數在 107 至 126 之間，比例在 56.13% 和 66.08% 之間，遠大於六樓以上大樓的比例。這幾區在 1990 年，連棟式住宅都占六、七成，在 2010 年時，應很可能仍以連棟式為主要住宅類型，六樓以上大樓住宅單位可能也多於五樓以下公寓。

都會外環各區在 1990 年以連棟式住宅的比例最高，有四區的區位商數小於 100，但都占住宅單位五成以上。都會外環的特色是有較高比例的傳統／獨院或雙拼住宅，各區的區位商數都大於 100，最低的占 21.20%，最高達 42.09%，反映的應是農村住宅的分布。都會外環的六樓以上住宅單位增加，但在 2010 年占各區住宅單位的比例都在 18% 以下，區位商數最高值只有 49，均未達都會比例一般值的一半。二至五樓的住宅單位的區位商數都在 125 以上，比例介於 66.02% 和 80.40% 之間，其平房的比例在 10.43% 和 27.01% 之間。雖然分類的方式與 1990 年不同，我們似乎可以推論說，都會外環連棟式住宅的比例增加中，傳統／獨院或雙拼住宅的比例下降，但比例仍屬偏高。

臺中都會在 1990 年以前以連棟式住宅比例最高，傳統／獨院與雙拼住宅其次，在 1990 年以後的二十年間，以六樓以上大樓的增加最多，在 1990 年代增加的數量最大，增加的速度還超過二至五樓的住宅，但在 2000 年之後，二至五樓的住宅單位的增加又遠大於六樓以上

的住宅[8]，以致 2010 年時，二至五樓的住宅單位仍占最大比重，我們推估這類住宅仍是連棟式住宅居多。在六樓以上大樓增加的趨勢下，只有都會核心與都會中環的屯區轉變成以六樓以上大樓為住宅的主要類型，都會中環的其他區與都會外環各區仍以連棟式為主要住宅類型，而都會外環平房、傳統／獨院或雙拼住宅仍有相當的份量。

六、小結

　　臺中都會人口成長速度在 1980 年之後居四都會之首，至 2010 年，人口規模雖仍難與臺北都會相比，但幾乎追平高雄都會。年齡組成的變遷趨勢與各都會相同，但老年人口比例為四都會之末，幼年人口比例則居四都會之首，呈現較強的成長潛力。製造業的雇用量持續增長，去工業化程度遠不及臺北都會，以致三級行業所占比例超過二級行業，但兩者間差距不大。大專以上教育人口逐年增加，超過高中人口。生產體力人員數量一直居各職業別之首，監督佐理人員及專門與行政主管人員的數量明顯增加，且監督佐理人員數量已居第二位，超過買賣與服務人員。外省人口的數量和比例均增加，唯仍不及臺北都會。連棟式住宅單位一直占最大數量，五樓以下公寓住宅從未居主流，自 1990 年代以來，六樓以上大樓住宅單位數量大增，至 2010 年仍次於連棟住宅，獨院或雙拼住宅的數量應大於五樓以下公寓。

　　都會核心的人口持續增加，但成長速度減緩，出現中區和東區的人口負成長，人口老化程度高於中環與外環，幼年人口的比例則較偏低。在產業發展上，三級行業的比例遠大於二級行業，製造業雇用量與比例一直下降，而生產者服務業與分配銷售業的優勢明顯。整體而言，各項

8　根據 1980 年戶口與住宅普查，舊臺中市的住宅以連棟比例最高，達 61.45%，傳統／獨院與雙拼 26.08%，五樓以下公寓 9.08%，六樓以上大樓 1.94%，配合表 3-5.1 中 1990 年的數據，應可見連棟式住宅在都會的優勢。根據 2010 年人口與住宅普查臺中市住宅類型與峻工年份數據計算，六至十二樓住宅在 1980 年開始增加，但與十三樓以上住宅都在 1990 年代增加量最大，六至十二樓有 129,236 個單位，十三樓以上有 99,462 個單位，合計是二至五樓住宅單位數（102,236）的兩倍強。在 2010 年之後十三樓以上住宅增加的單位數（35,320）多過六至十二樓住宅（17,481），但二至五樓住宅單位的增加（87,648）又多過六樓以上的住宅。

社經指標顯示，都會核心的社經地位均高於都會中環與外環。西區社經地位仍為全都會最高，高社經里的比例亦最高，北區與南區，亦一直維持其社經地位優勢。不過，自1980年之後，中區的社經地位下降，與東區都落後於三個屯區。外省人口的數量與比例均提升，比例從低於轉為高於中環。五樓以下公寓未見發展，東區以外各區的住宅建築類型都從連棟住宅單位居多，轉為六樓以上大樓較多的狀態。

都會中環的人口成長速度在1960年代，人口數量在1970年代，超越都會核心，人口老化程度亦較低，老年人口比例普遍偏低。相應於人口的就業功能，亦發展至與都會核心相近。以下的趨勢普見於各行政區，先是舊臺中縣各區的成長速度較快，進而為舊臺中市的三個屯區追過。然而，在其他各面向，則可區分為迥然相異的兩個地帶。舊臺中縣的四區，產業是以製造業為主，製造業的比重雖然降低，但雇用量始終大於整個三級行業，各項社經指標亦偏低，地區社經地位遠不如都會核心。連棟住宅一直是優勢的住宅類型，六樓以上大樓的增加量不多。舊臺中市的三個屯區，生產者服務業與分配銷售業的比例明顯提升，製造業雇用量的增加則遠遠落後，比例已明顯低於三級行業，產業性質趨近都會核心。屯區在各項社經指標幾與核心的高社經區不相上下，其高所得里之分布大部分在各區範圍內接近核心三分之一地帶。至於住宅建築類型，六樓以上大樓的增建快速，其住宅單位數量已超越連棟住宅，與核心各區相似。

都會外環的人口成長速度曾在1990年代超過核心，但整個三十年間人口增加速度與數量，都低於其他二環帶。相較於都會中環，老年人口的比例偏高，幼年人口比例相近，並未顯示人口成長的跡象。二級產業或製造業單獨的雇用量，九個行政區中有六個都大於三級行業整體的雇用量，生產者服務業與分配銷售業的份量，遠不及都會核心與中環的屯區。各項社經指標亦是如此，與都會中環舊臺中縣所屬各區相近。至於住宅的建築類型，亦以連棟住宅居多，六樓以上大樓則甚稀少。

第四章

臺南都會

在六都改制後的臺南市，排除 1980 年以後原屬臺南縣人口持續流失的行政區[1]，其餘各區以及《前篇》所包含的原高雄縣最北端的三區，界定為本章的臺南都會區。整個臺南都會區分成三個環帶（見圖 4-1）：

都會核心：中西區、東區、北區、安平、南區；

都會中環：安南、永康、仁德、歸仁；

都會外環：佳里、西港、安定、新市、善化、新化、湖內、路竹、
　　　　　茄萣。

以上界定的臺南都會範圍，較《前篇》增加了東北方向的佳里、西港、安定、新市、善化與新化六區，均在都會外環。

一、人口成長與分布

臺南都會核心的人口在 1980 至 2010 年之間，從 49 萬餘增至 59 萬餘，多了約 10 萬人，三十年間增加將近 20%，但也有人口遞減的地區（見表 4-1.1）。中區和西區在 2004 年合併為中西區，在 1980 至 1990 年之間人口增加，自 1990 年以後則持續下降，且 2010 年的人口

1　這些區 2010 年的人口數不但不及 1980 年，也低於 1990 年，都是人口流失區，包含七股、將軍、北門、學甲、麻豆、下營、鹽水、官田、六甲、柳營、新營、後壁、白河、東山、楠西、大內、山上、玉井、南化、左鎮、關廟、龍崎。新營是落在這人口流失區中唯一的人口緩慢成長區，但因為人口流失鄉鎮所包圍，亦排除在臺南都會之外。屬高雄縣的湖內、茄萣和路竹仍如《前篇》，歸入臺南都會。

數已不及 1980 年的人口數，是都會核心區中人口明顯減少地帶。北區在 1980 至 2000 年間人口下降，但是在往後的十年間人口增加，2010年的人口略低於 1980 年，人口成長停滯。南區 2010 年的人口數超過1980 年近 3 萬 4 千人，主要是 1980 至 1990 年間大量成長所致；1990年之後人口遞減，與北區同為人口成長停滯。東區在三十年間人口持續增加，多了 5 萬餘人，三十年間的增加率在 35% 上下，屬人口緩慢成長地區。安平是都會核心人口增加最快的地區，三十年間人口增加2.35 倍，多了 44,710 人，增加量居全都會第四位，增加率居第一位。安平在 1980 年代人口成長率並不突出，但在 1990 年至 2010 年的二十年間，人口的年平均成長率為臺南都會最高者。綜合而言，中西區人口明顯減少，北區和南區則為停滯，東區和安平區人口增加，臺南都會核心流失量與範圍並不大，與臺中都會相近，但開始流失的時期較晚[2]，整個都會核心人口為正成長。

　　都會中環人口增加數量最大，人口增加率在各時期也最快，1980至 2010 年的三十年間，從 26 萬餘人增至近 57 萬人，增加近 1.2 倍，多了 30 萬餘人，只是人口規模仍略小於都會核心。安南和永康的人口成長最為快速。安南區在三十年間人口增加了 1.6 倍，94,421 人，人口成長率居全都會第三位，但增加量則居第二位。安南的人口成長在1980 年代最快，雖速度減緩，在 2000 年至 2010 年間成長率僅低於都會核心的安平，在全都會居次。永康則是另一個人口快速成長區，三十年間人口增加 2.06 倍，次於安平，增加量居全都會之冠，達 158,948人，但人口成長率在 2000 年和 2010 年間不及安平和安南。歸仁和仁德，三十年間分別增加約 85% 和 33%，仁德的成長率雖不及都會外環的部分地區，但增加 17,598 人，大於都會外環各區的增加量。都會外環各區在 1980 年以後的三十年間人口數量有增有減，除新市增加13,000 人，人口增加量都在 7,000 人以下，增加率低於 20%，特別是在2000 年至 2010 年間，各區的人口成長率都低於都會的一般值，九區中僅善化與安定為正成長，有七區是負成長，整個都會外環人口減少。

2　1970 年代的中區和西區人口均呈減少趨勢，在 1980 年代中區人口增加，以致以中西區合併計算的人口亦增加，不過在 1990 至 2010 年間，人口持續減少。

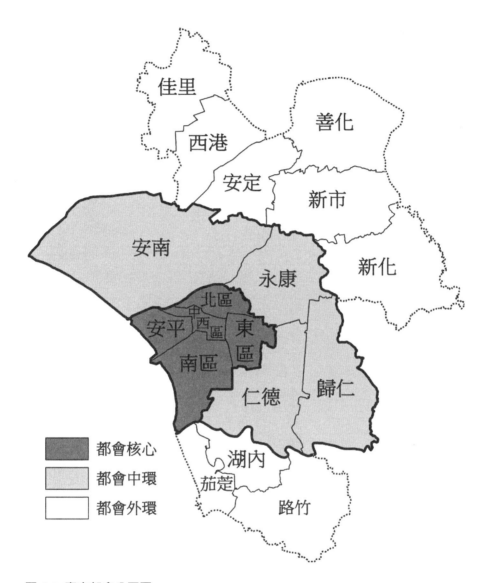

圖 4-1　臺南都會分區圖

　　臺南都會在 1980 年至 2010 年的三十年間，人口從 106 萬餘人增至 150 萬餘人，增約 44 萬人。主要的人口成長是在都會中環，增加近 31 萬人；都會核心增加約 10 萬人，都會外環則只增加近 3 萬人。三十年間都會中環的人口成長率都最高，都會外環在 1990 年代一度超過都

會核心，但以後的十年為負成長，僅新市在 1980 至 2000 年間有較明
顯成長。都會核心在三十年間，如臺中都會核心一樣，雖有中西區人口
減少，整個都會核心還是增加 10 萬多人，大於都會外環的增加量，人
口增加量雖不及中環，但人口數量仍較大，亦一直大於外環。與臺中都
會相較，臺南都會核心的人口增加數較高，都會中環和外環人口增加的
數量較低，都會的擴張明顯不如臺中都會。臺南都會 2010 年合計面積
637.3 平方公里，約 150 萬人，較臺中都會少了近 95 萬人，1980 年時
僅少 30 萬人。

表 4-1.1　**臺南都會人口成長**，1980-2010

鄉鎮市區	人數				成長率			人數增減	
	1980	1990	2000	2010	1990	2000	2010	1980-2010	1990-2010
中西區	99,101	104,487	85,790	74,487	0.53	-1.97	-1.41	-24,614	-30,000
東區	143,679	156,522	180,518	194,166	0.86	1.43	0.73	50,487	37,644
北區	128,879	123,178	114,809	128,042	-0.45	-0.70	1.09	-837	4,864
南區	100,809	139,728	134,891	134,765	3.26	-0.35	-0.01	33,956	-4,963
安平	19,183	20,494	47,115	63,893	0.66	8.32	3.05	44,710	43,399
都會核心	491,651	544,409	563,123	595,353	1.02	0.34	0.56	103,702	50,944
安南	90,834	128,498	162,862	185,255	3.47	2.37	1.29	94,421	56,757
永康	78,622	142,281	215,555	237,570	5.93	4.15	0.97	158,948	95,289
仁德	53,631	58,479	73,105	71,229	0.87	2.23	-0.26	17,598	12,750
歸仁	40,785	57,381	72,223	75,610	3.41	2.30	0.46	34,825	18,229
都會中環	263,872	386,639	523,745	569,664	3.82	3.04	0.84	305,792	183,025
佳里	49,330	52,322	55,179	50,237	0.59	0.53	-0.94	907	-2,085
西港	22,744	22,567	25,711	23,752	-0.08	1.30	-0.79	1,008	1,185
安定	27,396	26,416	29,164	30,010	-0.36	0.99	0.29	2,614	3,594
善化	40,668	39,365	40,581	40,786	-0.33	0.30	0.05	118	1,421
新市	23,101	28,927	37,152	36,286	2.25	2.50	-0.24	13,185	7,359
新化	38,135	45,470	47,915	44,192	1.76	0.52	-0.81	6,057	-1,278
茄萣	32,552	31,906	31,727	28,829	-0.20	-0.06	-0.96	-3,723	-3,077
湖內	24,872	25,923	30,246	27,488	0.41	1.54	-0.96	2,616	1,565
路竹	46,866	49,302	54,137	53,549	0.51	0.94	-0.11	6,683	4,247
都會外環	305,664	322,198	351,812	335,129	0.53	0.88	-0.49	29,465	12,931
總計	1,061,187	1,253,246	1,438,680	1,500,146	1.66	1.38	0.42	438,959	246,900

資料來源：1980、1990、2000 年戶口及住宅普查報告；2010 年人口及住宅普查報告

二、產業結構與變遷

　　1991 年時，在《續篇》界定之臺南都會區內的農林漁牧工作人口大約占總雇用量的 17%，到了 2010 年則只占 2.8%，略高於臺中都會區。在都會核心地帶，估計約 1.21% 的工作人口屬農林漁牧行業，最高的南區有 3.64%，其餘四區在 1.40% 以下；都會中環四區有 1.91%，其中歸仁和安南分別有 5.43% 和 3.91%，永康與仁德則不到 1%；至於都會外環，則占 5.50%，其中西港、茄萣與新化，在 17% 與 19% 之間，佳里為 11.51%，農林漁牧人口尚有相當份量；湖內、安定和路竹在 3.93% 和 6.01% 之間，善化和新市低於 2.5%，農林漁牧人口比重皆小。都會外環農林漁牧的比重大致仍低於都會地帶以外的其他臺南市各區[3]。農林漁牧業在臺南都會雖已經明顯降低，但其比重高於臺中都會，中環和外環都是如此。本章主要就界定範圍內的三個都會帶觀察臺南都會產業結構的地區差異與變遷。

（一）二級與三級行業

　　臺南都會的工商暨服務業二、三級行業的總雇用量在 1991 年為372,170 人，接著的二十年明顯上升，達 539,677 人。二級行業的雇用量持續增加，在 2011 年時仍多於三級行業；但由於三級行業增量較大，二級行業占總雇用量的比例則告降低。在 1991 年時二級行業占了總雇用人數約 65%，2011 年時降為約 55%，仍高於三級行業，是四個都會中唯一二級行業雇用量仍居優勢者（表 4-2.1）。

　　臺南都會核心帶的二級行業雇用量在 1991 與 2011 年之間減少約2 萬 5 千人，比例從近 41% 降為近 22%；三級行業雇用量則告增加，比例從 1991 年的 59% 提高到 2011 年的 78%，屬三級行業明顯優勢地

3　《續篇》的臺南都會以外的臺南市外圍各區，農林漁牧人口占雇用人口的 28.44%，其比重亦高於臺中都會以外的臺中市外圍各區，農林漁牧人口比例超過 50% 有 10 個區，在 39% 和 50% 之間的有 5 個區，在 10% 和 26% 之間的有 5 個區，只有新營和官田低於 8%。這些外圍區是臺灣重要的農業地帶之一，二級行業雇用人口約為三個都會帶合計的 17%，二級行業雇用量已大於農林漁牧業人口數，但農林漁牧人口卻是三個都會帶合計的 2.4 倍。

表 4-2.1　臺南都會各區產業結構：員工數、百分比、區位商數與集中係數，1991、2011

臺南都會	年度	二級行業 人數	%	商數	係數	三級行業 人數	%	商數	係數	合計 人數	商數	係數	製造業 人數	%	商數	係數	生產者服務業 人數	%	商數	係數	分配銷售業 人數	%	商數	係數
中西區	1991	9,916	23.09	36	49	33,037	76.91	220	304	42,953	138		6,243	14.53	25	34	8,117	18.90	356	493	16,559	38.55	196	271
	2011	2,702	7.15	13	18	35,074	92.85	206	291	37,776	141		2,073	5.49	11	15	10,643	28.17	315	445	16,862	44.64	183	259
東區	1991	13,951	37.48	58	46	23,269	62.52	179	143	37,220	80		9,868	26.51	45	36	3,387	9.10	172	137	12,701	34.12	173	139
	2011	7,031	15.93	29	18	37,117	84.07	187	119	44,148	64		3,768	8.53	17	11	7,397	16.76	187	119	19,417	43.98	181	115
北區	1991	10,265	38.08	59	43	16,689	61.92	177	130	26,954	74		8,145	30.22	52	38	2,644	9.81	185	136	9,964	36.97	188	138
	2011	5,299	17.20	31	21	25,514	82.80	184	124	30,813	67		3,713	12.05	24	16	4,252	13.80	154	104	12,897	41.86	172	116
南區	1991	24,944	64.92	100	92	13,477	35.08	100	93	38,421	93		23,210	60.41	103	96	1,190	3.10	58	54	8,380	21.81	111	102
	2011	18,118	48.32	88	68	19,375	51.68	115	85	37,493	74		16,660	44.43	88	65	2,719	7.25	81	63	10,866	28.98	119	92
安平	1991	2,214	52.00	80	56	2,044	48.00	137	96	4,258	70		1,816	42.65	73	51	142	3.33	63	44	1,063	24.96	127	89
	2011	3,088	20.73	38	25	11,811	79.27	176	115	14,899	65		1,584	10.63	21	14	2,582	17.33	194	127	6,695	44.94	184	121
都會核心	1991	61,290	40.91	63	58	88,516	59.09	169	157	149,806	93		49,282	32.90	56	52	15,480	10.33	195	181	48,667	32.49	165	153
	2011	36,238	21.95	40	31	128,891	78.05	173	134	165,129	78		27,798	16.83	33	26	27,593	16.71	187	145	66,737	40.42	166	129
安南	1991	22,497	80.81	124	91	5,343	19.19	55	40	27,840	73		21,159	76.00	130	95	389	1.40	26	19	3,669	13.18	67	49
	2011	36,949	69.10	126	101	16,521	30.90	69	55	53,470	80		34,662	64.83	128	103	1,652	3.09	35	28	11,148	20.85	86	69
永康	1991	56,365	82.87	127	205	11,648	17.13	49	79	68,013	161		54,472	80.09	137	220	980	1.44	27	44	6,883	10.12	51	83
	2011	55,962	57.25	104	119	41,790	42.75	95	108	97,752	114		51,421	52.60	104	119	9,572	9.79	109	125	20,937	21.42	88	100
仁德	1991	31,180	87.08	134	276	4,628	12.92	37	76	35,808	206		30,381	84.84	145	299	343	0.96	18	37	2,957	8.26	42	86
	2011	33,305	74.69	136	232	11,288	25.31	56	96	44,593	171		31,781	71.27	141	241	1,602	3.59	40	69	6,816	15.28	63	107
歸仁	1991	13,218	88.37	136	119	1,740	11.63	33	29	14,958	88		12,670	84.70	145	127	205	1.37	26	23	1,082	7.23	37	32
	2011	11,011	62.13	113	74	6,711	37.87	84	55	17,722	65		9,905	55.89	111	72	840	4.74	53	35	4,449	25.10	103	67
都會中環	1991	123,260	84.07	129	165	23,359	15.93	46	58	146,619	128		118,682	80.95	138	177	1,917	1.31	25	31	14,591	9.95	50	64
	2011	137,227	64.26	117	122	76,310	35.74	79	82	213,537	104		127,769	59.83	118	123	13,666	6.40	71	74	43,350	20.30	83	87
佳里	1991	9,853	66.41	102	98	4,984	33.59	96	92	14,837	95		6,462	43.55	74	71	1,063	7.16	135	129	2,543	17.14	87	83
	2011	5,554	43.20	79	56	7,302	56.80	126	90	12,856	71		4,420	34.38	68	48	1,217	9.47	106	75	4,111	31.98	131	93
西港	1991	4,308	85.95	132	99	704	14.05	40	30	5,012	75		4,115	82.10	140	105	87	1.74	33	24	453	9.04	46	34
	2011	3,314	67.45	123	71	1,599	32.55	72	42	4,913	58		2,960	60.25	119	69	123	2.50	28	16	1,059	21.56	88	51

表 4-2.1 臺南都會各區產業結構：員工數、百分比、區位商數與集中係數，1991、2011（續）

臺南都會	年度	二級行業				三級行業				合計		製造業				生產者服務業				分配銷售業			
		人數	%	商數	係數	人數	%	商數	係數	人數	係數	人數	%	商數	係數	人數	%	商數	係數	人數	%	商數	係數
安定	1991	5,483	87.25	134	107	801	12.75	36	29	6,284	80	4,774	75.97	130	104	66	1.05	20	16	620	9.87	50	40
	2011	6,525	74.67	136	109	2,214	25.33	56	45	8,739	80	6,100	69.80	138	111	229	2.62	29	24	1,387	15.87	65	52
善化	1991	6,376	70.20	108	84	2,707	29.80	85	66	9,083	78	5,736	63.15	108	84	236	2.60	49	38	1,330	14.64	74	58
	2011	29,627	85.61	156	363	4,978	14.39	32	74	34,605	233	28,588	82.61	164	381	1,084	3.13	35	82	2,644	7.64	31	73
新市	1991	11,654	90.71	139	209	1,194	9.29	27	40	12,848	150	11,479	89.34	153	228	99	0.77	15	22	838	6.52	33	49
	2011	51,912	87.61	159	703	7,344	12.39	28	121	59,256	441	51,005	86.08	170	751	2,404	4.06	45	200	3,789	6.39	26	116
新化	1991	5,854	71.20	109	67	2,368	28.80	82	50	8,222	61	4,146	50.43	86	52	216	2.63	50	30	1,409	17.14	87	53
	2011	3,617	43.46	79	42	4,706	56.54	125	66	8,323	53	3,021	36.30	72	38	532	6.39	71	38	2,675	32.14	132	69
茄萣	1991	682	40.09	62	11	1,019	59.91	171	31	1,701	18	650	38.21	65	12	195	11.46	216	39	630	37.04	188	34
	2011	691	34.07	62	12	1,337	65.93	146	29	2,028	20	524	25.84	51	10	111	5.47	61	12	872	43.00	177	35
湖內	1991	4,570	76.14	117	91	1,432	23.86	68	53	6,002	78	4,297	71.59	122	95	87	1.45	27	21	980	16.33	83	65
	2011	5,811	68.97	126	107	2,614	31.03	69	59	8,425	85	5,314	63.07	125	106	515	6.11	68	58	1,537	18.24	75	64
路竹	1991	8,673	73.78	113	91	3,083	26.22	75	60	11,756	80	8,260	70.26	120	96	289	2.46	46	37	1,299	11.05	56	45
	2011	15,946	72.93	133	148	5,920	27.07	60	67	21,866	112	15,004	68.62	136	152	853	3.90	44	49	3,299	15.09	62	69
都會外環	1991	57,453	75.85	117	92	18,292	24.15	69	55	75,745	79	49,919	65.90	113	89	2,338	3.09	58	46	10,102	13.34	68	54
	2011	122,997	76.39	139	184	38,014	23.61	52	69	161,011	133	116,936	72.63	144	191	7,068	4.39	49	65	21,373	13.27	54	72
總計	1991	242,003	65.02			130,167	34.98			372,170		217,883	58.54			19,735	5.30			73,360	19.71		
	2011	296,462	54.93			243,215	45.07			539,677		272,503	50.49			48,327	8.95			131,460	24.36		

資料來源：1991、2011 年工商及服務業普查

區。都會中環兩大行業的雇用量均告增加，二級行業雇用數的比例，在1991年時為84.07%，幾乎是獨霸的情形，在2011年降低至64%，仍是三級行業的兩倍。都會外環同樣是二級與三級行業雇用量均告增加，但二級行業一直占75%上下，而2011年的比例還高一些，其二級行業優勢轉而較都會中環更強。

　　值得注意的是，都會核心產業雇用人數的集中係數兩年度都在100以下，1991年為93，2011年只有78，意味占都會產業雇用量的相對比重不及其人口；而都會中環的集中係數在兩年度分別為128和104，都會外環在2011年提高至133，占都會產業雇用的相對比重高於人口，而都會外環還高於中環。換言之，都會中環提供就業機會的功能在1991年便強於都會核心，而都會外環在2011年還強於都會中環。臺南都會核心的二級行業已經減少，三級行業的發展弱於其他三個都會的核心地帶，以致總雇用量增加不大。都會中環的二級行業數量微增，三級行業的增量卻大於都會核心，總雇用量超越都會核心。都會外環以二級行業為重，總雇用量接近都會中環，但其人口成長停滯，而二級行業的增加量還遠大於人口增加量，因而顯示高於都會核心與都會中環的集中係數。這種都會核心產業雇用量集中係數低於都會中環與外環，意味著都會核心的居住功能還大於其就業功能，而都會中環和外環有著更強的就業功能，很不同於其他三個都會。

（二）製造業

　　臺南都會製造業的雇用人數從1991年的217,883人增至2011年的272,503人，增加約6萬5千人，比例則從58.54%降至50.49%，仍然占了一半的雇用人數。都會核心的製造業雇用人數從1991年的近5萬人，遞減至2011年的不到3萬人，集中係數分別為52和26，明顯下降，在都會占的比重已微不足道，而製造業區位商數的中位數持續下降，最高值到了2011年只有65，低於都會中環的最低值。五區區位商數的中位數亦同時快速下降，在2011年只有21，最高值為88，低於都會中環的最低值（見圖4-2.1a與圖4-2.1b）。製造業比例大量減少的情形，普見於都會核心各區。

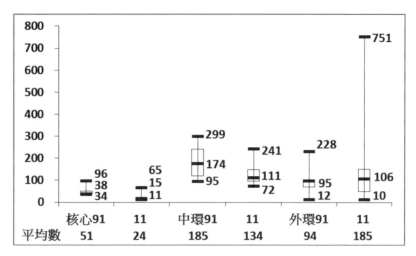

圖 4-2.1a **臺南都會製造業集中係數箱形圖**

資料來源：同表 4-2.1

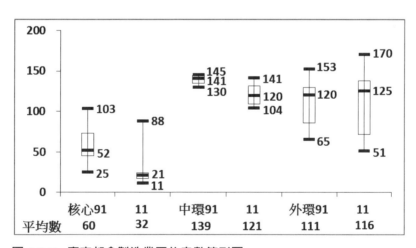

圖 4-2.1b **臺南都會製造業區位商數箱形圖**

資料來源：同表 4-2.1

　　臺南都會中環製造業的雇用人數從 1991 年約 11 萬 8 千人增至 2011 年約 12 萬 8 千人，增加量不大，但數量仍為全都會最高者。集中係數的中位數高於都會核心的最高值，也高於都會外環的中位數，最

高值和最低值在 1991 年亦為全都會最高，只是最高值在 2011 年為都會外環追上。除歸仁在 2011 年集中係數在 70 左右，占都會製造業比例低於人口比例之外，其餘各區都高於 100，占都會製造業的比例都高於人口比例。而各區的區位商數雖降低，仍都大於 100，顯示製造業是都會中環各區的優勢行業。永康和歸仁的製造業 2011 年的雇用量不及 1991 年，仁德則幾乎沒有成長。整體而言，在 1991 年以後，臺南都會中環的製造業雖為優勢產業，但發展停滯。

都會外環的製造業，在 1991 年至 2011 年明顯成長，增加 67,000 餘人，總數區近中環，集中係數一般值從 1991 年不及 90，到 2011 年提高到 191，其製造業所占比例高於人口比例甚多，這是都會外環在就業供給上大幅提升的主要原因。臺南都會外環製造業發展最突出的是新市與善化，新市在 1991 年雇用量才 11,479 人，集中係數已是 228，2011 年增至 51,005 人，集中係數躍升為 751，居全都會第一位，其製造業的雇用量還大於人口數（37,900）。善化的雇用量在 1991 是 5,736 人，2011 年為 28,588 人，集中係數從不到 100，升至 381。其次是屬高雄市的路竹，兩年度的雇用量分別是 8,260 人和 15,004 人，集中係數至 2011 年為 152。另外，安定的製造業雇用量亦有增加，但不如前三區那麼明顯，2011 年的集中係數為 111。這四區製造業的區位商數分別為 170、164、136 和 138，明顯強於其他行業。都會外環二級行業雇用量的增加幾乎都來自製造業，應是南部科學園區發展的效果[4]。

都會外環亦有製造業衰退地區，佳里與西港，製造業人口逐年度減少，集中係數都從近 100，降到 48 和 69；高雄市的茄萣，製造業的雇用量本來就低，仍持續減少，到 2011 年時才 524 人，集中係數只有 10，湖內區製造業雇用量微幅增加。以上各區，佳里、新化和茄萣的區位商數都低於 100，反映的是製造業雇用數低，在區內亦屬弱勢產業，西港和湖內製造業的區位商數大於 100，意味著這些區整體產業雇用量不大，但各區內製造業的偏向較高。

4　1995 年核定南部科學園區籌設計畫，即臺南園區第一期，2001 年再核定路竹園區與臺南園區第二期基地，路竹園區在 2003 改名為高雄園區。臺南園區位於新市、善化與安定三區之間，占地 1,043 公頃；高雄園區位於路竹、岡山與永安之間，占地 570 公頃。

（三）生產者服務業與分配銷售業

臺南都會的生產者服務業的雇用量並不大，在 1991 年還不到 2 萬人，占都會的總雇用量 5.30%，到 2011 年略增至 9% 左右，總雇用量不到 5 萬人，不論比例和數量都明顯低於其他三個都會。臺南都會核心生產者服務業集中係數的中位數在 1991 年高於都會中環與外環的最高值，在 2011 年則僅低於中環與外環的最高值（圖 4-2.2a 與 4-2.2b）。在都會核心中，南區的集中係數在 1991 和 2011 兩個年度都低於 65，而區位商數雖從 58 提高到 81，仍低於 100，生產者服務業在南區居弱勢。中西區的集中係數最高，兩年度分別為 493 和 445，區位商數為 356 和 315，均屬全都會最高。東區和北區的集中係數在兩個年度都在 104 和 137 之間，安平亦由 1991 年的低於 50，提高到 127，這三個區 2011 年的區位商數在 154 與 194 之間，都高於中環與外環各區，顯示除南區以外都會核心的四個區在臺南都會的生產者服務業占最強勢的地位，最集中於中西區。

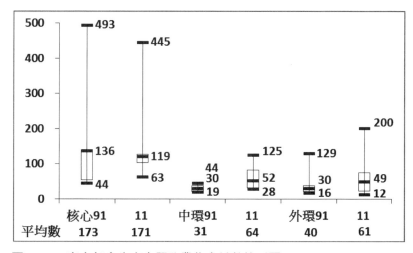

圖 4-2.2a 臺南都會生產者服務業集中係數箱形圖

資料來源：同表 4-2.1

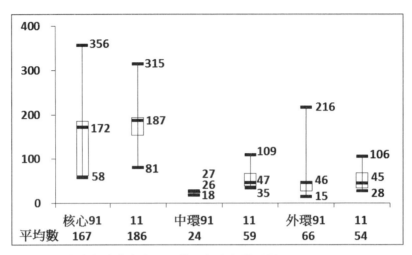

圖 4-2.2b 臺南都會生產者服務業區位商數箱形圖

資料來源：同表 4-2.1

　　都會中環生產者服務業的雇用量雖有增加，但兩年度集中係數的中位數都在 55 以下，最高值在 2011 年是永康的 125，其餘三區都在 69 以下，而區位商數的中位數亦僅 47，最高值為永康的 109，其餘三區皆低於 55，顯示永康以外的都會中環各區，生產者服務業的比重遠不及其人口，在各區內的份量亦低，最高的永康亦只強過都會核心的南區。都會外環生產者服務業的集中係數和區位商數的一般值在 1991 年大於都會中環，至 2011 年均低於都會中環。從兩年度的集中係數箱形圖觀察，扣除了都會外環的最高值（佳里的 129），其他各區都在 44 以下，中環與外環的中位數都為 30。在 2011 年，扣除中環與外環的最高值（永康的 125 與新市的 200[5]），其餘各區都在 82 以下，兩環帶的中位數都在 50 左右，都會中環與外環占臺南都會生產者服務業的份量應沒有太大差別。在 1991 年，都會外環的生產者服務業區位商數的最高值與中位數都高於都會中環，但到了 2011 年兩者的最高值、中位數和

5　新市的生產者服務業與分配銷售業的雇用量都明顯增加，相對於人口有著高集中係數，但因製造業大量增加，以致區位商數卻偏低甚多，占該區產業人口的比例遠低於都會的一般值。

最低值相近，除最高值之外，均低於 100，此二環帶生產者服務業的偏向均弱[6]。

　　臺南都會分配銷售業的雇用量在兩個年度有所增加，占雇用總量比例也提高。在都會核心，中西區的集中係數和區位商數都屬最高，與生產者服務業一樣是全都會最優勢地區。其他各區的集中係數 2011 年在 92 與 121 之間，區位商數在 119 至 184 之間，都屬分配銷售業優勢地區。從分配銷售業的集中係數觀察，都會核心是下降趨勢，都會中環則是上升趨勢，只是至 2011 年，兩者的中位數仍有很大差距，都會中環的最高值還低於都會核心的中位數。以區位商數觀察，則都會核心與都會中環的差距更大，前者各年度的中位數都大於 170，而後者都在 90 以下，最高值在 2011 年是 103，還低於都會核心的最低值。都會外環分配銷售業的雇用量是逐年度增加，但 2011 年占總雇用量的比例反而不及 1991 年。外環中，只有新市的集中係數在 2011 年為 116，其餘各區在 35 與 93 之間。佳里、新化和茄萣三區分配銷售業的區位商數都大於 100，應該是雇用量低且製造業發展未及的地區，為地方需求而形成分配銷售業相對份量較高。總之，都會外環並無分配銷售業優勢區（見圖 4-2.3a 與圖 4-2.3b）。

6　在 1991 年茄萣生產者服務業的區位商數高達 216，然集中係數只有 39，因該區工商業的雇用量只有 1,701 人，生產者服務業雇用量亦只有 195 人，但因比例相對較高，導致高的區位商數，至 2011 年，總雇用量增加，生產者服務業的雇用量減少，區位商數就降至 61。在 2011 年，新市區的集中係數高達 200，可能是製造業雇用大量增加，亦增加了生產者服務業的需求，但生產者服務業的雇用量與製造業相差太懸殊，區位商數只有 45。

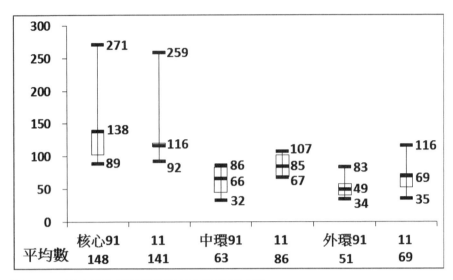

圖 4-2.3a　臺南都會分配銷售業集中係數箱形圖

資料來源：同表 4-2.1

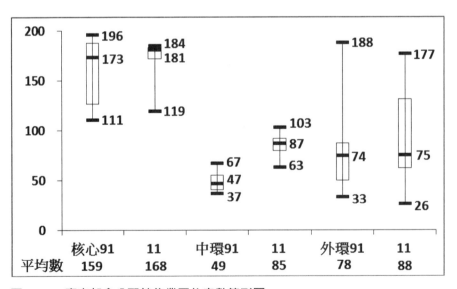

圖 4-2.3b　臺南都會分配銷售業區位商數箱形圖

資料來源：同表 4-2.1

（四）產業變遷的趨勢

　　臺南都會在 1960 年代三級行業的比重大於二級行業，在 1970 年代二級行業的比重超過了三級行業。此時製造業由核心向外擴散，南區、永康和仁德的優勢大於原先居優勢的東區和北區。商業和服務業也有明顯的擴散現象，但屬都會中環和外環各區的集中係數和區位商數在 1980 年代距 100 尚遠，三級行業仍以都會核心的中區、西區、東區和北區居明顯優勢，而安平亦強於都會中環各區。

　　在 1990 年以後，臺南都會仍以製造業的發展最為突出。臺南都會是四個都會中唯一在 2011 年二級行業雇用人數比重仍過半者，該年製造業亦占了產業總雇用量的一半。都會核心各區都呈現製造業雇用人數減少的趨向，而都會中環各區製造業的雇用量稍增，總量仍多於都會核心與外環。都會外環雖有製造業比重偏低區，但整體而言屬製造業優勢地帶，新市與善化製造業雇用量的增加，為全都會之最，新市的雇用量還大於其人口數，安定與路竹的製造業的發展亦屬臺南都會發展較突出者，這幾區製造業雇用量的增加，使得都會外圍在就業供給上並不亞於都會核心與中環；這同時反映著製造業的大量成長並未吸引人口的移入。生產者服務業在臺南都會略有成長，但在都會產業中的比重不及其他三都會，以都會核心的優勢最強，都會中環與外環各區的集中係數與區位商數均低於都會的一般值，兩者間相對的份量相似，與都會核心各區有明顯差距。分配銷售業亦呈現都會核心的優勢，都會中環略強於都會外環，在都會外環有少數區的區位商數偏高，這些區總雇用數的集中係數都低，製造業的比重亦較低，以致因應地方需求的分配銷售業較為突出。

三、社會與經濟地位

（一）教育組成

　　臺南都會 15 歲以上人口中小學以下教育人口比例在 1990 和 2010 年分別為 45.57% 和 18.76%，大幅下降；大專以上人口比例則從

11.24% 增至 35.97%，但仍不及中等教育人口比例（45.27%）（見表 4-3.1）。與臺中都會相較，臺南都會小學以下人口比例較高，大專以上則較低。

表 4-3.1 **臺南都會各區教育組成：人數、百分比與區位商數，1990、2010**

鄉鎮市區	年別	國小以下 人數	%	商數	國（初）中 人數	%	商數	高中（職） 人數	%	商數	大專及以上 人數	%	商數	合計 人數
中西區	1990	37,582	39.19	86	16,364	17.06	86	24,750	25.81	111	17,203	17.94	160	95,899
	2010	9,947	15.27	81	6,908	10.61	74	19,913	30.58	99	28,358	43.54	121	65,126
東區	1990	50,686	35.51	78	23,942	16.78	84	38,123	26.71	114	29,967	21.00	187	142,718
	2010	20,017	12.29	66	14,722	9.04	63	48,458	29.75	96	79,690	48.92	136	162,887
北區	1990	46,069	41.06	90	21,313	19.00	96	28,611	25.50	109	16,198	14.44	129	112,191
	2010	18,442	16.95	90	13,227	12.16	85	33,867	31.13	100	43,261	39.76	111	108,797
南區	1990	55,634	43.93	96	25,531	20.16	102	31,533	24.90	107	13,930	11.00	98	126,628
	2010	25,429	21.57	115	17,316	14.69	103	37,390	31.72	102	37,742	32.02	89	117,877
安平	1990	9,145	49.22	108	3,462	18.63	94	4,234	22.79	98	1,738	9.35	83	18,579
	2010	7,478	14.25	76	6,627	12.63	88	18,523	35.31	114	19,833	37.81	105	52,461
都會核心	1990	199,116	40.14	88	90,612	18.27	92	127,251	25.65	110	79,036	15.93	142	496,015
	2010	81,313	16.03	85	58,800	11.59	81	158,151	31.18	101	208,884	41.19	114	507,148
安南	1990	61,870	54.25	119	26,295	23.06	116	20,618	18.08	77	5,264	4.62	41	114,047
	2010	34,464	22.04	117	27,683	17.71	124	48,936	31.30	101	45,256	28.95	80	156,339
永康	1990	56,609	44.39	97	25,012	19.61	99	31,911	25.02	107	14,001	10.98	98	127,533
	2010	32,339	16.04	85	27,802	13.79	97	64,379	31.93	103	77,106	38.24	106	201,626
仁德	1990	25,868	48.86	107	10,960	20.70	104	12,147	22.94	98	3,966	7.49	67	52,941
	2010	12,275	19.83	106	8,733	14.11	99	17,842	28.82	93	23,057	37.24	104	61,907
歸仁	1990	25,426	48.70	107	11,908	22.81	115	11,380	21.80	93	3,492	6.69	60	52,206
	2010	11,794	18.09	96	11,721	17.97	126	20,446	31.36	101	21,247	32.58	91	65,208
都會中環	1990	169,773	48.96	107	74,175	21.39	108	76,056	21.94	94	26,723	7.71	69	346,727
	2010	90,872	18.73	100	75,939	15.65	110	151,603	31.25	101	166,666	34.36	96	485,080
佳里	1990	23,017	48.61	107	10,079	21.29	107	10,118	21.37	92	4,138	8.74	78	47,352
	2010	9,789	22.93	122	7,751	18.15	127	13,318	31.19	101	11,841	27.73	77	42,699
西港	1990	10,960	53.75	118	4,597	22.55	114	3,650	17.90	77	1,183	5.80	52	20,390
	2010	5,864	29.08	155	3,979	19.73	138	5,856	29.04	94	4,467	22.15	62	20,166
安定	1990	13,368	56.20	123	4,931	20.73	104	4,314	18.14	78	1,172	4.93	44	23,785
	2010	6,858	27.07	144	4,365	17.23	121	7,515	29.66	96	6,597	26.04	72	25,335
善化	1990	17,541	48.88	107	6,677	18.61	94	8,329	23.21	99	3,339	9.30	83	35,886
	2010	7,521	22.29	119	4,231	12.54	88	10,311	30.55	99	11,683	34.62	96	33,746
新市	1990	12,892	49.44	108	5,309	20.36	103	5,939	22.78	98	1,936	7.42	66	26,076
	2010	6,611	21.16	113	4,698	15.04	105	8,537	27.33	88	11,396	36.48	101	31,242
新化	1990	19,415	46.46	102	8,590	20.56	103	9,194	22.00	94	4,591	10.99	98	41,790
	2010	9,178	24.08	128	5,926	15.55	109	11,752	30.84	100	11,255	29.53	82	38,111

表 4-3.1 臺南都會各區教育組成：人數、百分比與區位商數，1990、2010（續）

鄉鎮市區	教育 年別	國小以下 人數	%	商數	國（初）中 人數	%	商數	高中（職） 人數	%	商數	大專及以上 人數	%	商數	合計 人數
茄萣	1990	17,281	59.58	131	6,611	22.79	115	4,055	13.98	60	1,057	3.64	32	29,004
	2010	7,372	29.39	157	5,171	20.61	144	6,770	26.99	87	5,772	23.01	64	25,085
湖內	1990	11,641	49.15	108	4,822	20.36	103	5,905	24.93	107	1,318	5.56	50	23,686
	2010	5,288	22.55	120	5,211	22.22	156	6,959	29.67	96	5,997	25.57	71	23,455
路竹	1990	22,355	50.19	110	9,064	20.35	102	10,059	22.59	97	3,059	6.87	61	44,537
	2010	8,945	19.84	106	6,292	13.96	98	14,963	33.19	107	14,885	33.02	92	45,085
都會外環	1990	148,470	50.76	111	60,680	20.74	104	61,563	21.05	90	21,793	7.45	66	292,506
	2010	67,426	23.66	126	47,624	16.71	117	85,981	30.18	97	83,893	29.44	82	284,924
總計	1990	517,359	45.57		225,467	19.86		264,870	23.33		127,552	11.24		1,135,248
	2010	239,611	18.76		182,363	14.28		395,735	30.99		459,443	35.97		1,277,152

資料來源：1990 年戶口及住宅普查報告；2010 年人口及住宅普查報告

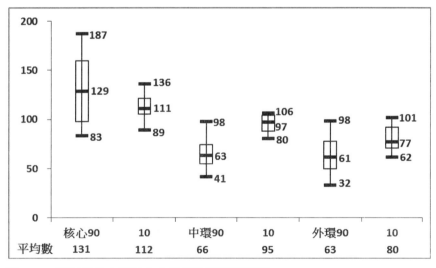

圖 4-3.1 臺南都會大專以上人口區位商數箱形圖

資料來源：同表 4-3.1

　　臺南都會核心各區大專以上人口比例，在 1980 年以前一直高於都會中環與都會外環的各區。東區、中西區和北區到 1990 年的區位商數是全都會最高的前三位，分別是 187、160 和 129，在 2010 年雖降至136、121 和 111，仍是全都會大專以上人口比例最高的前三名，區位商數都在中位數以上，高於都會中環各區的最高值（見圖 4-3.1），是全

都會高等教育人口優勢地區。區位商數下降，顯示占整個都會的高等教育人口的相對比重降低。南區和安平的大專以上人口比例一直不及上述三區，在 1990 年，安平的區位商數還低於都會中環的永康，但到 2010年，安平的比例大於南區，區位商數達到 105，與都會中環的最高與次高值相近，南區則反而不如都會中環東側的三個區，僅高於安南。綜合而言，都會核心大專以上教育人口增加，往西延伸至安平，南區則比例一直偏低。

都會中環的大專以上人口比例明顯提高，區位商數一般值從 69 提高到 96，中位數則從 63 增至 97，最高值在 2010 年為 106。永康、仁德的區位商數分別為 106 和 104，與安平幾乎相等，還高於南區。大專以上教育人口的增加，由東區、中西區和北區的優勢地區往東側延伸至永康與仁德。都會外環大專以上人口的比例與區位商數的中位數和最高值亦有增加，但是與都會中環仍有差距。整個都會大專人口的比例呈現由都會核心優勢地區往外遞減的趨向。但在都會外環，值得注意的是區位商數的最高值原來落在新化，但在 2010 年為新市、善化和路竹所超越，新市的商數為 101，其大專人口比例不僅在都會外環最高，也高於都會核心的南區與都會中環的安南與歸仁。新市、善化與路竹都是南部科學園區所在地區，南科在臺南都會帶動的發展，有待觀察。

綜合而言，各都會帶內雖有區間的差異，核心各區區位商數亦見降低者，但從圖 4-3.1 觀察，大專以上人口區位商數的中位數、最高值和最低值很清楚在 1990 和 2010 年都是由都會核心、都會中環到都會外環逐步降低，都會核心的中位數高於都會中環的最高值，都會中環的最高值大於都會外環的，都會核心高教育人口的優勢很是穩定。

（二）職業組成

臺南都會的就業人口，從 1990 年的 459,090 人增加到 2010 年的 718,254 人，多了近 26 萬人，增加率僅低於臺中，但增加量為四個都會區中最小者。生產體力人員數量增加約 10 萬人，比例都維持在 38.50%，買賣與服務人員的人數增加近 5 萬人，比例從 20.43% 略降至

19.80%，占臺南都會就業人口的比重沒有太大變化；專業與行政主管人員與監督佐理人員數以及占都會人口比例都增加，特別是監督佐理人員的數量（增加近 12 萬，11 個百分點）（見表 4-3.2），轉為超過買賣與服務人員。另外，與臺中都會相較，臺南都會的專門與行政主管人員的比例較低，生產體力人員的比重較高。

　　臺南都會核心的就業人口從 1990 年近 19 萬人增加到 2010 年近 28 萬人，占都會就業人口的比例反而從 41.07% 降到 38.80%。二十年間，都會核心就業人口數增加，但占都會就業人口的比例下降。都會核心各類職業人口中，生產體力人員和買賣與服務人員人數增加，比例減低，專門與行政主管人員及監督與佐理人員則是人數與比例都增高。各職業類別的區位商數雖都下降，除了生產體力人員的區位商數低於 100 之外，其餘三類都大於 100；尤以專門與行政主管人員的商數最高，其次才是買賣與服務人員。

　　都會中環增加的就業人口最多，占都會的比例亦從 30.32% 提高到 38.78%，與都會核心幾乎相同。生產體力人員的比例一直最大，區位商數從 120 略降至 115，但仍是四類職業中唯一高於 100 者，其餘三類屬區位商數都增加，數值則低於都會核心，高於都會外環。都會中環僅生產體力人員比例高於都會的一般值，人數亦大於其他職業類別。都會外環職業組成最大的轉變是農林漁牧人員從近 4 萬人減少到不及萬人，而在 2010 年時，職業組成趨近都會中環，生產體力人員占就業人口比例與區位商數都略高於都會中環，其他職業類屬則不及都會中環。

表 4-3.2　臺南都會各區職業組成：人數、百分比與區位商數，1990、2010

鄉鎮市區	年別	專門／行政 人數	%	商數	監佐 人數	%	商數	買賣／服務 人數	%	商數	農牧 人數	%	商數	體力 人數	%	商數	合計 人數
中西區	1990	5,624	15.41	163	8,603	23.57	156	12,224	33.49	164	843	2.31	14	9,202	25.21	65	36,496
	2010	6,593	19.90	148	9,983	30.13	116	9,287	28.03	142	81	0.24	11	7,187	21.69	56	33,131
東區	1990	9,445	17.54	186	11,874	22.05	146	14,124	26.23	128	1,624	3.02	18	16,786	31.17	81	53,853
	2010	18,882	21.68	161	28,131	32.30	124	18,693	21.46	108	162	0.19	9	21,229	24.37	63	87,097
北區	1990	5,679	13.56	144	8,957	21.38	142	10,452	24.95	122	1,344	3.21	19	15,453	36.89	96	41,885
	2010	10,406	17.40	130	18,079	30.24	116	13,641	22.81	115	150	0.25	12	17,517	29.30	76	59,793
南區	1990	4,885	10.08	107	9,046	18.66	124	11,636	24.00	117	3,635	7.50	45	19,276	39.76	103	48,478
	2010	7,753	11.65	87	15,649	23.52	90	16,029	24.09	122	1,418	2.13	98	25,693	38.61	100	66,542

表 4-3.2 臺南都會各區職業組成：人數、百分比與區位商數，1990、2010（續）

鄉鎮市區	年別	專門／行政			監佐			買賣／服務			農牧			體力			合計
		人數	%	商數	人數	%	商數	人數	%	商數	人數	%	商數	人數	%	商數	人數
安平	1990	584	7.45	79	1,138	14.52	96	1,571	20.04	98	724	9.24	56	3,822	48.76	127	7,839
	2010	5,729	17.83	133	9,707	30.22	116	7,747	24.12	122	211	0.66	30	8,730	27.18	70	32,124
都會核心	1990	26,217	13.90	147	39,618	21.01	139	50,007	26.52	130	8,170	4.33	26	64,539	34.23	89	188,551
	2010	49,363	17.71	132	81,549	29.26	112	65,397	23.47	119	2,022	0.73	34	80,356	28.83	75	278,687
安南	1990	2,208	4.63	49	5,005	10.49	70	7,174	15.04	74	10,800	22.64	137	22,506	47.19	123	47,693
	2010	9,099	9.73	72	23,222	24.83	95	15,432	16.50	83	2,174	2.32	107	43,587	46.61	121	93,514
永康	1990	4,570	9.15	97	7,889	15.79	105	10,509	21.04	103	4,192	8.39	51	22,793	45.63	118	49,953
	2010	15,718	13.22	98	31,595	26.58	102	23,128	19.46	98	646	0.54	25	47,786	40.20	104	118,873
仁德	1990	1,290	5.85	62	2,791	12.65	84	3,516	15.94	78	4,147	18.80	114	10,318	46.77	121	22,062
	2010	2,831	8.86	66	7,342	22.97	88	6,180	19.34	98	318	0.99	46	15,289	47.84	124	31,960
歸仁	1990	1,165	5.98	63	1,920	9.85	65	2,871	14.73	72	4,910	25.18	152	8,630	44.27	115	19,496
	2010	3,299	9.65	72	7,150	20.92	80	6,124	17.92	91	1,017	2.98	137	16,589	48.54	128	34,179
都會中環	1990	9,233	6.63	70	17,605	12.65	84	24,070	17.29	85	24,049	17.28	104	64,247	46.15	120	139,204
	2010	30,947	11.11	83	69,309	24.88	96	50,864	18.26	92	4,155	1.49	69	123,251	44.25	115	278,526
佳里	1990	1,783	8.64	92	2,230	10.81	72	3,835	18.59	91	6,565	31.83	192	6,214	30.13	78	20,627
	2010	2,591	10.48	78	5,308	21.46	82	4,931	19.94	101	1,672	6.76	312	10,233	41.37	107	24,735
西港	1990	513	4.91	52	752	7.20	48	1,222	11.71	57	4,730	45.31	274	3,222	30.87	80	10,439
	2010	900	8.00	60	1,756	15.62	60	1,830	16.27	82	1,139	10.13	468	5,620	49.98	130	11,245
安定	1990	454	3.68	39	832	6.75	45	1,261	10.22	50	5,351	43.38	262	4,436	35.97	93	12,334
	2010	1,534	10.41	77	2,977	20.20	78	2,167	14.70	74	498	3.38	156	7,564	51.32	133	14,740
善化	1990	1,431	7.99	85	1,845	10.30	68	2,726	15.22	74	5,769	32.20	195	6,144	34.30	89	17,915
	2010	3,015	15.37	114	5,220	26.61	102	3,162	16.12	81	678	3.46	160	7,541	38.44	100	19,616
新市	1990	568	4.47	47	1,113	8.76	58	1,331	10.47	51	4,789	37.68	228	4,907	38.61	100	12,708
	2010	1,602	8.95	67	4,410	24.62	95	2,179	12.17	61	1,512	8.44	390	8,206	45.82	119	17,909
新化	1990	1,107	6.44	68	1,580	9.19	61	3,015	17.54	86	6,180	35.95	217	5,307	30.87	80	17,189
	2010	1,969	9.31	69	3,780	17.87	69	4,164	19.69	99	1,706	8.07	373	9,531	45.06	117	21,150
茄萣	1990	443	3.66	39	700	5.79	38	2,118	17.50	86	2,484	20.53	124	6,355	52.52	136	12,100
	2010	889	6.77	50	2,553	19.43	75	1,988	15.13	76	427	3.25	150	7,282	55.42	144	13,139
湖內	1990	462	4.85	51	908	9.53	63	1,765	18.53	91	1,788	18.77	113	4,603	48.32	125	9,526
	2010	970	7.35	55	3,083	23.35	90	2,224	16.84	85	345	2.61	121	6,582	49.85	129	13,204
路竹	1990	1,107	5.98	63	2,029	10.97	73	2,439	13.19	65	6,121	33.09	200	6,801	36.77	95	18,497
	2010	2,709	10.71	80	6,990	27.63	106	3,289	13.00	66	1,397	5.52	255	10,918	43.15	112	25,303
都會外環	1990	7,868	5.99	63	11,989	9.13	61	19,712	15.01	73	43,777	33.33	201	47,989	36.54	95	131,335
	2010	16,179	10.05	75	36,077	22.40	86	25,934	16.10	81	9,374	5.82	269	73,477	45.63	118	161,041
總計	1990	43,318	9.44		69,212	15.08		93,789	20.43		75,996	16.55		176,775	38.51		459,090
	2010	96,489	13.43		186,935	26.03		142,195	19.80		15,551	2.17		277,084	38.58		718,254

資料來源：1990 年戶口及住宅普查報告；2010 年人口及住宅普查報告

　　都會核心各區專門與行政主管人員區位商數的中位數和最高值下降，最低值則提高。最大的轉變是南區與安平位置互換，南區的區位商數兩年度分別為 107 和 87，而安平則從 79 提高到 133，2010 年時依序是東區（161）、中西區（148）、安平（133）和北區（130）。臺南都

會其他各區區位商數的最高值是 114，明顯不及上述四區，反映著都會核心這四區專門與行政主管人員在全都會的突出位置。從圖 4-3.2a 觀察，都會核心的專門與行政主管人員區位商數的中位數高於都會中環與外環的最高值，其最低值高於都會中環與外環的中位數，專門與行政主管人員的優勢明顯。如圖 4-3.2b，都會核心生產體力人員區位商數的中位數、最高值和最低值均下降。在 1990 年，安平、南區和北區的區位商數高於都會外環的中位數，安平還高於都會中環的最高值；但在 2010 年時，最高值的 100 落在南區，此一數值低於都會中環最低值，並等於都會外環的最低值，意味著整個都會核心各區，生產體力人員的偏向屬臺南都會最低者。

　　都會中環各區專門與行政主管人數都增加，區位商數的中位數和最低值都提高，最高值則幾無變化，雖高於南區的 87，但與北區的 130 差距仍大，而其餘四區的區位商數都低於南區。都會中環專門與行政主管人員的比例與都會核心的差距明顯。至於生產體力人員，在都會中環的份量略有增加，兩個年度區位商數的中位數、最高值和最低值，都略提高。都會外環專門與行政主管人員的區位商數在兩個年度間亦有所提升，2010 年的中位數與都會中環相近，其最高值達 114，落在善化，明顯高於都會中環，其次高值為 80，略高於都會中環的次高值，中位數與最低值低於都會中環。總之，都會外環在專門與行政主管人員比例略低於都會中環，最高值則明顯較高。都會外環各區生產體力人員區位商數的中位數、最高值與最低值均提高，至 2010 年中位數和最低值略低於都會中環，最高值大於都會中環，最低值還等於都會核心的最高值。都會外環和都會中環在生產體力人員分布上的差異變小，都屬生產體力人員偏高地帶，與都會核心的差異增大。

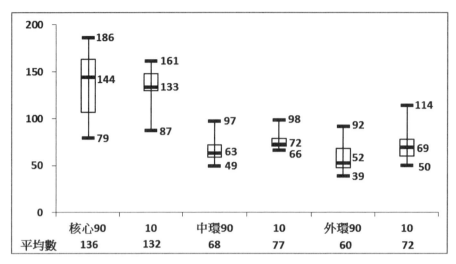

圖 4-3.2a　臺南都會專門與行政主管人員區位商數箱形圖

資料來源：同表 4-3.2

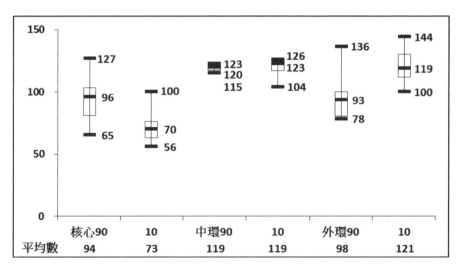

圖 4-3.2b　臺南都會生產體力人員區位商數箱形圖

資料來源：同表 4-3.2

（三）所得

　　在 2000 和 2010 兩年度，臺南都會核心各區所得中位數的中位數、最高值和最低值以及屬最高所得類別里的比例都高於都會中環和外環。除了南區之外，其他四區都高於都會中環與外環各區（善化除外），都會核心地帶的所得水準高於都會中環與外環（圖 4-3.3，表 4-3.3）。都會中環以五區所得中位數和最低值觀察，高於都會外環，但在 2010 年都會外環各區所得中位數的最高值卻較高；整體而言，都會中環與外環屬於最高所得類別里的比例相近，所得水準差距並不明顯。

　　根據表 4-3.3，都會核心的東區，在臺南都會各區所得水準最高，兩年度都有 71.11% 的里屬最高所得類別，區所得中位數，分別為 650 和 620，亦居全都會之首。中西區、北區和安平區的相對位置在兩年度有較大的變化，在 2010 年，安平不論在區所得中位數（563）或屬最高所得類別里的比例，都位居第二，而在 2000 年則是中西區的最高所得類別里的比例和全區所得中位數都位居第二。在 2010 年，中西區屬所得最高里的比例（39.47%）大於北區（30.23%），所得中位數（541）卻略低於北區（550），兩區的所得水準相近。以上四區為都市核心高所得里分布較多地帶，但交雜著相當數量次低與最低所得類別的里。至於南區各里屬次低與最低所得的比例超過六成，區所得中位數亦低於都會中環屬舊臺南縣的三區，在都會核心各區中所得明顯偏低。

　　在 2000 年和 2010 年，都會中環各區的相對位置沒有改變。安南低所得里的比例高於都會核心和中環各區，區所得中位數則為都會核心與中環各區的最低值。在都會中環中，永康的所得水準較高，里所得屬最高和次高類別者都高於都會中環其他各區，類似核心的北區和中西區，區所得中位數稍低於北區和中西區，仍為都會中環最高者。都會外環的善化，各里屬所得最高類別的比例，兩年度分別為 33.33% 和 52.38%，區所得中位數為 565 和 556，類似安平區，是都會中環與外環各區所得水準最高者。新市的所得亦較高，區所得中位數及最高所得類別里的比例，在都會中環和外環各區中均僅次於善化與永康。都會中環的仁德和歸仁的所得水準不及上述三區，但高於都會外環其他各區以及

南區和安南，仍屬所得水準較高地區。至於都會外環其他各區，各里屬次低或最低的比例均在五成以上，而七成以上的有五區，區所得中位數亦都較低，屬所得水準偏低地帶。臺南都會核心、中環與外環所得的差距不如臺北和臺中都會那麼明顯，但還是呈現都會核心向外逐漸降低的趨向。

表 4-3.3　臺南都會高低所得分布：里數、百分比與區所得中位數，2000、2010

鄉鎮市區		2000 年						2010 年					
		最低	次低	次高	最高	合計	中位數[*]	最低	次低	次高	最高	合計	中位數
中西區	里數	7	10	16	31	64	594	8	8	7	15	38	541
	百分比	10.94	15.63	25.00	48.44	100.00		21.05	21.05	18.42	39.47	100.00	
東區	里數	1	4	8	32	45	650	0	2	11	32	45	620
	百分比	2.22	8.89	17.78	71.11	100.00		0.00	4.44	24.44	71.11	100.00	
北區	里數	7	12	15	12	46	562	9	11	10	13	43	550
	百分比	15.22	26.09	32.61	26.09	100.00		20.93	25.58	23.26	30.23	100.00	
南區	里數	18	9	9	7	43	517	19	8	9	3	39	475
	百分比	41.86	20.93	20.93	16.28	100.00		48.72	20.51	23.08	7.69	100.00	
安平	里數	6	3	4	5	18	572	4	1	3	7	15	563
	百分比	33.33	16.67	22.22	27.78	100.00		26.67	6.67	20.00	46.67	100.00	
都會核心	里數	39	38	52	87	216		40	30	40	70	180	
	百分比	18.06	17.59	24.07	40.28	100.00		22.22	16.67	22.22	38.89	100.00	
安南	里數	22	23	5	0	50	493	21	21	8	1	51	472
	百分比	44.00	46.00	10.00	0.00	100.00		41.18	41.18	15.69	1.96	100.00	
永康	里數	3	13	12	11	39	565	2	7	15	15	39	534
	百分比	7.69	33.33	30.77	28.21	100.00		5.13	17.95	38.46	38.46	100.00	
仁德	里數	2	7	7	2	18	529	2	8	7	1	18	501
	百分比	11.11	38.89	38.89	11.11	100.00		11.11	44.44	38.89	5.56	100.00	
歸仁	里數	3	4	10	1	18	535	2	7	10	2	21	498
	百分比	16.67	22.22	55.56	5.56	100.00		9.52	33.33	47.62	9.52	100.00	
都會中環	里數	30	47	34	14	125		27	43	40	19	129	
	百分比	24.00	37.60	27.20	11.20	100.00		20.93	33.33	31.01	14.73	100.00	
佳里	里數	6	9	4	2	21	523	7	6	6	2	21	497
	百分比	28.57	42.86	19.05	9.52	100.00		33.33	28.57	28.57	9.52	100.00	
西港	里數	10	1	1	0	12	491	4	7	1	0	12	475
	百分比	83.33	8.33	8.33	0.00	100.00		33.33	58.33	8.33	0.00	100.00	
安定	里數	7	9	0	0	16	492	3	5	5	3	16	492
	百分比	43.75	56.25	0.00	0.00	100.00		18.75	31.25	31.25	18.75	100.00	
善化	里數	2	5	7	7	21	565	1	2	7	11	21	556
	百分比	9.52	23.81	33.33	33.33	100.00		4.76	9.52	33.33	52.38	100.00	

表 4-3.3　臺南都會高低所得分布：里數、百分比與區所得中位數，2000、2010（續）

鄉鎮市區		2000 年						2010 年					
		最低	次低	次高	最高	合計	中位數 *	最低	次低	次高	最高	合計	中位數
新市	里數	1	2	7	1	11	552	2	1	5	3	11	510
	百分比	9.09	18.18	63.64	9.09	100.00		18.18	9.09	45.45	27.27	100.00	
新化	里數	5	8	5	2	20	519	6	8	4	2	20	489
	百分比	25.00	40.00	25.00	10.00	100.00		30.00	40.00	20.00	10.00	100.00	
茄萣	里數	15	0	0	0	15	428	15	0	0	0	15	419
	百分比	100.00	0.00	0.00	0.00	100.00		100.00	0.00	0.00	0.00	100.00	
湖內	里數	10	3	0	0	13	475	6	5	1	2	14	474
	百分比	76.92	23.08	0.00	0.00	100.00		42.86	35.71	7.14	14.29	100.00	
路竹	里數	4	8	7	1	20	518	5	7	6	2	20	493
	百分比	20.00	40.00	35.00	5.00	100.00		25.00	35.00	30.00	10.00	100.00	
都會外環	里數	60	45	31	13	149		49	41	35	25	150	
	百分比	40.27	30.20	20.81	8.72	100.00		32.67	27.33	23.33	16.67	100.00	
總計	里數	129	130	117	114	490		116	114	115	114	459	
	百分比	26.33	26.53	23.88	23.27	100.00		25.27	24.84	25.05	24.84	100.00	

資料來源：2000、2010 年綜合所得稅申報核定統計專冊
* 單位為千元，以後相關各圖表皆同

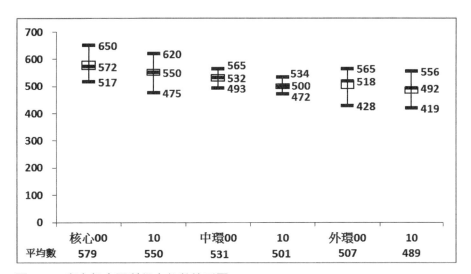

圖 4-3.3　臺南都會區所得中位數箱形圖

資料來源：同表 4-3.3

（四）地區社經地位的變遷

　　臺南都會中環與外環各區，在 1960 年代農林漁牧就業人口居多，不論是專門與行政、買賣與服務及生產體力人員的區位商數都不及都會核心各區，在 1980 年，中環的永康、歸仁與外環的湖內、茄萣的生產體力人員比例才高於都會一般值，應是製造業向都會中環與外環擴散的結果。相對而言，中環與外環屬高社經地位的專門與行政主管人員比例遠不及都會核心各區。都會核心中，安平為生產體力人員比例最高者，其專門與行政主管人員的區位商數則近於都會中環各區。而東區、中區、北區和南區不論是專門與行政主管人員或大專教育以上人口比例均為全都會最高。

　　至 1990 年，東區、中西區和北區專門與行政主管人員比例仍高於臺南都會其他各區；在 2010 年，安平的比例與北區相似，而南區此一職業類別的比例反而不及都會中環和外環的幾個區，大專以上人口的分布也有類似的趨向。專門與行政主管人員和大專以上人口，在都會中環與外環的相對比重都有增高的趨勢，中環的永康與仁德，外環的新市，大專以上人口比例都大於臺南都會的一般值，善化專門與行政主管人員的比例高於都會的一般值，大專以上教育人口接近都會的一般值。以上的變化亦反映在所得的分布上，善化的區中位數與核心各區相近，永康與新市低於善化，但高於南區和都會中環與外環的其他各區。

　　在《前篇》就臺南社經地位地理分布指出，最高點出現在南市中區中正路以南到與東區與南區的接壤處。就圖 4-3.4 觀察所得居前 25% 和前 10% 的里最密集分布在中西區的東南角，即《前篇》所呈現的社經地位的最高點地帶，再則是其近鄰的南區的東北角與東區的大部分里，有由東區向東北延伸，過永康、新市到善化；另外的高社經地帶，則是北區、中西區的西半與安平區的東半。綜合而言，高社經地區主要仍在都會核心四區（除去南區），再則善化社經地位的提升最值得關注，雖位處外環，離都會核心較遠，在 2010 年，大專以上人口與專門與行政主管人員的比例，以及所得中位數，均居都會中環與外環各區之首，最高所得類別里有七個，四個在前 10%。在以上高社經帶之外，在都會

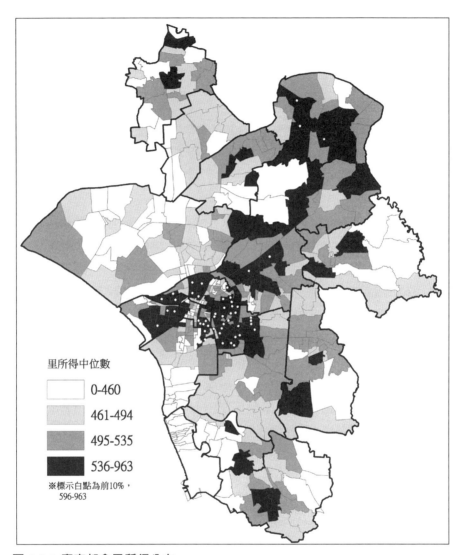

里所得中位數

□	0-460
▨	461-494
▩	495-535
■	536-963

※標示白點為前10%，
596-963

圖 4-3.4　臺南都會里所得分布

中環與外環有少數高社經里，但數量都少，這些地區整體而言，生產體
力人員比例偏高，專門與行政主管人員及大專以上教育人口比例與高所
得里比例均偏低。都會核心的中西區亦見低社經地帶，大多分布在西門

路與安海路經過的幾個里[7]，但未像其他都會核心舊商業中心區（如臺中的中區與高雄的鹽埕）全區的相對位置都明顯下降。在這低社經地區往北區和南區延伸，是都會核心舊商業中心區低社經地位里分布較多的地帶。

四、年齡組成與外省族群

（一）年齡組成

臺南都會與臺北和臺中都會相似，都是幼年人口的數量和比例降低，而工作年齡人口與老年人口的數量和比例都增加。臺南都會年齡組成最大的特點是，老年人口比例為四個都會中最高；至於幼年人口比例則與高雄都會幾乎相近，低於臺中都會，略高於臺北都會。1990 年時，都會核心、都會中環與都會外環幼年人口比例的最低值（24.75%、27.41% 和 24.10%）都高於 2010 年的最高值（17.89%、15.61% 和 17.26%）；相反的，1990 年老年人口的最高值（6.69%、6.05% 和 8.72%）則低於 2010 年的最低值（7.93%、6.91% 和 9.92%）（見表 4-4.1）。臺南都會與各都會呈現相似的趨勢，幼年人口數量和比例大幅下降和老年人口比例急遽提升，以及老年人口的區間差異大於幼年人口。

表 4-4.1 **臺南都會各區年齡組成：人數、百分比與區位商數，1990、2010**

鄉鎮市區	年度	0-14 歲			15-64 歲			65 歲以上			合計
		人數	%	商數	人數	%	商數	人數	%	商數	人數
中西區	1990	28,062	26.86	97	69,430	66.45	100	6,995	6.69	117	104,487
	2010	9,361	12.57	85	53,606	71.97	96	11,520	15.47	152	74,487
東區	1990	41,263	26.36	95	106,899	68.30	103	8,360	5.34	94	156,522
	2010	31,279	16.11	108	143,184	73.74	98	19,703	10.15	100	194,166
北區	1990	33,450	27.16	98	82,921	67.32	101	6,807	5.53	97	123,178
	2010	19,245	15.03	101	93,505	73.03	97	15,292	11.94	117	128,042

7　中西區 38 個里中有 8 個里屬最低所得里，8 個屬次低所得里。分布在南北向的西門路和安海路沿線的里，屬次低所得的有普濟、水仙、建國、郡西、元安與小西六里；屬最低所得的有天后、中正、民主、保安與民生五里。

表 4-4.1 臺南都會各區年齡組成：人數、百分比與區位商數，1990、2010（續）

鄉鎮市區	年度	0-14 歲			15-64 歲			65 歲以上			合計
		人數	%	商數	人數	%	商數	人數	%	商數	人數
南區	1990	38,510	27.56	99	94,117	67.36	101	7,101	5.08	89	139,728
	2010	16,888	12.53	84	101,826	75.56	101	16,051	11.91	117	134,765
安平	1990	5,072	24.75	89	14,071	68.66	103	1,351	6.59	115	20,494
	2010	11,432	17.89	120	47,395	74.18	99	5,066	7.93	78	63,893
都會核心	1990	146,357	26.88	97	367,438	67.49	101	30,614	5.62	99	544,409
	2010	88,205	14.82	100	439,516	73.82	98	67,632	11.36	112	595,353
安南	1990	41,596	32.37	117	81,019	63.05	95	5,883	4.58	80	128,498
	2010	28,916	15.61	105	141,700	76.49	102	14,639	7.90	78	185,255
永康	1990	41,371	29.08	105	94,432	66.37	100	6,478	4.55	80	142,281
	2010	35,944	15.13	102	184,049	77.47	103	17,577	7.40	73	237,570
仁德	1990	16,632	28.44	102	38,308	65.51	98	3,539	6.05	106	58,479
	2010	9,322	13.09	88	55,287	77.62	104	6,620	9.29	91	71,229
歸仁	1990	15,728	27.41	99	38,846	67.70	102	2,807	4.89	86	57,381
	2010	10,402	13.76	93	59,987	79.34	106	5,221	6.91	68	75,610
都會中環	1990	115,327	29.83	107	252,605	65.33	98	18,707	4.84	85	386,639
	2010	84,584	14.85	100	441,023	77.42	103	44,057	7.73	76	569,664
佳里	1990	14,917	28.51	103	33,359	63.76	96	4,046	7.73	135	52,322
	2010	7,538	15.00	101	36,012	71.68	96	6,687	13.31	131	50,237
西港	1990	5,980	26.50	95	14,620	64.78	97	1,967	8.72	153	22,567
	2010	3,586	15.10	102	16,354	68.85	92	3,812	16.05	158	23,752
安定	1990	6,862	25.98	94	17,315	65.55	99	2,239	8.48	149	26,416
	2010	4,675	15.58	105	21,648	72.14	96	3,687	12.29	121	30,010
善化	1990	9,905	25.16	91	26,261	66.71	100	3,199	8.13	142	39,365
	2010	7,040	17.26	116	28,634	70.21	94	5,112	12.53	123	40,786
新市	1990	8,277	28.61	103	18,969	65.58	99	1,681	5.81	102	28,927
	2010	5,044	13.90	94	27,642	76.18	102	3,600	9.92	98	36,286
新化	1990	10,960	24.10	87	31,656	69.62	105	2,854	6.28	110	45,470
	2010	6,081	13.76	93	32,504	73.55	98	5,607	12.69	125	44,192
茄萣	1990	8,621	27.02	97	21,461	67.26	101	1,824	5.72	100	31,906
	2010	3,744	12.99	87	21,525	74.66	100	3,560	12.35	121	28,829
湖內	1990	6,642	25.62	92	17,657	68.11	102	1,624	6.26	110	25,923
	2010	4,033	14.67	99	19,954	72.59	97	3,501	12.74	125	27,488
路竹	1990	14,192	28.79	104	32,335	65.59	99	2,775	5.63	99	49,302
	2010	8,464	15.81	106	39,764	74.26	99	5,321	9.94	98	53,549
都會外環	1990	86,356	26.80	97	213,633	66.30	100	22,209	6.89	121	322,198
	2010	50,205	14.98	101	244,037	72.82	97	40,887	12.20	120	335,129
總計	1990	348,040	27.77		833,676	66.52		71,530	5.71		1,253,246
	2010	222,994	14.86		1,124,576	74.96		152,576	10.17		1,500,146

資料來源：1990 年戶口及住宅普查報告；2010 年人口及住宅普查報告

　　在 1990 年，都會核心幼年人口和老年人口比例接近但略低於都會的一般值，在 2010 年時，老年人口的區位商數提高，呈現老年人口比例增加的趨勢，但是區間的差異甚大。都會核心各區幼年人口和老年人口區位商數的中位數和最高值都增加，但二類人口在各區變化並不相同。1990 年時幼年人口區位商數都低於 100，幼年人口比例整體偏低，老年人口高於 100 的有中西區和安平區，分別為 117 和 115，是都會核心老年人口偏高的兩個區。到了 2010 年，老年人口區位商數依序是中西區（152）、北區（117）和南區（117）；而幼年人口亦有三區大於 100，依序是安平區（120）、東區（108）和北區（101），安平是全都會幼年人口比例最高者，東區位居第三（見圖 4-4.1a 與 4-4.1b）。都會核心人口老化趨勢強，主要在中西區、南區和北區；但仍有幼年人口比例偏高區，特別是安平由老年人口比例偏高轉為幼年人口比例最高，東區的幼年人口亦偏高。

　　在 1990 年，都會中環幼年人口區位商數的最高值和最低值都高於都會核心與都會外環（見圖 4-4.1a），除了歸仁的區位商數在 99 之外，其餘均大於 102，該年度臺南都會三個都會帶的幼年人口的比例差異不大，都會中環較偏高。在 2010 年區位商數的中位數、最高值和最低值均低於 1990 年，最高值與中位數轉為略低於都會核心與外環。都會中環老年人口區位商數的中位數（見圖 4-4.1b）、最高值和最低值在兩年度都低於都會核心與都會外環，各區的區位商數降低，一直是老年人口比例偏低，占都會老年人口的比重亦下降。

　　都會外環幼年人口區位商數的最低值兩年度都為 87，但 2010 年的中位數和最高值上升，幼年人口比例出現高於都會中環的傾向，五個區的區位商數在 101 至 116 之間。最突出的是其老年人口比例偏高，在 1990 和 2010 兩個年度都是如此，區位商數的中位數、最高值和最低值都相似，2010 年時，除了新市、路竹之外，其餘七區，區位商數介於 121 和 158 之間，老年人口比例偏高幾乎是都會外環的普遍現象。

　　臺南都會的幼年人口在 1990 年以前比例降低，但數量仍增加，到 2010 年則比例與數量均告降低，老年人口則持續增加，數量倍增，比例為四都會中最高。老年人口在 1990 年時是都會核心略偏高，都會中

環最低，都會外環最偏高，2010 年時仍是此一模式，都會核心和都會
外環的老年人口份量更強，與都會中環的差距拉大。在 1990 年時的幼
年人口，則呈現都會核心低、都會中環偏高，而都會外環又偏低的模
式，到 2010 年時，轉為都會中環略為偏低，而核心與外環略偏高。

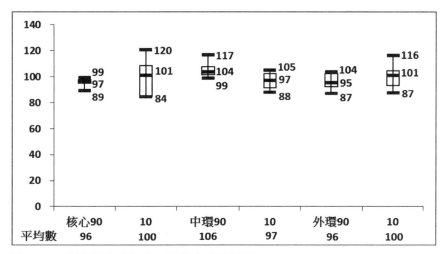

圖 4-4.1a 臺南都會幼年人口區位商數箱形圖

資料來源：同表 4-4.1

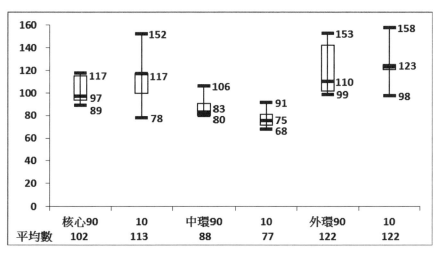

圖 4-4.1b 臺南都會老年人口區位商數箱形圖

資料來源：同表 4-4.1

（二）外省族群的分布

臺南都會外省人口在 1989 年有 129,207 人，占都會人口的 10.46%。根據 2010 年推估的數據，以多重認定有 169,672 人[8]，占都會人口的 11.50%，略高於 1989 年。在 2010 年都會核心的外省人口為 77,236 人，占其人口 13%，均低於 1989 年的數值，但仍都大於都會中環和都會外環，是外省人口最多的環帶。都會中環的外省人口則告增加，1989 年和 2010 的人口數分別為 38,313 人和 68,279 人，增加近 3 萬人，占都會中環的人口比例亦提高到 12.89%，區位商數為 112，其外省人口在臺南都會的比重趨近都會核心。都會外環外省人口數量亦增，到 2010 年有 24,158 人，占其人口的 6.88%，與都會核心和都會中環的差距仍大，區位商數只有 60（見表 4-4.2）。臺南都會的外省人口向都會中環和外環擴散，但都會核心仍然有最多的外省人口，而都會中環則為外省人口主要的擴散地區。

觀察各區的變化，在 1960 和 1970 年代外省人口所占比例，依序是都會核心的東區、北區、南區和安平，四區的順位在 1989 年並無太大改變。至 2010 年，東區的外省人口數仍為核心各區中最多，但數量已減，北區是另一數量減少者，其餘各區則增加，外省人口比例的順位改為中西區、南區和東區，北區和安平的區位商數轉而都低於 100，略為偏低。北區與安平這種改變，應是中環外省人口大增的結果，如此的增加普見於中環各區。永康在 1960 和 1970 年代外省人口的比例已居臺南都會的第三位，1989 年居第二位，在 2010 年則居第三位，但人口數躍居都會首位。仁德的外省人口比例在 1989 年已高於都會的一般值，至 2010 年數量雖遠小於永康，但比例躍居全都會最高。此外，歸仁外省人口數亦從低於轉為高於北區和安平。只有安南，外省人口數雖大幅增加，區位商數亦提高，但仍屬偏低。如圖 4-4.2 所示，核心與中環區位商數的高低差距都明顯減少，2010 年占人口的比例分別在 15.20% 與 9.20% 之間及 16.50% 與 8.80% 之間。整體而言，原來是核

8　以單一認定獲得的外省人口數為 71,900 人，占都會人口的 4.87%，遠低於 1989 年的數值。

心偏高，轉為核心與中環相近。都會外環各區的外省人口亦都增加，區位商數的最高值、中位數與最低值在二十年間都提高，在 2010 年時西港和湖內的區位商數為 105 和 110，但其餘七區在 23 和 75 之間，都會外環外省人口的數量和比例遠不及核心與中環（見圖 4-4.2）。

表 4-4.2　臺南都會各區外省人口：人數、百分比與區位商數，1989、2010

鄉鎮市別	籍別 年別	外省籍 人數	%	商數	總人口 人數	鄉鎮市別	籍別 年別	外省籍 人數	%	商數	總人口 人數
中西區	1989	8,776	7.63	73	115,090	佳里	1989	1,708	3.18	30	53,685
	2010	12,054	15.20	132	79,300		2010	4,981	8.40	73	59,300
東區	1989	29,584	19.68	188	150,338	西港	1989	358	1.54	15	23,266
	2010	26,994	13.90	121	194,200		2010	3,049	12.10	105	25,200
北區	1989	20,394	16.82	161	121,245	安定	1989	485	1.78	17	27,251
	2010	14,509	11.00	96	131,900		2010	2,597	8.60	75	30,200
南區	1989	17,274	12.62	121	136,911	善化	1989	2,627	6.44	62	40,801
	2010	17,920	14.20	123	126,200		2010	3,263	7.50	65	43,500
安平	1989	2,849	14.56	139	19,566	新市	1989	1,049	3.83	37	27,371
	2010	5,759	9.20	80	62,600		2010	902	2.60	23	34,700
都會核心	1989	78,877	14.52	139	543,150	新化	1989	3,005	7.24	69	41,490
	2010	77,236	13.00	113	594,200		2010	1,896	4.30	37	44,100
安南	1989	4,709	3.69	35	127,535	茄萣	1989	741	2.25	22	32,871
	2010	15,673	8.80	77	178,100		2010	1,444	4.60	40	31,400
永康	1989	24,056	18.62	178	129,180	湖內	1989	920	3.62	35	25,440
	2010	32,288	14.90	130	216,700		2010	3,658	12.70	110	28,800
仁德	1989	7,156	12.43	119	57,558	路竹	1989	1,124	2.22	21	50,550
	2010	11,435	16.50	143	69,300		2010	2,367	4.40	38	53,800
歸仁	1989	2,392	4.38	42	54,622	都會外環	1989	12,017	3.72	36	322,725
	2010	8,883	13.50	117	65,800		2010	24,158	6.88	60	351,000
都會中環	1989	38,313	10.39	99	368,895	總計	1989	129,207	10.46		1,234,770
	2010	68,279	12.89	112	529,900		2010	169,672	11.50		1,475,100

資料來源：1989 年臺南市統計要覽、臺南縣統計要覽
　　　　　2011 年「99 年至 100 年全國客家人口基礎資料調查研究」

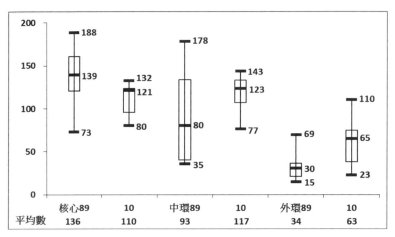

圖 4-4.2　臺南都會外省人口區位商數箱形圖

資料來源：同表 4-4.2

五、住宅建築類型

　　臺南都會在 1990 年近 31 萬的住宅單位中，60.81% 為連棟住宅，26.12% 為傳統／獨院或雙拼住宅，五樓以下公寓和六層以上大樓只占 9.69% 和 3.38%，比例相當低。六層以上大樓住宅以都會核心的中西區、東區和北區的比例最高，區位商數在 197 至 363 之間，最高比例是 12.28%；至於都會中環與外環各區，比例均不及 1%。五樓以下的公寓住宅，亦是以都會核心的比例最高，除了南區和東區比例為 24.88% 和 18.23% 之外，其餘三區都在 12.71% 以下。都會外環與中環各區的比例都在 10% 以下，以 2% 以下的占多數（見表 4-5.1）。臺南都會核心六層以上大樓和五層以下公寓雖然明顯多於都會中環與外環，但比例亦低，集合式公寓與大樓住宅在 1990 年臺南都會各區的份量均低。

　　在 1990 年，都會核心以連棟住宅單位最多，占 61.42%，低於都會中環，高於都會外環，各區的區位商數除了北區較高（111），比例為 67.52%，其他四區介於 94 至 103 之間，比例在 56.89% 和 62.54% 之間。都會中環各區，區位商數介於 101 至 120 之間，比例都在 60% 以上，連棟住宅比例均偏高（見圖 4-5.1a）。整體說來連棟式在都會核心

和都會中環的分布相當均勻，都是各區最優勢的住宅類型。傳統／獨院或雙拼住宅則在都會中環的比例偏高。都會中環的歸仁、仁德，這類的住宅占了 35% 以上，比例仍低於連棟住宅。都會外環則傳統／獨院或雙拼住宅的比例偏高，西港、安定、善化、茄萣和湖內有 50% 以上的傳統／獨院或雙拼住宅，是區內最優勢的住宅類型。佳里、新化、新市和路竹的傳統／獨院或雙拼住宅的比例在 36% 和 45% 之間，連棟住宅在 54% 和 61% 之間，與都會中環類似，連棟住宅數量與比例在區內最高，但傳統／獨院或雙拼住宅的比例仍高於都會中環各區。綜合而言，在 1990 年，臺南都會核心與都會中環均以連棟式住宅為最優勢的類型，但都會中環亦有相當比例的傳統／獨院或雙拼住宅，而都會外環有些區以傳統／獨院或雙拼住宅為主要類型，有些則以連棟式住宅為主要類型，但其傳統／獨院或雙拼住宅的比例均高於都會核心與中環各區。

表 4-5.1　**臺南都會各區住宅建築類型：單位數、百分比與區位商數**，1990、2010

鄉鎮市區		1990 年					2010 年			
		傳統／獨院或雙拼	連棟式	5 樓以下	6 樓以上	合計	平房	2 至 5 樓	6 樓以上	合計
中西區	個數	4,610	17,744	3,787	3,660	29,801	1,964	23,822	10,227	36,013
	百分比	15.47	59.54	12.71	12.28	100.00	5.45	66.15	28.40	100.00
	區位商數	59	98	131	363		39	101	140	
東區	個數	5,014	26,144	7,747	3,581	42,486	7,657	40,333	26,049	74,039
	百分比	11.80	61.54	18.23	8.43	100.00	10.34	54.48	35.18	100.00
	區位商數	45	101	188	249		73	83	173	
北區	個數	4,858	21,689	3,440	2,135	32,122	3,965	33,783	12,039	49,787
	百分比	15.12	67.52	10.71	6.65	100.00	7.96	67.86	24.18	100.00
	區位商數	58	111	111	197		57	103	119	
南區	個數	5,559	18,875	8,255	488	33,177	6,359	30,996	6,004	43,359
	百分比	16.76	56.89	24.88	1.47	100.00	14.67	71.49	13.85	100.00
	區位商數	64	94	257	43		104	109	68	
安平	個數	1,508	2,998	187	101	4,794	1,618	12,474	13,441	27,533
	百分比	31.46	62.54	3.90	2.11	100.00	5.88	45.31	48.82	100.00
	區位商數	120	103	40	62		42	69	240	
都會核心	個數	21,549	87,450	23,416	9,965	142,380	21,563	141,408	67,760	230,731
	百分比	15.13	61.42	16.45	7.00	100.00	9.35	61.29	29.37	100.00
	區位商數	58	101	170	207		66	93	144	

表 4-5.1 臺南都會各區住宅建築類型：單位數、百分比與區位商數，1990、2010（續）

鄉鎮市區		傳統／獨院或雙拼	連棟式	5樓以下	6樓以上	合計	平房	2至5樓	6樓以上	合計
		1990 年					2010 年			
安南	個數	7,872	22,072	2,588	4	32,536	10,664	41,690	1,600	53,954
	百分比	24.19	67.84	7.95	0.01	100.00	19.76	77.27	2.97	100.00
	區位商數	93	112	82	0		140	118	15	
永康	個數	7,472	27,618	2,626	276	37,992	13,091	44,969	24,726	82,786
	百分比	19.67	72.69	6.91	0.73	100.00	15.81	54.32	29.87	100.00
	區位商數	75	120	71	21		112	83	147	
仁德	個數	5,260	8,674	62	98	14,094	5,999	21,761	3,793	31,553
	百分比	37.32	61.54	0.44	0.70	100.00	19.01	68.97	12.02	100.00
	區位商數	143	101	5	21		135	105	59	
歸仁	個數	4,108	7,503	81	1	11,693	4,175	12,574	1,500	18,249
	百分比	35.13	64.17	0.69	0.01	100.00	22.88	68.90	8.22	100.00
	區位商數	135	106	7	0		163	105	40	
都會中環	個數	24,712	65,867	5,357	379	96,315	33,929	120,994	31,619	186,542
	百分比	25.66	68.39	5.56	0.39	100.00	18.19	64.86	16.95	100.00
	區位商數	98	112	57	12		129	99	83	
佳里	個數	4,373	7,225	239	81	11,918	3,155	14,180	753	18,088
	百分比	36.69	60.62	2.01	0.68	100.00	17.44	78.39	4.16	100.00
	區位商數	140	100	21	20		124	120	20	
西港	個數	2,826	1,578	113	0	4,517	1,221	5,369	332	6,922
	百分比	62.56	34.93	2.50	0.00	100.00	17.64	77.56	4.80	100.00
	區位商數	240	57	26	0		125	118	24	
安定	個數	4,332	1,358	6	0	5,696	2,277	7,032	53	9,362
	百分比	76.05	23.84	0.11	0.00	100.00	24.32	75.11	0.57	100.00
	區位商數	291	39	1	0		173	115	3	
善化	個數	6,078	3,874	222	3	10,177	1,976	10,910	1,179	14,065
	百分比	59.72	38.07	2.18	0.03	100.00	14.05	77.57	8.38	100.00
	區位商數	229	63	23	1		100	118	41	
新市	個數	2,661	3,581	6	1	6,249	2,353	7,450	1,549	11,352
	百分比	42.58	57.31	0.10	0.02	100.00	20.73	65.63	13.65	100.00
	區位商數	163	94	1	0		147	100	67	
新化	個數	4,100	4,951	81	1	9,133	1,707	8,440	1,151	11,298
	百分比	44.89	54.21	0.89	0.01	100.00	15.11	74.70	10.19	100.00
	區位商數	172	89	9	0		107	114	50	
茄萣	個數	3,320	2,788	179	0	6,287	1,038	6,823	291	8,152
	百分比	52.81	44.35	2.85	0.00	100.00	12.73	83.70	3.57	100.00
	區位商數	202	73	29	0		90	128	18	

表 4-5.1 臺南都會各區住宅建築類型：單位數、百分比與區位商數，1990、2010（續）

鄉鎮市區		1990 年					2010 年			
		傳統／獨院或雙拼	連棟式	5樓以下	6樓以上	合計	平房	2至5樓	6樓以上	合計
湖內	個數	2,734	2,480	13	1	5,228	1,152	7,243	963	9,358
	百分比	52.30	47.44	0.25	0.02	100.00	12.31	77.40	10.29	100.00
	區位商數	200	78	3	1		87	118	51	
路竹	個數	3,883	6,409	258	0	10,550	2,933	11,759	362	15,054
	百分比	36.81	60.75	2.45	0.00	100.00	19.48	78.11	2.40	100.00
	區位商數	141	100	25	0		138	119	12	
都會外環	個數	34,307	34,244	1,117	87	69,755	17,812	79,206	6,633	103,651
	百分比	49.18	49.09	1.60	0.12	100.00	17.18	76.42	6.40	100.00
	區位商數	188	81	17	4		122	117	31	
總計	個數	80,568	187,561	29,890	10,431	308,450	73,304	341,608	106,012	520,924
	百分比	26.12	60.81	9.69	3.38	100.00	14.07	65.58	20.35	100.00

資料來源：1990 年戶口及住宅普查報告；2010 年人口及住宅普查報告

　　在 2010 年時，六層以上大樓的住宅有 106,012 個單位，較 1990 年增加了 9 萬多，17 個百分點，占臺南都會住宅單位的 20.35%，與臺中都會相較，六樓以上大樓少了 15 個百分點。這一年度臺南都會是以二至五樓住宅單位的比例最高，占 65.58%；平房只有 14.07%，還低於六層以上大樓的比例。由於傳統／獨院或雙拼住宅也可能是二至五樓的住宅，我們無法直接推斷連棟住宅的比例是否增加，不過容或有減少，應仍是臺南都會最大量的住宅類型[9]。

　　六層以上大樓仍以都會核心的比例明顯高於都會中環與外環，最特出的是安平，原來是都會核心中六層以上大樓住宅比例最低者，但到 2010 年卻最高，達 48.82%，還高於二至五樓的 45.31%。都會核心內除了南區以外的另外三區，六層以上大樓區位商數介於 119 至 173 之間，比例在 24.18% 和 35.18% 之間，亦屬偏高（見圖 4-5.1b）。在都會核心，安平是唯一六層以上大樓住宅單位比例為區內最高，其餘四區可能仍是連棟式住宅多過六層以上大樓住宅單位。整體而言，除了南區，

9　2015 年住宅抽樣調查報告（故鄉市場調查公司，2017）中，臺南市的六樓以上大樓、五樓以下公寓、連棟透天住宅與傳統／獨院或雙拼住宅分別占 20.26%、5.78%、51.39% 和 22.57%。此一數據顯示，連棟住宅比例高於其他三都會，傳統／獨院或雙拼住宅略高於六樓以上大樓，五樓以下公寓比例甚低。

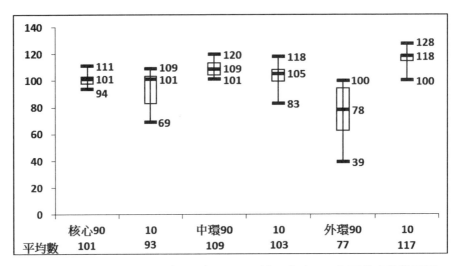

圖 4-5.1a 臺南都會連棟住宅（1990）、二至五樓公寓（2010）區位商數箱形圖

資料來源：同表 4-5.1

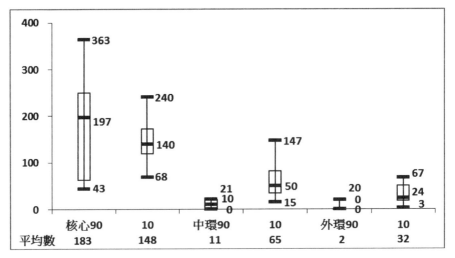

圖 4-5.1b 臺南都會六樓以上大樓區位商數箱形圖

資料來源：同表 4-5.1

都會核心各區雖以連棟住宅居多，主要以六層以上大樓比例偏高異於都會中環和外環。

　　在 1990 年至 2010 年間，都會中環六層以上住宅約增加 3 萬多個單位，提高 15 個百分點，但只有永康的區位商數為 147，比例近 30%，略高於都會核心的中位數；其餘各區的區位商數都在 59 以下，最大的比例是 12.02%。都會中環六樓以上大樓仍非主要的住宅建築類型。除永康區之外，其餘三區二至五樓的區位商數都在 100 以上，占住宅單位比例均高於 60%，都會中環可能仍以連棟式住宅居多，但獨院樓房與平房尚有相當數量。永康則比較接近都會核心，六樓以上大樓的比例應僅次於連棟住宅。都會外環各區六樓以上大樓住宅比例都在 14% 以下，更有五區在 5% 以下，明顯低於都會中環。而各區二至五樓住宅的比例均在 65% 以上。連棟式住宅是否增加，無法直接推斷，連棟住宅與傳統／獨院或雙拼住宅比例可能相近，而傳統／獨院或雙拼住宅很可能依舊高於都會中環 [10]。

　　臺南都會在 1990 年代以連棟式住宅為最主要的建築類型，都會核心以五樓以下公寓與六樓以上大樓較多而有別於都會中環與外環，但後二建築類型與傳統／獨院或雙拼住宅的數量差異不大，均明顯不及連棟住宅的數量。都會中環與部分外環地區以連棟式住宅為最主要類型，傳統／獨院或雙拼住宅其次，都會外環部分地區還以傳統／獨院或雙拼住宅多於連棟式住宅。在往後的二十年間，六樓以上大樓住宅明顯增加，都會核心僅安平為六樓以上大樓住宅居多，其餘各區則仍以連棟式住宅最多，但六樓以上住宅大樓明確居第二位。都會中環與外環，六樓以上大樓住宅單位比例仍低，連棟住宅的數量還是最大，傳統／獨院或雙拼住宅的比例亦較高。

---

10 根據 2010 年臺南市住宅建築類型與峻工年份的數據，臺南市六至十二樓住宅在 1980 年代才明顯增加，有 12,182 個單位，1990 年代快速增加，有 51,158 個單位；十三樓以上的住宅單位在 1980 年代只有 1,196 個單位，1990 年代亦快速增加，有 28,411 個單位。在 1990 年代增加的六樓以上住宅，共有 79,569 個單位，與同年期的二至五樓住宅增加 80,894 個單位相較，高樓住宅似有取得優勢的趨向。不過在 2000 年以後的十年間，六樓以上高樓住宅只增加 15,067 個單位，遠低於二至五樓增加的 63,376 個單位。整個臺南都會可能仍以連棟住宅最占優勢，傳統／獨院或雙拼住宅單位可能還多於六樓以上大樓住宅。

六、小結

　　臺南都會的人口成長速度在 1980 年代超越高雄都會，並於 1990 年代一度超越臺北都會，不過人口規模一直居四都會之末。人口老化的傾向較強，老年人口的比例在四都會中最高，幼年人口的比例最低，人口成長的潛力不高。三級行業的比重遞增，然而尚小於二級行業產業，是四都會中唯一至 2000 年代整個二級行業與製造業仍大於五成者。大專以上教育程度人口比例上升，不過還是低於臺中與高雄都會。監督佐理以及專門與行政主管人員的比重都告增加，但占就業人口的比例亦為四都會中最低者。此外所得中位數與外省人口的比重亦不及其他三都會。住宅類型則以連棟住宅仍占多數，有別於其他三都會。

　　都會核心的人口成長速度與數量不及中環，但大於外環，雖有人口遞減的行政區，整個核心的人口仍為正成長，人口老化的程度大於都會中環與外環。1990 年代之後人口成長突出的安平，則為例外，幼年人口比例為全都會最高，老年人口在全都會都屬較低者。都會核心持續維持三級行業的優勢，但在相對於人口的就業功能上，陸續為中環與外環超過。社經指標顯示，高社經人口向中環與外環擴散，然而都會核心社經地位的優勢持續，最高所得里所占比重亦較高。外省人口的數量和比例均降，還是大於都會中環與外環。東區的社經地位在 1980 年超越當時的中區，隨而持續保有其優勢地位。中西區雖有少數社經地位偏低的里，但在全都會中仍具有僅次於東區的優勢，與其他都會最早發展的地帶很不相同。安平則在 1990 年代之後社經地位快速提升，與北區幾乎不相上下，而南區的社經地位為安平超越。至於住宅類型，整體而言，連棟式住宅仍占最大比重，只有安平區六樓以上大樓住宅單位超過半數。

　　都會中環的人口成長在 1980 年代超越核心，人口數量在 2010 年已接近核心，人口老化程度低於核心與外環。二級行業所占比例，在 1990 年之後的二十年間，雖有下降，但一直明顯大於三級行業。在 1990 年代之後製造業雇用量持續增加，始終大於三級行業的總雇用量，也占全都會最大份量。製造業的成長，導致相對其人口，在 1990

年代即顯示稍強於核心的就業功能。相應於產業的發展，中環各區生產體力人員的比例一直偏高，唯永康的社經地位轉為高於南區。中環整體外省人口的數量與比例均增高，趨近核心。住宅類型仍以連棟式住宅單位居多，二十年間，僅永康呈現與都會核心近似的六樓以下大樓的發展，只是仍遠不及連棟住宅。

都會南環在 1980 年代人口成長小於其他二環帶，在 1990 年代超越都會核心，但至 2000 年代則為負成長，三十年間人口成長最多的新市亦為負成長，整體而言人口成長速度或增加數量都為都會最低。人口年齡組成也以老年人口比例偏高，與都會核心相近。這樣的發展與製造業成長很不相稱，整個外環製造業雇用量在 1991 年之後的二十年間倍增，從不及中環的一半轉為趨近中環的雇用量，這樣的變化主要發生在南部科學園區座落的新市、善化、路竹與安定，其中新市區製造業雇用量遠大於其人口，更是特殊。可是，這樣的產業發展並未帶來相應的人口成長，以上四區二十年間製造業雇用量的增加數都大於人口的增加數。在 2010 年，各社經指標所反映的社經地位，都低於中環，更不及都會核心，外省人口比例亦為全都會最低。在 2010 年與 2018 年之間，安定區人口幾乎未增加，新市區的戶籍人口增加 2,158 人，善化區增加 5,491 人，善化區新建住宅的熱潮在媒體中出現，似乎南科的效應在發酵中，但要像新竹科學園區帶起的那樣發展，還有待觀察[11]。六樓以上大樓與五樓以下公寓住宅單位的數量甚小，連棟及獨院或雙拼住宅的比例可能同為主要的住宅類型。

---

11 人口變化，新市見永康戶政事務所，鄰里人口數，http://yungkang-house.tainan. gov. tw；安定與善化見善化戶政事務所，鄰里人口數，https://shanhua.tainan.gov.tw/cl.aspx?n=9483。2010 年，人口成長較大的新市，只有 1 個最高所得里，而善化區有 11 個最高所得里，其中 3 個為前 10%，在這十年間，人口增加不多，而這些里很多就在已發展的市區地帶，可能反映著較富裕地方都市的情形。在 2010 年至 2018 年之間，安定區人口幾乎未成長，只多了 251 人，新市增加 2,158 人，善化增加 5,491 人。位於善化東南的小新里在 2018 年劃分成小新與蓮花二里，八年間，兩者合計的人口較原小新里增加 4,245 人，是倍數成長，占善化增加總數近八成。小新里在 2018 年 12 月，設籍有 5,259 人，2020 年 12 月增至 5,449 人，多了 190 人；蓮潭里位在 L、M 重劃區，兩年間從 3,365 人，增至 4,613 人，多了 1,248 人。蓮潭里不但人口增加快，綜合所得稅中位數已高居全國第六，里民抱怨文教、醫療、購物商場等建設三缺，希望能有新竹關新里那樣的建設（自由電子報，2020-6-6）。蓮潭的情況，可以視為南部科學園區的直接效應。

第五章

高雄都會

在六都改制之後的高雄市，排除已納入臺南都會的路竹、湖內與茄萣，再排除在 1980 年至 2010 年間人口持續流失原屬高雄縣的外圍各區[1]，其餘各區，視為由舊高雄市擴展出去的都會範圍，分成以下三個都會帶（見圖 5-1）：

都會核心：鹽埕、旗津、新興、前金、苓雅、前鎮、鼓山、三民、左營；

都會中環：楠梓、仁武、鳥松、鳳山、小港；

都會外環：永安、彌陀、梓官、橋頭、岡山、阿蓮、燕巢、大社、大樹、大寮、林園。

本篇新納入高雄都會的四區，為地處北邊的永安、岡山、阿蓮與燕巢。

一、人口成長與分布

高雄都會核心的鹽埕和前金，自 1970 年代初期人口即負成長，新興和旗津二區自 1970 年代後半亦呈現人口負成長。在 1980 年以後的三十年（見表 5-1.1），這四區人口持續負成長，鹽埕減少 22,808 人，達原人口的一半以上；前金與新興也減少四成五上下的人口，前金與鹽

1　包括田寮、旗山、美濃、內門、杉林、甲仙、六龜、那瑪夏、茂林和桃源；彌陀在 1980 年至 2010 年間每十年年均成長都為負，因在《前篇》界定屬高雄都會，在本篇亦列入高雄都會。

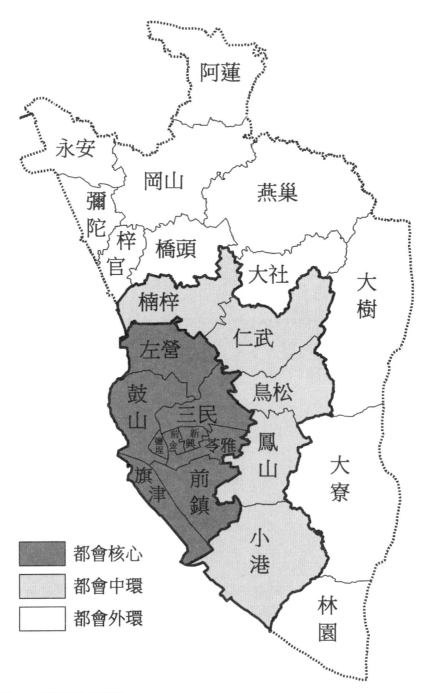

圖 5-1　高雄都會分區圖

表 5-1.1　高雄都會人口成長，1980-2010

鄉鎮市區	人數				成長率			人數增減	
	1980	1990	2000	2010	1990	2000	2010	1980-2010	1990-2010
鹽埕	44,130	35,286	30,266	21,322	-2.24	-1.53	-3.50	-22,808	-13,964
旗津	36,309	32,459	30,081	24,143	-1.12	-0.76	-2.20	-12,166	-8,316
前金	46,663	36,852	32,657	24,513	-2.36	-1.21	-2.87	-22,150	-12,339
新興	80,702	69,267	56,884	44,544	-1.53	-1.97	-2.45	-36,158	-24,723
苓雅	188,394	214,231	198,370	164,922	1.29	-0.77	-1.85	-23,472	-49,309
前鎮	201,792	198,896	197,471	192,412	-0.14	-0.07	-0.26	-9,380	-6,484
三民	240,227	316,203	352,930	347,459	2.75	1.10	-0.16	107,232	31,256
鼓山	99,294	113,526	112,396	127,662	1.34	-0.10	1.27	28,368	14,136
左營	113,548	129,937	178,974	212,956	1.35	3.20	1.74	99,408	83,019
都會核心	1,051,059	1,146,657	1,190,029	1,159,933	0.87	0.37	-0.26	108,874	13,276
楠梓	85,530	113,133	158,040	194,858	2.80	3.34	2.09	109,328	81,725
小港	83,000	120,325	145,737	145,120	3.71	1.92	-0.04	62,120	24,795
仁武	28,774	38,407	54,681	75,944	2.89	3.53	3.28	47,170	37,537
鳥松	21,938	31,426	38,362	41,878	3.59	1.99	0.88	19,940	10,452
鳳山	222,817	296,460	330,838	374,457	2.86	1.10	1.24	151,640	77,997
都會中環	442,059	599,751	727,658	832,257	3.05	1.93	1.34	390,198	232,506
彌陀	21,247	20,847	20,583	18,041	-0.19	-0.13	-1.32	-3,206	-2,806
梓官	34,936	36,840	38,521	32,816	0.53	0.45	-1.60	-2,120	-4,024
橋頭	33,070	36,559	38,991	32,914	1.00	0.64	-1.69	-156	-3,645
大社	19,950	25,669	34,327	32,211	2.52	2.91	-0.64	12,261	6,542
大樹	41,619	45,007	51,963	47,496	0.78	1.44	-0.90	5,877	2,489
大寮	81,675	95,607	122,473	115,596	1.57	2.48	-0.58	33,921	19,989
林園	54,296	61,522	70,942	68,690	1.25	1.42	-0.32	14,394	7,168
岡山	78,049	88,782	100,579	99,694	1.29	1.25	-0.09	21,645	10,912
燕巢	29,697	36,756	39,223	38,258	2.13	0.65	-0.25	8,561	1,502
阿蓮	26,384	29,940	33,949	29,524	1.26	1.26	-1.40	3,140	-416
永安	10,509	10,786	13,655	10,165	0.26	2.36	-2.95	-344	-621
都會外環	431,432	488,315	565,206	525,405	1.24	1.46	-0.73	93,973	37,090
總計	1,924,550	2,234,723	2,482,893	2,517,595	1.49	1.05	0.14	593,045	282,872

資料來源：1980、1990、2000 年戶口及住宅普查報告；2010 年人口及住宅普查報告

埕減少的人口數相近，新興減少 3 萬 6 千餘人，減量最大；旗津減少約三分之一，少了 1 萬多人。在上述四區之外，這三十年間，又增加了兩個人口流失區。苓雅在 1980 年代人口增加，但自 1990 年至 2010 年間減少了 49,309 人，以致在 1980 年至 2010 年間少了 23,472 人，減量還

略大於鹽埕，三十年間減少了近 12% 的人口；前鎮自 1980 年代就人口遞減，但數量小，不及萬人，比例亦小。高雄都會中心地帶人口流失範圍大於臺中和臺南都會，但小於臺北都會。在 2000 年至 2010 年間，都會核心總人口開始下降，然而 2010 年的人口仍大於 1980 年和 1990 年，主要是因左營、鼓山與三民的人口增加。在 1980 年以後的三十年間，左營人口增加率是都會核心各區最高者，為 88%，增加近 10 萬人。三民在三十年間增加近 11 萬人，在都會核心中人口增量最大，但在 2000 年至 2010 年間人口呈現負成長。鼓山區人口增加近 30%，28,368 人，1990 年至 2000 年間雖有小幅負成長，但往後十年的成長，至 2010 年的人口又大於前三個時點。

　　都會中環是高雄都會人口增加最大的地區。屬舊高雄市的小港，在 2000 年至 2010 年間人口微幅減少約 600 人，成長趨於停滯，不過在 1980 年至 2010 年之間，增加 75%，超過 6 萬人。楠梓三十年間的成長更大，達 132%，增加近 11 萬人，不論是增加量或成長率都高於都會核心各區。都會中環舊高雄縣所屬的鳳山、鳥松和仁武在 1970 年代末已與楠梓和小港同屬高雄都會成長最快的地區，在 1980 年代以後，亦復如此。1980 年至 2010 年間仁武區成長率最大，為 169%，接著依序是鳥松（92%）、鳳山（69%）。人口增量最大的是鳳山，超過 15 萬人，是高雄都會人口增加最多的區，人口總數在 2010 年超過三民，居都會首位。仁武增加近 5 萬人，鳥松增加 2 萬人左右。都會中環在 1980 年至 2010 年間，每十年整體的年均成長率都高於都會核心和都會外環。

　　都會外環各區，除了彌陀之外，在 1980 年至 2000 年之間人口持續成長，整個都會外環的成長率還高於都會核心，但在 2000 年至 2010 年間，各區均呈現負成長，整體的負成長較都會核心高，減少的數量近 4 萬人，還大於都會核心（減少約 3 萬人），大社與大寮三十年間人口成長 61.46% 與 41.53%，增加近 1 萬 3 與近 3 萬 4 千人，人口成長較為明顯。另外大樹、林園、岡山、燕巢與阿蓮，三十年間人口增加都在 30% 以下；除岡山增加約 2 萬 2 千人（多過鳥松），林園增加近 1 萬 5 千人，其餘各區增加都在萬人以下。彌陀、梓官、橋頭與永安，三十年

間為人口負成長。

　　高雄最早的市街地是鹽埕，在 1960 年代人口成長緩慢下來，鄰近都會核心的前金、新興、前鎮、苓雅和三民是全都會人口成長最快的地區，就連旗津亦有明顯的成長；但在 1970 年代，鹽埕、前金、新興與旗津人口先後都負成長，苓雅在 1990 年代，三民在隨後的十年，亦都顯現人口負成長；在 1980 年代以後，左營和鼓山成為都會核心中人口持續增加地區。整個都會核心在 2000 年以後，人口呈現負成長。

　　1980 年以後的三十年間，高雄都會人口成長的重心在都會中環，小港、鳳山、鳥松、仁武和楠梓的人口成長率在 1970 年代已與三民相近。高雄都會在 1980 年至 2010 年間，人口增加近 60 萬，都會中環就占了三分之二，增加近 40 萬人。都會核心，因左營和鼓山的人口成長，這三十年間，增加近 11 萬人。左營與鼓山在 1970 年代和 1980 年代人口成長停滯，在 1990 年以後的 20 年反成為都會核心人口整體增加的因素。都會外圍，增加約 9 萬人，主要是 1980 年至 2000 年之間的成長；2000 年至 2010 年間外圍各區都是負成長，都會人口失去了向外擴張的力道。都會核心與都會中環的人口增加雖大於臺南都會，但因原來的人口基數大，成長率還不如臺南都會，都會外環的人口成長在 1990 年至 2000 年間高於臺南的都會外環，在 2000 年之後就落入更大的負成長。高雄都會在 2010 年人口數約 250 萬人，略多於臺中都會帶，遠大於臺南都會，僅次於臺北都會。然而從人口成長率觀察，卻還低於臺南都會，更不如臺中都會，三十年間的人口增量明顯落後於臺北與臺中都會。

二、產業結構與變遷

　　1980 年代，在《前篇》界定的高雄都會區雇用人員數中，推估約有 14% 屬農林漁牧業，略高於臺中和臺南都會。到了 2010 年的都會地帶，則有 2.43%，低於臺南都會，高於臺中都會。在都會核心，農林漁牧工作人口，只占雇用人口的 0.47%，各區都在 0.88% 以下，唯有旗津尚有 15.41%，應是仍有相當的漁業人口。都會中環有 1.09% 農林漁

牧業人口，略高於都會核心帶，但各區都在 2.01% 以下。都會外圍有 8.81% 的農林漁牧業人口，還高於臺南都會外圍。其中阿蓮為三成，彌陀二成，梓官、大樹和燕巢在 13% 至 19% 之間，其餘各區在 10% 以下。2010 年的高雄都會外環，農林漁牧的份量明顯大於都會核心與中環，都會核心與中環的農林漁牧業已無足輕重[2]。以下僅就三個都會帶觀察高雄產業結構的地區差異與變遷。

（一）二級與三級行業

　　高雄都會的二、三級行業的總雇用人數從 1991 年到 2011 年增加近 20 萬人；然而二級行業則在 1991 年與 2011 年之間減少近 2 萬人（表 5-2.1），這二十年間雇用數量的增加完全有賴三級行業的成長，三級行業增加超過 20 萬人。在 1991 年二級行業過半，占 54%；至 2011 年，反而是三級行業超前，占 61.25%。都會核心的總雇用量在 1991 年與 2011 年間增加近 10 萬人，二級行業的雇用數減少約 2 萬人。1991 年時已是三級行業占雇用量的 66.32%；到了 2011 年，達 78.43%。

　　都會中環的二級行業在 2011 年的雇用較 1991 年少了近 12,000 人，而三級行業則增加超過 7 萬人。二級行業占的比例由 1991 年的 74.57% 減為 2011 年的 51.42%，仍多於三級行業，但兩者已經相近。都會外環的二級行業和三級行業都是逐年度增加，只是二級行業的成長不及三級行業，以致二級行業總雇用量的比例從 1991 年的 77.75% 降低到 63.34%。高雄從 1930 年代開始就是臺灣最重要的工業都市，但其二級行業在近二十年間已經呈現衰退的跡象，不僅都會核心，都會中環二級行業雇用量亦減少，其三級行業的增加普見於都會各區，由核心向外分散，三級行業在都會所占的比重僅次於臺北都會，大於臺中與臺南都會。

2　在都會帶以外屬高雄市的十區，是很明顯的農牧地帶，有 36.45% 農林漁牧工作人口，茂林 14.67%，旗山 25.04%，甲仙 42.35%，其餘各區都大於 50%。這些外圍鄉鎮的工商暨服務業雇用的總人數不到三個都會帶的 2%。茂林為原住民鄉，2001 年工業與服務業的雇用人數只有 64 人，2010 年的農林漁牧人數只有 11 人，在 2000 年為 77 人，其農林漁牧人口比例還低於都會外環一些區，可能與工作人口大量外流有關。

表 5-2.1 高雄都會各區產業結構：員工數、百分比、區位商數與集中係數，1991、2011

高雄都會	年度	二級行業 人數	二級行業 %	二級行業 商數	二級行業 係數	三級行業 人數	三級行業 %	三級行業 商數	三級行業 係數	合計 人數	合計 係數	製造業 人數	製造業 %	製造業 商數	製造業 係數	生產者服務業 人數	生產者服務業 %	生產者服務業 商數	生產者服務業 係數	分配銷售業 人數	分配銷售業 %	分配銷售業 商數	分配銷售業 係數
鹽埕	1991	1,956	12.49	23	37	13,707	87.51	190	301	15,663	158	561	3.58	8	13	1,901	12.14	167	264	6,547	41.80	182	288
	2011	1,189	13.02	34	44	7,943	86.98	142	186	9,132	131	757	8.29	28	37	1,333	14.60	111	146	4,903	53.69	178	234
旗津	1991	1,879	52.04	96	38	1,732	47.96	104	41	3,611	40	1,850	51.23	120	47	100	2.77	38	15	1,048	29.02	127	50
	2011	1,478	48.79	126	48	1,551	51.21	84	32	3,029	38	1,302	42.98	145	55	72	2.38	18	7	1,000	33.01	110	41
前金	1991	2,772	9.14	17	50	27,559	90.86	198	579	30,331	293	1,156	3.81	9	26	10,148	33.46	460	1,350	9,052	29.84	130	382
	2011	3,342	13.57	35	107	21,280	86.43	141	430	24,622	305	2,195	8.91	30	92	7,329	29.77	227	690	8,255	33.53	111	339
新興	1991	5,513	13.74	35	53	34,614	86.26	188	387	40,127	206	906	2.26	9	11	6,381	15.90	219	452	17,426	43.43	189	391
	2011	4,903	12.54	32	87	34,192	87.46	143	382	39,095	267	1,098	2.81	9	25	11,653	29.81	227	607	13,989	35.78	119	318
苓雅	1991	9,647	21.14	39	30	35,988	78.86	171	192	45,635	76	2,262	4.96	12	9	6,537	14.32	197	150	18,106	39.68	172	131
	2011	9,686	13.30	34	47	63,144	86.70	142	77	72,830	136	3,583	4.92	17	23	16,935	23.25	177	240	26,760	36.74	122	165
前鎮	1991	41,018	67.40	125	136	19,838	32.60	71	126	60,856	109	33,904	55.71	130	142	2,144	3.52	48	53	9,787	16.08	70	76
	2011	31,033	39.00	101	127	48,543	61.00	100	137	79,576	127	23,910	30.05	102	129	11,081	13.93	106	134	21,907	27.53	91	116
三民	1991	27,726	33.09	61	58	56,059	66.91	145	120	83,785	94	15,835	18.90	44	42	6,120	7.30	101	95	31,232	37.28	163	154
	2011	23,003	21.65	56	52	83,262	78.35	128	93	106,265	94	12,558	11.82	40	38	17,877	16.82	128	120	43,947	41.36	137	129
鼓山	1991	11,106	44.87	83	65	13,647	55.13	120	93	24,753	78	7,565	30.56	71	56	1,170	4.73	65	51	5,415	21.88	95	74
	2011	5,713	19.47	50	35	23,627	80.53	131	73	29,340	70	3,242	11.05	37	26	4,781	16.30	124	87	10,846	36.97	123	87
左營	1991	7,722	38.76	72	39	12,202	61.24	133	99	19,924	55	4,989	25.04	59	32	905	4.54	63	34	6,226	31.25	136	74
	2011	9,151	17.94	46	34	41,864	82.06	134	145	51,015	74	3,856	7.56	26	19	7,705	15.10	115	85	21,529	42.20	140	103
都會核心	1991	109,339	33.68	62	63	215,346	66.32	144	140	324,685	101	69,028	21.26	50	50	35,406	10.90	150	151	104,839	32.29	141	142
	2011	89,498	21.57	56	61	325,406	78.43	128	57	414,904	110	52,501	12.65	43	47	78,766	18.98	145	159	153,136	36.91	123	134
楠梓	1991	44,679	84.26	156	261	8,348	15.74	34	62	53,027	167	42,104	79.40	186	310	808	1.52	21	35	5,003	9.43	41	69
	2011	40,717	62.39	161	164	24,543	37.61	61	56	65,260	102	36,569	56.04	189	193	5,838	8.95	68	69	11,906	18.24	61	62
小港	1991	46,182	84.23	156	253	8,649	15.77	34	78	54,831	162	41,456	75.61	177	287	447	0.82	11	18	4,010	7.31	32	52
	2011	39,741	63.79	165	217	22,557	36.21	59	43	62,298	132	34,011	54.59	184	243	4,115	6.61	50	66	9,486	15.23	51	67
仁武	1991	19,357	89.98	167	333	2,156	10.02	22	80	21,513	200	18,658	86.73	203	405	131	0.61	8	17	1,452	6.75	29	59
	2011	21,270	63.56	164	219	12,194	36.44	59	110	33,464	134	18,423	55.05	186	249	1,125	3.36	26	34	7,044	21.05	70	93
鳥松	1991	5,189	53.83	100	109	4,451	46.17	112	61	9,640	109	3,566	36.99	87	95	128	1.33	18	20	1,234	12.80	56	61
	2011	4,603	31.24	81	87	10,130	68.76	111	66	14,733	108	3,177	21.56	73	79	365	2.48	19	20	3,773	25.61	85	92
鳳山	1991	22,239	48.80	73	50	23,336	51.20	111	66	45,575	55	11,403	25.02	59	32	3,002	6.59	91	91	13,461	29.54	129	71
	2011	19,429	28.23	73	41	49,407	71.77	117	73	68,836	57	10,280	14.93	50	29	10,077	14.64	111	63	26,867	39.03	130	73

表 5-2.1 高雄都會各區產業結構：員工數、百分比、區位商數與集中係數，1991、2011（續）

高雄都會	年度	二級行業				三級行業				合計		製造業				生產者服務業				分配銷售業			
		人數	%	商數	係數	人數	%	商數	係數	人數	係數	人數	%	商數	係數	人數	%	商數	係數	人數	%	商數	係數
都會中環	1991	137,646	74.57	138	151	46,940	25.43	55	61	184,586	110	117,187	63.49	148	163	4,516	2.45	34	37	25,160	13.63	59	65
	2011	125,760	51.42	133	119	118,831	48.58	79	71	244,591	90	102,460	41.89	142	127	21,520	8.80	67	60	59,076	24.15	80	72
彌陀	1991	1,099	67.09	124	35	539	32.91	72	20	1,638	28	1,022	62.39	146	41	107	6.53	90	25	362	22.10	96	27
	2011	1,140	54.68	141	50	945	45.32	74	26	2,085	35	844	40.48	137	48	81	3.88	30	10	677	32.47	108	38
楠梓	1991	4,311	80.69	149	77	1,032	19.31	42	22	5,343	52	3,826	71.61	167	87	156	2.92	40	21	655	12.26	53	28
	2011	3,147	54.14	140	76	2,666	45.86	75	40	5,813	54	2,444	42.04	142	77	306	5.26	40	22	1,813	31.19	104	56
橋頭	1991	9,226	81.53	151	167	2,090	18.47	40	44	11,316	110	7,539	66.62	156	172	318	2.81	39	43	1,086	9.60	42	46
	2011	6,010	63.98	165	144	3,383	36.02	59	51	9,393	87	5,117	54.48	184	160	331	3.52	27	23	2,036	21.68	72	63
大社	1991	6,379	86.18	160	164	1,023	13.82	30	31	7,402	103	5,890	79.57	186	191	194	2.62	36	37	571	7.71	34	35
	2011	8,394	62.92	162	204	4,946	37.08	61	76	13,340	126	7,229	54.19	183	231	805	6.03	46	58	3,032	22.73	75	95
大樹	1991	4,940	71.39	132	72	1,980	28.61	62	34	6,920	55	4,532	65.49	153	84	154	2.23	31	17	1,161	16.78	73	40
	2011	3,775	36.43	94	63	6,587	63.57	104	70	10,362	67	3,028	29.22	99	66	1,019	9.83	75	50	4,591	44.31	147	99
大寮	1991	29,067	85.91	159	201	4,769	14.09	31	39	33,836	126	27,345	80.82	189	238	304	0.90	12	16	3,338	9.87	43	54
	2011	28,321	68.89	178	192	12,787	31.11	51	55	41,108	108	24,481	59.55	201	217	1,536	3.74	28	31	8,079	19.65	65	71
林園	1991	7,233	77.18	143	78	2,139	22.82	50	27	9,372	54	6,521	69.58	163	88	200	2.13	29	16	1,237	13.20	58	31
	2011	9,037	63.32	163	104	5,234	36.68	60	38	14,271	64	6,780	47.51	161	102	655	4.59	35	22	2,861	20.05	67	42
岡山	1991	14,153	58.53	108	105	10,027	41.47	90	97	24,180	97	12,018	49.70	116	113	3,886	16.07	221	215	3,709	15.34	67	65
	2011	25,470	63.29	163	197	14,772	36.71	60	72	40,242	121	22,722	56.46	191	230	2,682	6.66	51	61	8,246	20.49	68	82
燕巢	1991	6,372	84.90	157	114	1,133	15.10	33	24	7,505	73	5,705	76.02	178	129	126	1.68	23	17	814	10.85	47	34
	2011	8,663	61.45	159	177	5,434	38.55	63	70	14,097	112	7,448	52.83	178	200	173	1.23	9	10	2,000	14.19	47	53
阿蓮	1991	3,145	76.28	141	69	978	23.72	52	25	4,123	49	2,823	68.47	160	79	152	3.69	51	25	500	12.13	53	26
	2011	3,442	57.20	148	92	2,575	42.80	70	43	6,017	62	2,905	48.28	163	101	181	3.01	23	14	1,799	29.90	99	62
永安	1991	5,744	92	170	351	525	8	18	38	6,269	207	4,740	76	177	366	52	0.83	11	24	361	5.76	25	50
	2011	6,347	89.79	232	470	722	10.21	17	34	7,069	203	5,736	81.14	274	556	88	1.24	9	19	523	7.40	25	50
都會外環	1991	91,669	77.75	144	124	26,235	22.25	48	42	117,904	86	81,961	69.52	163	140	5,649	4.79	66	57	13,794	11.70	51	44
	2011	103,746	63.34	163	155	60,051	36.66	60	57	163,797	95	88,734	54.17	183	173	7,857	4.80	37	35	35,657	21.77	72	68
總計	1991	338,654	54.00			288,521	46.00			627,175		268,176	42.76			45,571	7.27			143,793	22.93		
	2011	319,004	38.75			504,288	61.25			823,292		243,695	29.60			108,143	13.14			247,869	30.11		

資料來源：1991、2011 年工商及服務業普查

（二）製造業

　　高雄都會製造業雇用量減少較二級行業整體還明顯，1991 年為 268,176 人，2011 年為 243,695 人，減少近 2 萬 5 千人，還大於二級行業整體減少的數量，是四個都會中唯一製造業雇用量減少者。都會核心的製造業雇用數逐年度下降，集中係數和區位商數的變化不大，中位數都在 44 以下。前鎮區是都會核心最重要的工業地區，在 1991 年時製造業的雇用量為 33,904 人，居都會核心之首位，只少於都會中環的小港和楠梓，集中係數和區位商數分別為 142 和 130；其雇用量至 2011 年降到 23,910 人，減少約 1 萬人，是全都會減量最大者，不過還是位居全都會第四，集中係數和區位商數下降至 2011 年的 129 和 102。其製造業在高雄都會仍占重要地位，只是在區內為分配銷售業所超越。其餘核心各區製造業在 2011 年的雇用人數，大都不如 1991 年，集中係數除了前金高於 90 之外，各年度各區都在 56 以下，中位數則在 32 至 37 之間。旗津的區位商數在兩個年度都高於 119，製造業在區內仍有優勢，不過該區的總雇用量的集中係數都在 40 以下，製造業的集中係數在 55 以下，並不能歸為高雄都會重要的製造業地區。除了前鎮之外，製造業很早就非都會核心帶的重要行業了，其製造業集中係數與區位商數的最高值、中位數與最低值，都明顯低於都會中環與都會外環（圖 5-2.1a 與圖 5-2.1b）。

　　都會中環的製造業雇用數在 1991 年就大於都會核心，但至 2011 年減少約 1 萬 5 千人。集中係數的中位數在兩年度分別為 287 和 193，雖降低但高於都會核心與都會外環，反映都會中環的製造業在都會仍占最重要的位置。不過五區中，僅小港、楠梓與仁武才是製造業主要分布地區，三區的集中係數和區位商數都在中位數以上。換言之，這三區的製造業雇用數雖減，但在都會中仍具重要位置，亦為其區內的優勢行業。鳳山和鳥松在兩年度的製造業雇用量俱減，集中係數和區位商數皆低，在兩區均為弱勢行業。

　　都會外環製造業雇用量從 1991 年的 81,961 人小幅增至 2011 年的 88,734 人，集中係數從 140 提高到 173，區位商數則從 163 到 183；

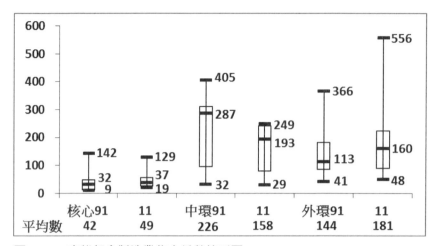

圖 5-2.1a　高雄都會製造業集中係數箱形圖

資料來源：同表 5-2.1

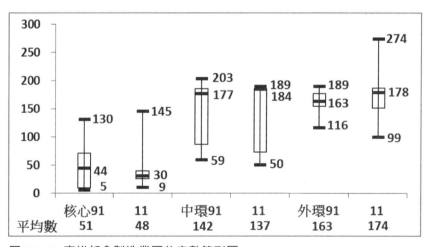

圖 5-2.1b　高雄都會製造業區位商數箱形圖

資料來源：同表 5-2.1

集中係數的中位數從 113 到 160，區位商數的中位數從 163 到 178。換言之，都會外環在全都會製造業所占的份量增強，在各區內的優勢也提升。在都會外環有六區在 1991 至 2011 年間製造業的雇用量增加，五區減少。2011 年集中係數高於 200 的有大社、大寮、岡山、燕巢和永安，橋頭為 160，林園和阿蓮只略高於 100，除大寮與橋頭外，均高於

1991 年數值，占全都會的份量均增加；這八區的區位商數高於 161，
其中五區大於中位數的 178，各區在製造業的偏向亦高於其他行業。
在 2011 年製造業集中係數低於 100 各區中，只有大樹的集中係數降
到 2011 年的 66，區位商數亦從高於 100 轉為低於 100，製造業明顯衰
退。彌陀和梓官則集中係數低，提供的就業量小，但區位商數分別是
137 和 142，製造業的偏向仍高。製造業在都會外環呈現稍有成長的趨
勢，在都會的優勢提升。

（三）生產者服務業與分配銷售業

　　高雄都會生產者服務業的雇用量逐年度增加，從 1991 年和 2011
年分別為 45,571 人和 108,143 人，增加超過一倍，占工商與服務業總
雇用量由 7.27% 提高到 13.14%，略高於臺中都會，與臺北都會差距仍
大。高雄都會核心的生產者服務業雇用人數從 1991 年的 35,406 增至
2011 年的 78,766 人；集中係數提升而區位商數降低，2011 年時分別
為 159 和 145，圖 5-2.2a 和圖 5-2.2b 顯示兩年度集中係數和區位商數
的最高值、中位數都高於都會中環和外環，兩類中位數僅低於 1991 年
的岡山，高於都會中環與外環各區的數值[3]。總之，雖有擴散的趨勢，都
會核心占全都會生產者服務業的份量一直遠大於中環與外環，在環內
的偏向亦強。生產者服務業特別集中在前金和新興，在 1991 年時的集
中係數分別為 1350 和 452，區位商數為 460 和 219，都是全都會最高
的，不僅占全都會的份量最大，區內的生產者服務業的優勢亦強於都
會其他各區。其次是鹽埕與苓雅，集中係數分別為 264 和 150，區位商
數為 167 和 197。在這四區之中，鹽埕和前金在 2011 年的雇用量遠低
於 1991 年；苓雅和新興區的雇用量持續增加，在 2011 年都超過前金
區，有取代前金的趨勢。前金和鹽埕雖然雇用量明顯下降，集中係數分
別為 690 和 146，與新興和苓雅（集中係數分別為 607 和 240）依舊是
生產者服務業最優勢地區，其中鹽埕的優勢較弱。前鎮、三民、鼓山和

3　除去旗津的話，最低值亦大於都會中環與外環的最低值；1991 年的岡山有偏高的集中係
　　數和區位商數，還高於都會核心的中位數，但在 2011 年均低於都會核心的中位數。

左營四區，生產者服務業的雇用量亦大幅增加，集中係數在 2011 年分別為 134、120、87 和 85，高於都會中環與外環各區，區位商數都大於 110，在整個都會區仍有其優勢。唯一生產者服務業低度發展的地區是旗津，1991 年雇用人數不到 100，集中係數和區位商數都在 40 以下，2011 年更低於 20。

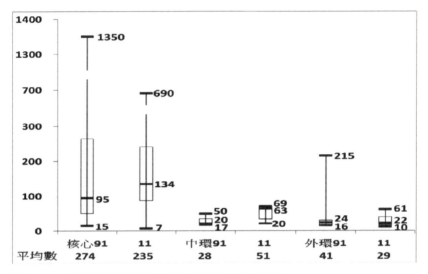

圖 5-2.2a　**高雄都會生產者服務業集中係數箱形圖**

資料來源：同表 5-2.1

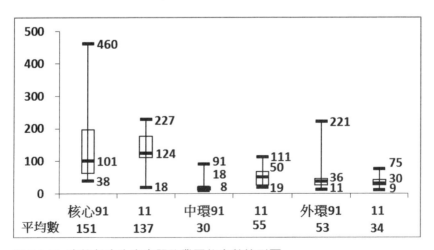

圖 5-2.2b　**高雄都會生產者服務業區位商數箱形圖**

資料來源：同表 5-2.1

　　都會中環生產者服務業的雇用數本來就小，只占 1991 年總雇用量的 2.45%，至 2011 年雇用數與比例都大幅增加，仍只有 21,520 人，占該環總雇用量的 8.8% 而已。集中係數和區位商數同步提升，2011 年時分別只有 60 和 67，雇用量不到都會核心的三分之一，在區內的份量亦不及其他行業。鳳山和楠梓在兩年度集中係數分居都會中環各區最高，但仍低於都會核心中旗津以外的八個區。都會外環生產者服務業的雇用量，2011 年的高於 1991 年，二十年間是增加的情形，占總雇用量的比例則近乎相等，2011 年為 4.80%，低於都會中環，而集中係數和區位商數亦呈下降趨勢，2011 年時在 40 以下，同樣低於都會中環，在生產者服務業的份量不僅不及都會中環，在都會中的相對份量更弱，在區內遠不及製造業。

　　高雄都會的分配銷售業逐年度增加，從 1991 年的 143,793 人增至 2011 年的 247,869 人，從少於製造業轉為大於製造業；占總雇用量的比例亦從 22.93% 略增至 30.11%（見圖 5-2.3a 和圖 5-2.3b）。都會核心分配銷售業逐年度增加，占雇用量的比例略為增加，集中係數和區位商數則略為遞減，都低於生產者服務業，在全都會所占的相對優勢不如生產者服務業那麼強。都會核心分配銷售業集中係數的中位數大於都會中環和都會外環的最高值，在 1991 年以前金、新興和鹽埕的集中係數最高，超過 280。這三區的雇用量持續減少，集中係數亦遞減，不過在 2011 年仍是全都會分配銷售業比重最高的地區，只是生產者服務業所佔的優勢更強。苓雅區的分配銷售業的雇用數在 1991 年與 2011 年間仍屬增加狀態，集中係數逐年度增加，不過區位商數卻是遞減，且一直低於生產者服務業，亦可歸為生產者服務業較優勢地區。前鎮、三民、鼓山和左營的分配銷售業，雇用數都有增加，除了三民之外，集中係數亦升高。在 2011 年，鼓山和左營的集中係數，分別為 87 和 103，但區位商數都大於生產者服務業，這四區屬分配銷售業增長區，各區亦以分配銷售業優勢較強。

　　都會中環分配銷售業的雇用數逐年度增加，集中係數從 65 增加到 72，區位商數由 59 增加到 80，中位數亦相應的提升，除了楠梓之外，其餘各區分配銷售業的區位商數都大於生產者服務業，但各區的製造業

區位商數都較高，屬製造業優勢及分配銷售業成長地區。都會外環的分配銷售業雇用量亦呈增加趨勢，1991 年集中係數和區位商數都小於生產者服務業，2011 年差距更拉大，分配銷售業的成長大於生產者服務業，這也是外環各區的普遍現象，2011 年時，各區集中係數和區位商數的中位數分別為 67 和 72，最高值為 93 和 147，集中係數明顯低於都會中環，區位商數卻較高，但除二個高值之外，均低 75，與中環差異不大。

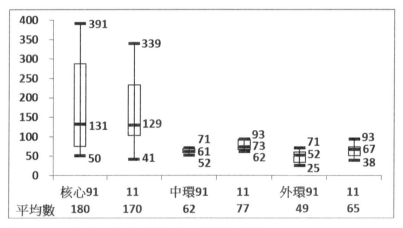

圖 5-2.3a 高雄都會分配銷售業集中係數箱形圖

資料來源：同表 5-2.1

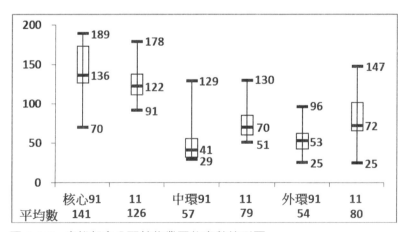

圖 5-2.3b 高雄都會分配銷售業區位商數箱形圖

資料來源：同表 5-2.1

（四）產業變遷的趨勢

　　高雄都會在 1950 年，三級行業與二級行業的就業人口還少於一級行業，農業份量仍重。當時舊高雄市乃臺灣重化工業最重要基地，其三級行業的就業人口（占 51.42%）卻明顯大於二級行業（占 35.32%）。至 1960 年代高雄都會的產業優勢明顯在製造業，至 1970 年，二級行業占工商業雇用量已達三分之二，製造業單獨就占近五成。二級行業的雇用量在 1970 年代和 1980 年代持續增加，但三級行業人口增加更快，以致二級行業占工商雇用量的比例開始下降，至 1991 年仍然過半，2001 年轉為三級行業過半，2011 年則三級行業占六成強。此時，最值得注意的是二級行業的雇用量減少，大部分可歸因於製造業雇用量的減少，與臺北都會相似。

　　1950 年代，鹽埕在製造業及商業和服務業都有很明顯的優勢，還有幾個大型工廠的集中地，以及都會中環與外環地帶仍具很高的農業性質之外，並無其他的產業分布特色。在 1960 年代則見都會核心的鼓山、三民、前鎮的製造業優勢，而前鎮在製造業雇用量更遠大於其他區，此時都會中環各區製造業已呈現發展的跡象。1980 年代鼓山、三民與前鎮的製造業雇用數下降，而都會中環的小港、楠梓、鳳山與仁武顯現製造業優勢，在 1991 年與 2011 年間，都會中環繼核心之後製造業雇用量下降，但都會中環製造業仍具優勢，雇用量大於都會外環。至於都會外環，製造業雇用量增加，大社、岡山、燕巢、永安、大社與大寮各區製造業相對優勢已趨近中環的楠梓、小港與仁武，整個都會外環製造業相對於人口的優勢還強過中環。

　　都會核心在 1970 年代和 1980 年代製造業的雇用量持續下降，但在三級行業的優勢持續提升。鹽埕原屬優勢區，至 1970 年代占全都會的比例降低，繼而在 1980 年代雇用數減少，此後持續遞減，但三級行業的優勢仍在。在 1991 年至 2011 年，前金在生產者服務業與分配銷售業的雇用量都減少，新興區則是分配銷售業的雇用量減少，三級行業的雇用量也都下降。不過相對於人口比例，前金與新興區仍是全都會生產者服務業與分配銷售業最集中地帶。苓雅在 1991 年至 2011 年之間

生產者服務業與分配銷售業雇用量都大幅增加，亦為兩業明顯優勢地區，這三區在高雄都會生產者服務業的優勢強於分配銷售業。其餘核心各區生產者服務業與分配銷售業都大幅成長，明顯強過都會中環與外環各區，但不及前述三區與鹽埕，同時這些區在分配銷售業上的發展更勝於生產者服務業，在分配銷售業的偏向均大於生產者服務業。都會中環生產者服務業與分配銷售業占全都會的相對份量增強，但與都會核心各區差距仍大，唯有鳳山較偏向生產者服務業，其餘各區都較偏向於分配銷售業。都會外環生產者服務業的相對份量減弱，不如都會中環，但分配銷售業的相對份量與偏向都增高，趨近都會中環。都會中環與外環主要是以製造業為其優勢產業，而分配銷售業的偏向大於生產者服務業。

三、社會與經濟地位

（一）教育組成

　　與前面三個都會相似，1990 以後的二十年間，高雄都會的小學以下人口比例大幅從 40.36% 降到 15.41%，大專以上人口比例則從 12.69% 提高到 36.82%（表 5-3.1）。高等教育人口比例高於臺南都會，但低於臺中都會。與臺中和臺南都會類似，高等教育人口比例仍低於中等教育人口（46.95%）。

　　都會核心的大專以上人口比例，一直高於中環與外環，1990 年和 2010 年分別為 15.04% 和 40.30%，2010 年時仍不及中等教育人口比例（45.48%）。都會核心的區位商數在 1990 年至 2010 年間，從 118 降至 109，九區的區位商數中位數從 117 降至 113，最高值則從 169 降至 128，最低值則略升，分別為 39 和 52（圖 5-3.1）。以上數值反應的是，都會核心及各區占都會大專以上人口的相對份量下降，區間的差異變小。旗津和前鎮製造業偏向強的地區，區位商數雖然增加，大專以上人口比例仍偏低，2010 年前鎮的區位商數達 92，而旗津只有 52，是全都會大專以上人口比例最低者。鹽埕在 1990 年時的區位商數為 117，但至 2010 年時降至 91，大專以上人口比例不及全都會的一般值，還低

於都會中環的中位數。都會核心的其他六區，兩個年度的區位商數都大於 100，均屬大專以上人口比例偏高區；最高值都在新興區（169 與 128），其餘五區的相對序位略有變化，但在 2010 年的區位商數在 109 至 121 之間，只有鼓山的區位商數增高其餘各區均下降，鼓山的相對位置亦提升。

表 5-3.1　高雄都會各區教育組成：人數、百分比與區位商數，1990、2010

鄉鎮市區	年別	國小以下			國（初）中			高中（職）			大專及以上			合計
		人數	%	商數	人數	%	商數	人數	%	商數	人數	%	商數	人數
鹽埕	1990	12,450	38.25	95	6,323	19.43	99	8,955	27.52	101	4,817	14.80	117	32,545
	2010	3,693	19.60	127	2,734	14.51	112	6,083	32.29	93	6,329	33.60	91	18,839
旗津	1990	15,520	52.38	130	7,280	24.57	125	5,356	18.08	66	1,476	4.98	39	29,632
	2010	6,177	30.34	197	4,456	21.89	168	5,802	28.50	82	3,923	19.27	52	20,358
前金	1990	11,289	32.99	82	5,560	16.25	83	10,038	29.33	107	7,332	21.43	169	34,219
	2010	3,249	14.96	97	2,441	11.24	86	6,988	32.17	93	9,045	41.64	113	21,723
新興	1990	20,889	32.78	81	10,506	16.49	84	18,652	29.27	107	13,669	21.45	169	63,716
	2010	4,408	11.24	73	3,846	9.81	75	12,547	31.99	92	18,420	46.96	128	39,221
苓雅	1990	68,056	34.80	86	35,369	18.08	92	56,906	29.10	106	35,241	18.02	142	195,572
	2010	19,641	13.52	88	16,011	11.02	85	46,876	32.27	93	62,726	43.18	117	145,254
前鎮	1990	77,650	42.67	106	38,085	20.93	107	47,663	26.19	96	18,569	10.20	80	181,967
	2010	30,557	18.75	122	22,800	13.99	108	54,265	33.29	96	55,367	33.97	92	162,989
三民	1990	109,788	38.34	95	56,489	19.72	101	79,148	27.64	101	40,964	14.30	113	286,389
	2010	40,798	13.61	88	36,734	12.25	94	101,622	33.90	98	120,606	40.23	109	299,760
鼓山	1990	40,257	38.82	96	19,972	19.26	98	28,305	27.30	100	15,160	14.62	115	103,694
	2010	13,300	12.21	79	12,053	11.07	85	34,949	32.09	92	48,599	44.63	121	108,901
左營	1990	38,427	31.64	78	21,620	17.80	91	40,823	33.61	123	20,589	16.95	134	121,459
	2010	19,475	11.03	72	17,069	9.66	74	64,603	36.58	105	75,478	42.73	116	176,625
都會核心	1990	394,326	37.58	93	201,204	19.18	98	295,846	28.20	103	157,817	15.04	118	1,049,193
	2010	141,298	14.22	92	118,144	11.89	91	333,735	33.59	97	400,493	40.30	109	993,670
楠梓	1990	41,081	40.08	99	19,257	18.79	96	28,788	28.08	103	13,381	13.05	103	102,507
	2010	18,945	11.44	74	19,325	11.67	90	53,146	32.08	92	74,247	44.82	122	165,663
小港	1990	48,426	44.70	111	23,502	21.70	111	27,988	25.84	95	8,408	7.76	61	108,324
	2010	21,941	17.94	116	17,870	14.61	112	45,716	37.38	108	36,773	30.07	82	122,300
仁武	1990	15,726	44.87	111	7,232	20.63	105	8,687	24.79	91	3,403	9.71	76	35,048
	2010	10,377	16.24	105	9,800	15.34	118	23,153	36.23	104	20,574	32.20	87	63,904
鳥松	1990	11,490	40.41	100	5,095	17.92	91	8,185	28.79	105	3,662	12.88	101	28,432
	2010	4,829	13.36	87	4,153	11.49	88	11,426	31.61	91	15,739	43.54	118	36,147
鳳山	1990	106,421	39.44	98	52,669	19.52	100	76,399	28.31	104	34,342	12.73	100	269,831
	2010	44,231	13.98	91	39,489	12.48	96	117,089	37.02	106	115,499	36.51	99	316,308
都會中環	1990	223,144	41.01	102	107,755	19.80	101	150,047	27.57	101	63,196	11.61	91	544,142
	2010	100,323	14.24	92	90,637	12.87	99	250,530	35.57	102	262,832	37.32	101	704,322
彌陀	1990	10,552	55.35	137	4,006	21.01	107	3,588	18.82	69	919	4.82	38	19,065
	2010	4,280	28.75	187	2,764	18.57	143	4,871	32.72	94	2,970	19.95	54	14,885

表 5-3.1 高雄都會各區教育組成：人數、百分比與區位商數，1990、2010（續）

鄉鎮市區	教育 年別	國小以下 人數	%	商數	國（初）中 人數	%	商數	高中（職） 人數	%	商數	大專及以上 人數	%	商數	合計 人數
梓官	1990	17,866	53.15	132	7,178	21.35	109	6,891	20.50	75	1,678	4.99	39	33,613
	2010	7,142	25.67	167	4,558	16.38	126	9,410	33.82	97	6,717	24.14	66	27,827
橋頭	1990	15,267	45.93	114	6,028	18.13	92	9,054	27.24	100	2,893	8.70	69	33,242
	2010	5,459	19.54	127	3,538	12.66	97	10,167	36.38	105	8,780	31.42	85	27,944
大社	1990	11,085	47.90	119	4,693	20.28	103	5,850	25.28	93	1,513	6.54	52	23,141
	2010	4,722	17.37	113	4,082	15.01	115	10,145	37.31	107	8,241	30.31	82	27,190
大樹	1990	18,768	45.59	113	8,241	20.02	102	10,534	25.59	94	3,623	8.80	69	41,166
	2010	8,309	20.90	136	6,341	15.95	123	13,488	33.93	98	11,609	29.21	79	39,747
大寮	1990	38,342	44.04	109	18,220	20.93	107	23,451	26.94	99	7,043	8.09	64	87,056
	2010	18,706	18.99	123	15,931	16.17	124	38,978	39.57	114	24,896	25.27	69	98,511
林園	1990	27,590	49.13	122	13,074	23.28	119	12,271	21.85	80	3,223	5.74	45	56,158
	2010	13,016	22.66	147	9,923	17.27	133	21,342	37.15	107	13,170	22.92	62	57,451
岡山	1990	31,089	38.37	95	14,483	17.88	91	24,164	29.83	109	11,283	13.93	110	81,019
	2010	12,669	15.01	97	11,249	13.33	102	31,140	36.90	106	29,329	34.76	94	84,387
燕巢	1990	16,155	47.48	118	7,104	20.88	106	7,580	22.28	82	3,188	9.37	74	34,027
	2010	6,046	17.83	116	5,888	17.37	133	9,728	28.69	83	12,245	36.11	98	33,907
阿蓮	1990	13,548	50.09	124	5,912	21.86	111	5,702	21.08	77	1,885	6.97	55	27,047
	2010	5,965	23.79	154	4,215	16.81	129	8,763	34.94	101	6,135	24.46	66	25,078
永安	1990	5,054	52.07	129	1,998	20.59	105	2,133	21.98	80	521	5.37	42	9,706
	2010	2,273	26.98	175	1,599	18.98	146	2,744	32.57	94	1,809	21.47	58	8,425
都會外環	1990	205,316	46.11	114	90,937	20.42	104	111,218	24.98	91	37,769	8.48	67	445,240
	2010	88,587	19.89	129	70,088	15.74	121	160,776	36.10	104	125,901	28.27	77	445,352
總計	1990	822,786	40.36		399,896	19.62		557,111	27.33		258,782	12.69		2,038,575
	2010	330,208	15.41		278,869	13.01		745,041	34.76		789,226	36.82		2,143,344

資料來源：1990 年戶口及住宅普查報告、2010 年人口及住宅普查報告

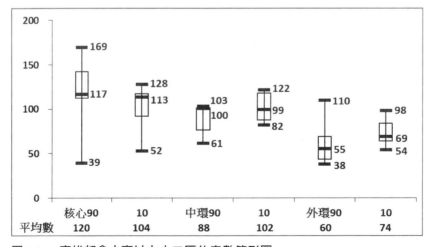

圖 5-3.1 高雄都會大專以上人口區位商數箱形圖

資料來源：同表 5-3.1

都會中環大專以上人口比例在 1990 年為 11.61%，2010 年為 37.32%，增加 26 個百分點，略高於都會核心的增幅，區位商數從 91 增加到 101，中位數分別為 100 和 99，沒有太大變化，最高值則從 103 增加到 122。大專以上人口比例趨近都會核心，其中楠梓和鳥松的區位商數在 1990 年略高於 100，2010 年增加到 122 和 118，高於都會核心的中位數，與核心最高值相近；鳳山維持在 100 上下，小港和仁武的區位商數都提高，但在 2010 年仍略低於 100，不及前鎮和鹽埕，大專以上人口略為偏低。大專以上人口超過 100 的，都位於都會核心與中環，大專以上人口優勢地區的分布，以都會核心的新興、前金和苓雅為中心，向北往鼓山、左營和楠梓延伸，向西往三民和鳥松延伸。

都會外環大專以上人口比例在 20 年間分別為 8.48% 和 28.27%，增加近 20 個百分點，增幅不及中環和核心，雖然區位商數和各區的中位數都提高，但最高值從 110 降至 98，外環各區的大專人口比例都低於都會的一般值。最值得注意的是，燕巢的區位商數從 74 提高到 98，成為都會外環大專以上人口比例最高的區，超過了岡山，但仍低於都會核心和都會中環的中位數。綜合而言，全都會大專教育人口比例偏低的地區，一則是沿海由鹽埕和旗津延伸到前鎮、小港一帶，再則是都會外環各區。

（二）職業組成

1990 年和 2010 年高雄都會的就業人口分別為 766,423 人與 1,153,157 人，增加近 40 萬人，從多於臺中都會 15 萬人，變成僅多 4 萬人（表 5-3.2），成長量不如臺中都會。各職業類屬的就業人數都增加，但買賣與服務業和生產體力人員的比例卻降低，專門與行政主管人員和監督佐理人員的比例則增加。生產體力人員的比例在 1991 與 2011 兩年度都最高，監督佐理人員在 2011 年超過買賣與服務人員，專門與行政主管人員兩年度都最低。

表 5-3.2　高雄都會各區職業組成：人數、百分比與區位商數，1990、2010

職業 鄉鎮市區	年別	專門／行政 人數	%	商數	監佐 人數	%	商數	買賣／服務 人數	%	商數	農牧 人數	%	商數	體力 人數	%	商數	合計 人數
鹽埕	1990	1,504	11.26	100	2,559	19.16	106	6,156	46.09	196	186	1.39	15	2,952	22.10	58	13,357
	2010	1,385	15.35	108	2,258	25.02	87	3,245	35.96	165	35	0.39	22	2,101	23.28	70	9,024
旗津	1990	439	3.93	35	1,090	9.76	54	1,965	17.59	75	2,813	25.19	280	4,861	43.53	114	11,168
	2010	442	4.87	34	1,295	14.27	49	2,245	24.73	114	552	6.08	342	4,544	50.06	150	9,078
前金	1990	2,492	18.25	162	3,638	26.64	148	4,364	31.96	136	238	1.74	19	2,924	21.41	56	13,656
	2010	2,400	23.23	164	3,159	30.57	106	2,730	26.42	122	25	0.24	14	2,019	19.54	59	10,333
新興	1990	4,567	17.98	159	7,138	28.10	156	8,681	34.17	146	679	2.67	30	4,337	17.07	45	25,402
	2010	5,091	26.10	184	6,222	31.90	110	5,314	27.25	125	31	0.16	9	2,845	14.59	44	19,503
苓雅	1990	12,520	16.68	148	20,743	27.63	153	19,910	26.52	113	1,974	2.63	29	19,924	26.54	69	75,071
	2010	13,869	19.29	136	22,839	31.77	110	18,806	26.16	120	105	0.15	8	16,275	22.64	68	71,894
前鎮	1990	6,718	9.71	86	12,482	18.04	100	16,513	23.86	102	2,353	3.40	38	31,137	44.99	118	69,203
	2010	10,896	12.92	91	25,264	29.95	104	18,539	21.98	101	320	0.38	21	29,324	34.77	104	84,343
三民	1990	14,963	13.70	121	23,955	21.93	121	31,863	29.17	124	3,279	3.00	33	35,185	32.21	84	109,245
	2010	27,723	17.07	120	48,991	30.17	104	42,089	25.92	119	287	0.18	10	43,275	26.65	80	162,365
鼓山	1990	4,358	11.56	102	7,710	20.45	113	9,484	25.16	107	1,599	4.24	47	14,548	38.59	101	37,699
	2010	10,391	19.37	137	18,484	34.45	119	11,256	20.98	96	261	0.49	27	13,266	24.72	74	53,658
左營	1990	3,946	11.55	102	6,587	19.27	107	7,980	23.35	99	1,237	3.62	40	14,429	42.22	110	34,179
	2010	17,388	18.75	132	30,295	32.68	113	21,032	22.68	104	351	0.38	21	23,648	25.51	76	92,714
都會核心	1990	51,507	13.24	117	85,902	22.08	122	106,916	27.49	117	14,358	3.69	41	130,297	33.50	88	388,980
	2010	89,585	17.47	123	158,807	30.96	107	125,256	24.42	112	1,967	0.38	22	137,297	26.77	80	512,912
楠梓	1990	5,122	12.45	110	6,579	15.99	89	7,781	18.91	81	2,823	6.86	76	18,842	45.79	120	41,147
	2010	13,221	15.12	107	25,351	28.98	100	17,194	19.66	90	382	0.44	25	31,317	35.81	107	87,465
小港	1990	4,529	11.10	98	6,067	14.87	82	7,111	17.43	74	4,598	11.27	125	18,491	45.33	119	40,796
	2010	7,259	10.78	76	18,605	27.63	96	12,676	18.83	87	462	0.69	39	28,325	42.07	126	67,327
仁武	1990	993	7.22	64	1,414	10.27	57	2,739	19.90	85	1,762	12.80	143	6,854	49.80	130	13,762
	2010	4,912	13.04	92	9,979	26.50	92	6,738	17.89	82	685	1.82	102	15,343	40.74	122	37,657
鳥松	1990	1,601	14.04	124	2,048	17.95	99	2,271	19.91	85	1,466	12.85	143	4,021	35.25	92	11,407
	2010	4,779	22.89	162	7,121	34.11	118	3,244	15.54	71	244	1.17	66	5,487	26.29	79	20,875
鳳山	1990	11,440	11.53	102	17,941	18.08	100	24,081	24.27	103	4,067	4.10	46	41,698	42.02	110	99,227
	2010	22,928	12.39	87	59,181	31.99	111	43,354	23.43	108	933	0.50	28	58,620	31.68	95	185,016
都會中環	1990	23,685	11.48	102	34,049	16.50	91	43,983	21.32	91	14,716	7.13	79	89,906	43.57	114	206,339
	2010	53,099	13.33	94	120,237	30.18	104	83,206	20.89	96	2,706	0.68	38	139,092	34.92	105	398,340
彌陀	1990	341	4.39	39	576	7.41	41	1,258	16.18	69	1,966	25.29	281	3,633	46.73	122	7,774
	2010	490	6.05	43	1,622	20.03	69	1,262	15.58	72	535	6.61	372	4,189	51.73	155	8,098
梓官	1990	625	4.62	41	1,091	8.06	45	2,245	16.58	71	2,980	22.01	245	6,596	48.73	128	13,537
	2010	1,264	7.54	53	3,079	18.38	64	2,771	16.54	76	915	5.46	307	8,725	52.08	156	16,754
橋頭	1990	1,250	8.49	75	2,032	13.81	76	2,247	15.27	65	2,098	14.26	159	7,090	48.18	126	14,717
	2010	2,000	12.32	87	4,839	29.81	103	2,423	14.92	69	374	2.30	130	6,599	40.65	122	16,235
大社	1990	695	6.84	61	1,054	10.38	57	1,605	15.81	67	2,935	28.90	322	3,866	38.07	100	10,155
	2010	1,510	9.38	66	3,988	24.78	86	3,095	19.23	88	1,212	7.53	424	6,291	39.08	117	16,096
大樹	1990	927	5.52	49	1,481	8.81	49	2,607	15.51	66	5,138	30.57	340	6,654	39.59	104	16,807
	2010	1,432	7.66	54	3,752	20.07	69	3,179	17.00	78	2,179	11.65	656	8,157	43.62	131	18,699
大寮	1990	2,022	6.22	55	3,980	12.25	68	5,819	17.90	76	5,803	17.85	199	14,879	45.78	120	32,503
	2010	4,054	7.61	54	11,332	21.26	74	9,648	18.10	83	2,082	3.91	220	26,190	49.13	147	53,306

表 5-3.2　**高雄都會各區職業組成：人數、百分比與區位商數，1990、2010（續）**

鄉鎮市區	年別	專門／行政			監佐			買賣／服務			農牧			體力			合計
		人數	%	商數	人數	%	商數	人數	%	商數	人數	%	商數	人數	%	商數	人數
林園	1990	1,022	5.38	48	1,581	8.33	46	3,289	17.33	74	3,183	16.77	187	9,907	52.19	137	18,982
	2010	1,975	6.06	43	6,923	21.26	74	5,969	18.33	84	1,449	4.45	250	16,249	49.90	149	32,565
岡山	1990	2,870	10.06	89	4,599	16.13	89	5,986	20.99	89	3,913	13.72	153	11,148	39.09	102	28,516
	2010	5,323	11.63	82	11,825	25.85	89	9,173	20.05	92	755	1.65	93	18,675	40.82	122	45,751
燕巢	1990	566	4.56	40	960	7.74	43	1,718	13.86	59	5,289	42.66	475	3,866	31.18	82	12,399
	2010	1,137	7.71	54	2,908	19.71	68	2,059	13.95	64	3,224	21.85	1,229	5,427	36.78	110	14,755
阿蓮	1990	768	6.73	60	708	6.20	34	1,474	12.91	55	5,022	43.98	490	3,446	30.18	79	11,418
	2010	1,178	8.02	57	2,994	20.38	70	2,000	13.61	63	2,601	17.70	996	5,918	40.28	121	14,691
永安	1990	187	4.35	39	333	7.75	43	730	16.99	72	1,459	33.96	378	1,587	36.94	97	4,296
	2010	358	7.23	51	1,087	21.94	76	691	13.95	64	499	10.07	567	2,320	46.82	140	4,955
都會外環	1990	11,273	6.59	58	18,395	10.75	60	28,978	16.94	72	39,786	23.25	259	72,672	42.47	111	171,104
	2010	20,721	8.57	60	54,349	22.47	78	42,270	17.47	80	15,825	6.54	368	108,740	44.95	135	241,905
總計	1990	86,465	11.28		138,346	18.05		179,877	23.47		68,860	8.98		292,875	38.21		766,423
	2010	163,405	14.17		333,393	28.91		250,732	21.74		20,498	1.78		385,129	33.40		1,153,157

資料來源：1990 年戶口及住宅普查報告、2010 年人口及住宅普查報告

　　都會核心的就業人口從近 39 萬增加到 51 萬餘，增加約 12 萬人，但占高雄都會的比重則從 50.75% 降至 44.48%。職業組成的變化是，生產體力人員和買賣與服務人員的數量雖增，但占都會核心就業人口的比例下降，專門與行政主管人員及監督佐理人員數量和比例都增加，監督佐理人員的人數在 2010 年超越了生產體力人員及買賣與服務人員。以區位商數觀察，生產體力人員一直低於都會的一般值，專門與行政主管人員則在 2010 年有最高的區位商數，其次才是買賣與服務人員及監督佐理人員。都會核心的專門與行政主管人員的優勢似乎增強中。都會中環的就業人口從近 21 萬人，增加到 40 萬人，增加了 19 萬人，就業人口數雖不及都會核心但增加量較大，占都會就業人口的比例從 26.92% 增加到 34.54%。其職業組成在 1990 年是生產體力人員最多，買賣與服務人員其次；在 2010 年生產體力人員仍最高，其次則為監督佐理人員。專門與行政主管人員在 2010 年的區位商數低於 100，與都會核心的差距增加；監督佐理人員比例略高於都會的一般值，趨近核心；生產體力人員比例略高於都會的一般值，亦高於核心。都會外環就業人口增加 7 萬人，生產體力人員數量增加，比例達 45%，區位商數與占都會生產體力人員的比重都增加，在都會的份量增強；專門與行政

主管人員、監督佐理人員以及買賣與服務人員的數量和比例與區位商數都增加，但都低於都會中環與核心，與都會核心專門與行政主管人員數量與比例的相對差距亦告增加。

　　都會核心專門與行政主管人員 2010 年的中位數和最高值都高於 1990 年，最低值則相近（見圖 5-3.2a 和 5-3.2b）。區位商數低於 100 的只有前鎮和旗津，而前鎮則提高到 91，接近都會中環的中位數，高於都會外環各區，旗津則兩年度都是全都會區位商數最低者。區位商數最高值一直落在新興，其次則是前金，這兩區的區位商數在二十年間都增加，在 2010 年時分別為 184 和 164。其餘五區的區位商數有增有減，彼此的數值趨近，2010 年時依序為鼓山（137）、苓雅（136）、左營（132）、三民（120）和鹽埕（108），這些數值都高於鳥松以外的都會中環與外環各區。旗津的生產體力人員的人數雖減，但比例增大，區位商數從 1990 年的 114 提高到 2010 年的 150，略低於全都會的最高值，居第二位。前鎮的區位商數從 118 降至 104，生產體力人員的比例仍略偏高。鼓山和左營在 2010 年的區位商數分別降至 74 和 76，其餘五區的數值都在 70 至 80 之間，都會核心專門與行政主管人員比例偏高的各區，生產體力人員都偏低，由低而高依序是新興、前金和苓雅、鹽埕、鼓山、左營與三民。旗津專門與行政主管人員比例為全都會最低，而生產體力人員為次高，其社經性質與核心其他各區大不相同。

　　以 1990 年和 2010 年的區位商數比較，都會中環五區專門與行政主管人員的中位數下跌，但最高值和最低值都提高。南側的鳳山和小港，區位商數都降低，尤其鳳山的區位商數至 2010 年為 87，兩者專門與行政主管人員比例偏低。而位在北邊的楠梓，區位商數略降，2010 年時為 107，專門與行政主管人員仍偏高。仁武的區位商數提高，但 2010 年時專門與行政主管人員比例仍屬偏低。最突出的是鳥松，在 1990 年專門與行政主管人員比例已偏高，區位商數仍略高於都會核心的中位數，於 2010 年時區位商數提高到 162，與都會核心的前金相近，位居高雄都會第三，而其生產體力人員的區位商數亦降至 79，明顯偏低。其餘各區生產體力人員的區位商數均大於鳥松，小港和仁武的區位商數分別為 126 和 122，生產體力人員相對的份量，明顯大於其

他職業類屬，而楠梓則為 107，與專門與行政主管人員相等。除鳥松之外，都會中環各區都是專門與行政主管人員比例小於都會核心的前鎮和旗津以外各區，而生產體力人員比例則明顯較大。

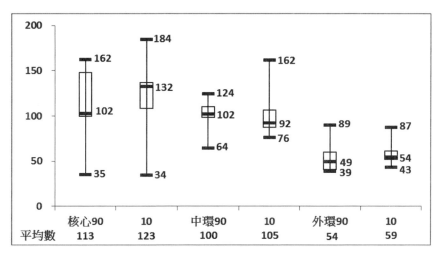

圖 5-3.2a　高雄都會專門與行政主管人員區位商數箱形圖

資料來源：同表 5-3.2

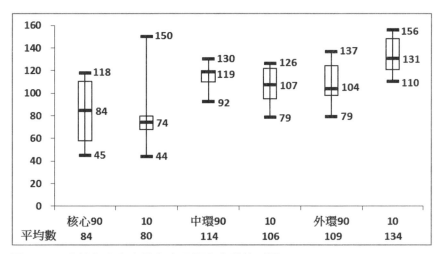

圖 5-3.2b　高雄都會生產體力人員區位商數箱形圖

資料來源：同表 5-3.2

　　都會外環專門與行政主管人員的區位商數最高值略減，中位數和最低值則略增，三個數值在兩個年度的都明顯低於都會核心與都會中環，最高值都低於旗津以外都會核心各區，亦低於中環的中位數，專門與行政主管人員比例均為偏低。相反的，都會外環生產體力人員的區位商數的中位數、最高值與最低值都明顯提高，在就業人口增加的過程中，生產體力人員增加明顯高於其他職業類屬，是都會外環的特色。

（三）所得

　　高雄都會核心各區所得中位數與最高值在 2000 年明顯高於都會中環與外環，但最低值（在旗津）卻低於都會中環甚多，至 2010 年都會核心的中位數仍較高，但最高值與最低值都低於都會中環（見圖5-3.3）。由於都會外環的最高值在兩年度均低於都會核心和都會中環的中位數，都會外環大致仍是高雄都會所得水準較低地帶，但都會核心與都會中環的所得水準則逐漸相近。

　　都會核心所得水準偏低的有前鎮、鹽埕和旗津。旗津全部的里所得都屬最低類別，區所得中位數亦居全都會末位，與大專以上教育人口和專門與行政主管人員比例居全都會最低的狀態相同。前鎮和鹽埕屬次低與最低所得類別里的比例分別占約五成與六成，在 2010 年的區所得中位數分別為 549 和 519，雖低於都會中環各區，但與都會外環所得水準較高的四區相近（見表 5-3.3）。新興、前金、苓雅和三民四區里中位數屬最高類別的都在三成以上，合最高與次高類別亦在六成以上，區所得的中位數亦大於都會核心的中位數，與都會中環的高值相近，很明確為高雄都會的高所得地帶。鼓山和左營屬最高所得里的比例明顯低於上述四區，所得的中位數在 2000 年時低於上述四區，但在 2010 年時卻高於上述四區。這種差距主要是部分里的特殊發展所造成。左營的福山、菜公、新光、新上和新下五里位居左營的西南，在 2000 年有 18,156 個報稅單位，占全區 52%，到 2010 年，報稅單位增至 32,930 個，占全區74%。2010 年這五里所得中位數都在 650 以上，屬最高所得類別。鼓山亦有類似的情形，明誠、龍子和龍水里，在 2000 年有 5,234 個報稅

單位，占全區 21.37%，至 2010 年增為 14,680 單位，占全區 45.79%，這三里的所得中位數分別為 675、718 和 803，最高的里是龍水里（高雄美術館座落的內惟埤文化園區即在該里），增加了 5,000 個單位。再加上附近里所得中位數在 580 以上的華豐、裕豐、裕興和前峰四里，則有 18,881 個單位，占全區約 59%。這七個里都相庇鄰，位居鼓山的東北，形成相當聚集的高所得地區，正與在北的左營高所得里銜接，都在縱貫鐵路的東側。

　　都會中環的楠梓、小港和鳥松與都會核心的高所得區類似，有四成上下的里屬最高所得類別，區所得中位數亦相近，而鳥松在全都會更是區所得中位數最高者。仁武和鳳山則與核心的前鎮類似，在 2010 年，四分之一左右的里屬高所得類別，區所得中位數在 550 上下。都會外環兩年度總共只有七個里屬高所得類別，只占全區里數不到 4%，各區的中位數，較高者亦只與都會核心與都會中環的低值相近，整體而言，所得水準偏低。

表 5-3.3　**高雄都會高低所得分布：里數、百分比與區所得中位數**，2000、2010

鄉鎮		2000 年						2010 年					
		最低	次低	次高	最高	合計	中位數*	最低	次低	次高	最高	合計	中位數
鹽埕	里數	4	8	5	4	21	573	8	5	5	3	21	519
	百分比	19.05	38.10	23.81	19.05	100.00		38.10	23.81	23.81	14.29	100.00	
旗津	里數	13	0	0	0	13	453	13	0	0	0	13	448
	百分比	100.00	0.00	0.00	0.00	100.00		100.00	0.00	0.00	0.00	100.00	
前金	里數	1	3	3	13	20	637	2	3	6	9	20	580
	百分比	5.00	15.00	15.00	65.00	100.00		10.00	15.00	30.00	45.00	100.00	
新興	里數	1	5	12	14	32	650	6	6	6	14	32	573
	百分比	3.13	15.63	37.50	43.75	100.00		18.75	18.75	18.75	43.75	100.00	
苓雅	里數	2	15	19	34	70	640	6	13	21	29	69	577
	百分比	2.86	21.43	27.14	48.57	100.00		8.70	18.84	30.43	42.03	100.00	
前鎮	里數	15	22	11	11	59	578	14	17	13	15	59	549
	百分比	25.42	37.29	18.64	18.64	100.00		23.73	28.81	22.03	25.42	100.00	
三民	里數	9	19	30	30	88	626	14	14	31	28	87	577
	百分比	10.23	21.59	34.09	34.09	100.00		16.09	16.09	35.63	32.18	100.00	
鼓山	里數	15	10	6	7	38	581	15	12	4	7	38	596
	百分比	39.47	26.32	15.79	18.42	100.00		39.47	31.58	10.53	18.42	100.00	
左營	里數	16	10	9	9	44	620	21	8	6	8	43	618
	百分比	36.36	22.73	20.45	20.45	100.00		48.84	18.60	13.95	18.60	100.00	
都會核心	里數	76	92	95	122	385		99	78	92	113	382	
	百分比	19.74	23.90	24.68	31.69	100.00		25.92	20.42	24.08	29.58	100.00	

表 5-3.3 高雄都會高低所得分布：里數、百分比與區所得中位數，2000、2010（續）

鄉鎮		最低	次低	次高	最高	合計	中位數*	最低	次低	次高	最高	合計	中位數
				2000 年						2010 年			
楠梓	里數	2	6	15	14	37	629	2	8	13	14	37	572
	百分比	5.41	16.22	40.54	37.84	100.00		5.41	21.62	35.14	37.84	100.00	
小港	里數	1	14	13	15	43	609	1	6	15	16	38	566
	百分比	2.33	32.56	30.23	34.88	100.00		2.63	15.79	39.47	42.11	100.00	
仁武	里數	6	5	4	1	16	547	5	4	3	4	16	543
	百分比	37.50	31.25	25.00	6.25	100.00		31.25	25.00	18.75	25.00	100.00	
鳥松	里數	2	2	0	3	7	636	1	1	2	3	7	639
	百分比	28.57	28.57	0.00	42.86	100.00		14.29	14.29	28.57	42.86	100.00	
鳳山	里數	10	19	24	25	78	601	8	24	24	22	78	555
	百分比	12.82	24.36	30.77	32.05	100.00		10.26	30.77	30.77	28.21	100.00	
都會中環	里數	21	46	56	58	181		17	43	57	59	176	
	百分比	11.60	25.41	30.94	32.04	100.00		9.66	24.43	32.39	33.52	100.00	
彌陀	里數	12	0	0	0	12	459	11	0	1	0	12	461
	百分比	100.00	0.00	0.00	0.00	100.00		91.67	0.00	8.33	0.00	100.00	
梓官	里數	13	3	0	0	16	480	12	1	2	1	16	464
	百分比	81.25	18.75	0.00	0.00	100.00		75.00	6.25	12.50	6.25	100.00	
橋頭	里數	2	7	7	1	17	573	2	3	10	2	17	545
	百分比	11.76	41.18	41.18	5.88	100.00		11.76	17.65	58.82	11.76	100.00	
大社	里數	1	3	5	0	9	572	1	4	4	0	9	523
	百分比	11.11	33.33	55.56	0.00	100.00		11.11	44.44	44.44	0.00	100.00	
大樹	里數	10	5	3	0	18	523	8	8	2	0	18	495
	百分比	55.56	27.78	16.67	0.00	100.00		44.44	44.44	11.11	0.00	100.00	
大寮	里數	9	14	3	0	26	545	8	13	5	0	26	516
	百分比	34.62	53.85	11.54	0.00	100.00		30.77	50.00	19.23	0.00	100.00	
林園	里數	13	5	4	2	24	553	4	11	6	3	24	534
	百分比	54.17	20.83	16.67	8.33	100.00		16.67	45.83	25.00	12.50	100.00	
岡山	里數	9	9	13	4	35	572	5	16	10	3	34	534
	百分比	25.71	25.71	37.14	11.43	100.00		14.71	47.06	29.41	8.82	100.00	
燕巢	里數	8	3	0	0	11	499	8	3	0	0	11	490
	百分比	72.73	27.27	0.00	0.00	100.00		72.73	27.27	0.00	0.00	100.00	
阿蓮	里數	11	1	0	0	12	488	12	0	0	0	12	474
	百分比	91.67	8.33	0.00	0.00	100.00		100.00	0.00	0.00	0.00	100.00	
永安	里數	5	1	0	0	6	493	4	1	1	0	6	487
	百分比	83.33	16.67	0.00	0.00	100.00		66.67	16.67	16.67	0.00	100	
都會外環	里數	93	51	35	7	186		75	60	41	9	185	
	百分比	50.00	27.42	18.82	3.76	100.00		40.54	32.43	22.16	4.86	100.00	
總計	里數	190	189	186	187	752		191	181	190	181	743	
	百分比	25.27	25.13	24.73	24.87	100.00		25.71	24.36	25.57	24.36	100.00	

資料來源：2000、2010 年綜合所得稅申報核定統計專冊

* 單位為千元，以後相關各圖表皆同

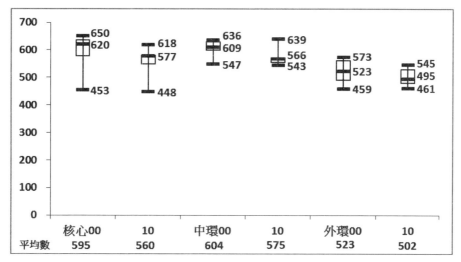

圖 5-3.3 高雄都會區所得中位數箱形圖

資料來源：同表 5-3.3

（四）地區社經地位的變遷

在 1950 年代，高雄都會核心以外各區，除鳳山外，農林漁牧的人口有相當的比重，至 1960 年代農林漁牧人員比例明顯下降，但仍高於都會的一般值，也大於生產體力人員。在這時期，除左營以外，都會核心各區的生產體力人員比例都大於都會的一般值，而都會中環與外環各區則都小於都會的一般值，主要由於農林漁牧人口的數量仍較多。專門與行政主管人員的比例，以都會核心的前金、新興、三民、鹽埕和左營的比例偏高，在 1980 年則加上苓雅。都會中環則是鳳山，在 1950 年代與 1960 年代有高於一般值的專門與行政主管人員比例。至於大專以上教育人口的比例大於都會一般值的，在 1950 年代只有都會核心的新興、前金、鹽埕、鼓山和左營，苓雅在 1980 年代超越了鼓山；在都會中環與外環則只有鳳山的比例高於都會的一般值。綜合大專以上教育人口以及專門與行政主管人員比例的分布，在 1950 年代至 1970 年代，高社經地位地區，是由鹽埕往東的前金、新興、三民和苓雅延伸，1980 年里社經地位分布圖大致也呈現如此的樣貌。

　　在 1980 年代以後的三十年，農林漁牧人員的比例已經遠低於其他職業人口，專門與行政主管人員、大專以上教育人口的比例，由都會核心向都會中環與都會外環遞減，而生產體力人員則遞增。與 1980 年相較，1990 年之後在都會核心是鹽埕的相對位置下降，而鼓山和左營的上升。在都會中環則是鳥松的社經地位明顯上升，與核心的前金和新興相當，超過了苓雅。以區所得中位數觀察，鳥松、左營和鼓山在 2000 年的所得中位數尚低於核心最高四區，至 2010 年轉為全都會最高的三區。不過，2010 年新興、前金和苓雅三區的所得平均數仍高於左營和鼓山（綜合所得稅申報核定統計專冊），大專以上人口以及專門與行政主管人員的比例也較高，在社經地位的相對位置應仍較高；都會中環的鳥松則在各項社經地位指標已與上述三區不分軒輊。

　　以圖 5-3.4 之 2010 年里所得中位數箱形圖觀察社經地位的分布狀態，鹽埕屬最高所得里很少，沒有前 10% 的里，已非高社經地區。前金、新興和苓雅最高所得里與前 10% 里的分布最密集，再往三民延伸，也擴展到前鎮鄰近苓雅的幾個里。這是 1970 年代以來都會核心高社經地帶及其附近地區。另外 1990 年代以後發展的高所得分布地區，一是由三民往北的鼓山的東北與左營的東側，有 15 個最高所得里，其中 10 個里位居前 10%，再往楠梓延伸，有 13 個最高所得里，6 個居前 10%；一在都會中環的鳥松，有 3 個最高所得里，都位居前 10%，其北鄰仁武區的 4 個最高所得里，有 1 個居前 10%；其鄰近的鳳山區北面亦有 7 個位居前 10% 所得里。以上以里所得中位數的分布狀況，大致應也反映了高社經地區往北和東北方向的分布與變遷趨勢。在次低與最低所得里的分布，在都會核心由鹽埕往北沿壽山分布的鼓山區各里，再延伸至左營舊街和海軍軍區各里，往南則是前鎮大部分的里。都會中環低社經里的分布較為分散，而都會外環則大部分都屬次高與最低社經里。

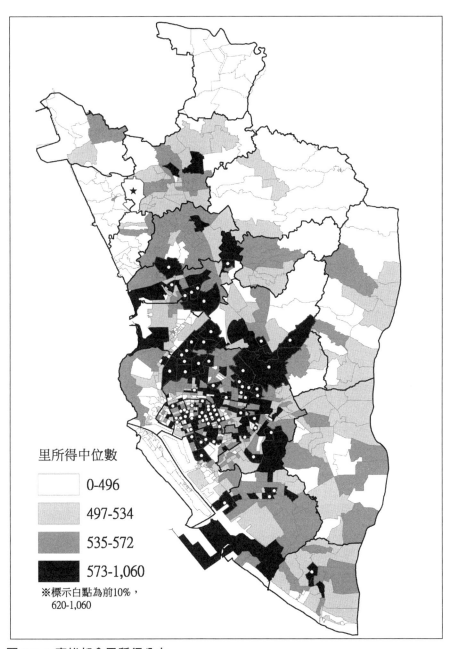

里所得中位數

	0-496
	497-534
	535-572
	573-1,060

※標示白點為前10%，
620-1,060

圖 5-3.4 **高雄都會里所得分布**

四、年齡組成與外省族群

（一）年齡組成

　　高雄都會人口年齡組成的變化與其他三個都會相似，都是幼年人口的數量和比例降低，同時工作年齡人口與老年人口的數量和比例增加。高雄都會 2010 年老年人口的比例低於臺南都會，高於臺中和臺北都會，幼年人口比例則與臺南幾乎相同，低於臺中都會，高於臺北都會。1990 年時，都會核心、中環與外環幼年人口的最低比例（19.01%、25.94% 和 20.71%）均高於 2010 年的最高比例（17.06%、15.85% 和 17.49%），而 1990 年都會核心與中環老年人口的最高比例（7.02% 和 4.85%）低於 2010 年的最低比例（8.29% 和 7.21%）；都會外環除了燕巢之外，1990 年老年人口的最高比例亦都低於 2010 年的最低比例（表 5-4.1）。與其他三都會相似，幼年人口的大幅降低和老年人口急遽提高，人口組成的區間差異在幼年人口與老年人口較為明顯。

表 5-4.1　高雄都會各區年齡組成：人數、百分比與區位商數，1990、2010

鄉鎮市區	年度	0-14 歲			15-64 歲			65 歲以上			合計
		人數	%	商數	人數	%	商數	人數	%	商數	人數
鹽埕	1990	8,171	23.16	86	24,637	69.82	102	2,478	7.02	145	35,286
	2010	2,483	11.65	78	15,305	71.78	95	3,534	16.57	173	21,322
旗津	1990	8,461	26.07	97	22,132	68.18	100	1,866	5.75	119	32,459
	2010	3,785	15.68	105	17,602	72.91	96	2,756	11.42	119	24,143
前金	1990	8,609	23.36	87	25,713	69.77	102	2,530	6.87	142	36,852
	2010	2,790	11.38	77	17,276	70.48	93	4,447	18.14	190	24,513
新興	1990	17,659	25.49	95	47,528	68.62	101	4,080	5.89	122	69,267
	2010	5,323	11.95	80	32,428	72.80	96	6,793	15.25	159	44,544
苓雅	1990	59,236	27.65	103	146,042	68.17	100	8,953	4.18	86	214,231
	2010	19,668	11.93	80	124,159	75.28	100	21,095	12.79	134	164,922
前鎮	1990	55,375	27.84	103	135,804	68.28	100	7,717	3.88	80	198,896
	2010	29,423	15.29	103	139,854	72.68	96	23,135	12.02	126	192,412
三民	1990	92,991	29.41	109	212,593	67.23	99	10,619	3.36	69	316,203
	2010	47,699	13.73	92	266,342	76.65	101	33,418	9.62	101	347,459
鼓山	1990	28,392	25.01	93	79,580	70.10	103	5,554	4.89	101	113,526
	2010	18,761	14.70	99	96,148	75.31	100	12,753	9.99	104	127,662
左營	1990	24,695	19.01	71	96,695	74.42	109	8,547	6.58	136	129,937
	2010	36,331	17.06	115	158,967	74.65	99	17,658	8.29	87	212,956

表 5-4.1　高雄都會各區年齡組成：人數、百分比與區位商數，1990、2010（續）

鄉鎮市區	年度	0-14 歲			15-64 歲			65 歲以上			合計
		人數	%	商數	人數	%	商數	人數	%	商數	人數
都會核心	1990	303,589	26.48	98	790,724	68.96	101	52,344	4.56	94	1,146,657
	2010	166,263	14.33	96	868,081	74.84	99	125,589	10.83	113	1,159,933
楠梓	1990	32,422	28.66	106	75,837	67.03	98	4,874	4.31	89	113,133
	2010	29,195	14.98	101	150,642	77.31	102	15,021	7.71	81	194,858
小港	1990	37,636	31.28	116	78,289	65.06	95	4,400	3.66	75	120,325
	2010	22,820	15.72	106	111,029	76.51	101	11,271	7.77	81	145,120
仁武	1990	10,525	27.40	102	26,280	68.43	100	1,602	4.17	86	38,407
	2010	12,040	15.85	107	58,431	76.94	102	5,473	7.21	75	75,944
鳥松	1990	8,153	25.94	96	21,748	69.20	101	1,525	4.85	100	31,426
	2010	5,731	13.68	92	32,145	76.76	102	4,002	9.56	100	41,878
鳳山	1990	83,412	28.14	105	201,751	68.05	100	11,297	3.81	79	296,460
	2010	58,149	15.53	104	288,675	77.09	102	27,633	7.38	77	374,457
都會中環	1990	172,148	28.70	107	403,905	67.35	99	23,698	3.95	82	599,751
	2010	127,935	15.37	103	640,922	77.01	102	63,400	7.62	80	832,257
彌陀	1990	5,756	27.61	103	13,579	65.14	95	1,512	7.25	150	20,847
	2010	3,156	17.49	118	12,486	69.21	92	2,399	13.30	139	18,041
梓官	1990	10,578	28.71	107	24,137	65.52	96	2,125	5.77	119	36,840
	2010	4,989	15.20	102	24,445	74.49	99	3,382	10.31	108	32,816
橋頭	1990	9,873	27.01	100	24,098	65.92	97	2,588	7.08	146	36,559
	2010	4,970	15.10	102	24,121	73.28	97	3,823	11.62	121	32,914
大社	1990	7,261	28.29	105	17,165	66.87	98	1,243	4.84	100	25,669
	2010	5,021	15.59	105	24,464	75.95	101	2,726	8.46	88	32,211
大樹	1990	10,740	23.86	89	31,445	69.87	102	2,822	6.27	129	45,007
	2010	7,749	16.32	110	34,499	72.64	96	5,248	11.05	116	47,496
大寮	1990	23,729	24.82	92	66,116	69.15	101	5,762	6.03	124	95,607
	2010	17,085	14.78	99	89,295	77.25	102	9,216	7.97	83	115,596
林園	1990	17,204	27.96	104	40,979	66.61	98	3,339	5.43	112	61,522
	2010	11,239	16.36	110	51,163	74.48	99	6,288	9.15	96	68,690
岡山	1990	22,059	24.85	92	61,038	68.75	101	5,685	6.40	132	88,782
	2010	15,307	15.35	103	74,223	74.45	99	10,164	10.20	107	99,694
燕巢	1990	7,613	20.71	77	24,374	66.31	97	4,769	12.97	268	36,756
	2010	4,351	11.37	77	29,879	78.10	103	4,028	10.53	110	38,258
阿蓮	1990	8,194	27.37	102	20,052	66.97	98	1,694	5.66	117	29,940
	2010	4,446	15.06	101	21,757	73.69	98	3,321	11.25	118	29,524
永安	1990	2,764	25.63	95	7,307	67.75	99	715	6.63	137	10,786
	2010	1,740	17.12	115	7,204	70.87	94	1,221	12.01	126	10,165
都會外環	1990	125,771	25.76	96	330,290	67.64	99	32,254	6.61	136	488,315
	2010	80,053	15.24	102	393,536	74.90	99	51,816	9.86	103	525,405
總計	1990	601,508	26.92		1,524,919	68.24		108,296	4.85		2,234,723
	2010	374,251	14.87		1,902,539	75.57		240,805	9.56		2,517,595

資料來源：1990 年戶口及住宅普查報告、2010 年人口及住宅普查報告

　　1990 年高雄都會幼年人口區位商數的中位數、最高值與最低值都以都會中環最高（圖 5-4.1a）；都會中環幼年人口，除了小港區的區位商數為 116 之外，其餘各區在 96 與 106 之間，只是略為偏高的情形。到了 2010 年，都會中環的區位商數介於 92 與 107 之間，其中位數和最低值高於都會核心與外環，但最高值落在都會核心的左營（115）和都會外環的彌陀（118）和永安（115），其餘大於 100 的，都會外環有七個區，區位商數都在 110 以下，兩個區在 100 以下；都會核心區位商數在 100 以上的只有兩個區（105 和 103）。

　　老年人口比例的差異明顯較大，在 1990 年區位商數的中位數、最高值和最低值都以都會外環最高，都會核心其次，而都會中環最低（圖 5-4.1b），都會外環除大社的區位商數為 100 之外，十個區大於 112；都會核心有四個區在 101 以下，五個大於 119；都會中環五區皆小於 100。到了 2010 年最大的變化是都會核心各區老年人口的區位商數普遍提高，區位商數的中位數、最高值和最低值都高於都會外環，都會中環仍為最低。都會核心除左營低於 100 之外，鼓山與三民接近 100，其餘六區都在 119 至 190 之間；都會外環區位商數的中位數與最高值都下降，有三個區的區位商數小於 100，六個區在 110 至 139 之間，老年人口比例仍屬偏高，但已不及都會核心。

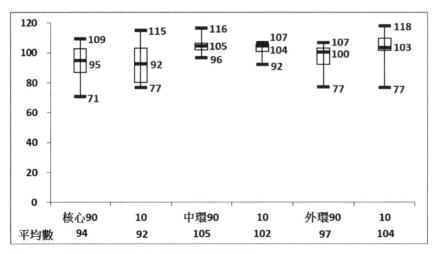

圖 5-4.1a　高雄都會幼年人口區位商數箱形圖

資料來源：同表 5-4.1

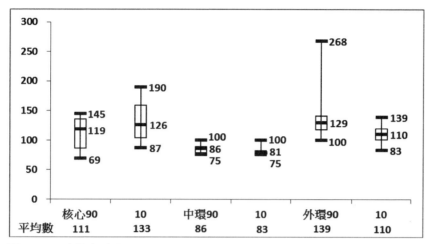

圖 5-4.1b 高雄都會老年人口區位商數箱形圖

資料來源：同表 5-4.1

　　高雄都會與其他都會相似，在 1960 年代以後就是幼年人口比例降低，工作年齡人口與老年人口增加，幼年人口在 1960 年代和 1970 年代數量尚屬增加，但在 1990 年已小於 1980 年，而 2010 年則較 1990 年減少近四成。整體而言，都會核心老齡化較快，老年人口比例從低於轉為高於都會外環，老年人口地區間差異仍較明顯，到 2010 年是都會核心比例最高，中環最低，外環次高，略呈 U 型；幼年人口比例兩年度的變化不大，區間差異不如老年人口，各環帶都有比例偏高與偏低區，都會核心幼年人口偏低區多於都會中環與外環，都會中環與外環的差距拉近。

（二）外省族群的分布

　　1989 年高雄都會的外省人口有 351,865 人，占人口的 16.05%。以多重認定推估，在 2010 年有 319,384 人，占人口的 12.73%[4]，低於 1989 年的人口數與占人口比例，高雄都會的外省人口與臺北都會一樣，人口數減少，占人口的比例亦降低（見表 5-4.2）。以多重認定的數

4　以單一認定有 196,100 人，僅占高雄都會人口的 7.82%。

據觀察，都會核心的外省人口從 183,155 人減至 178,315 人，占人口的比例從 16.01% 降到 14.83%，區位商數反從 100 增至 116，不但是高雄都會外省人口最多的環帶，區內外省人口的比例亦為全都會最高。都會中環，外省人口的比例在 1989 年高於都會核心，但至 2010 年反低於都會核心，區位商數只有 89，明顯低於都會核心。都會外環外省人口數亦減少，比例降低，區位商數亦下跌，在 1989 和 2010 兩年度的比例都低於都會中環和都會核心，在四個都會中外省人口向都會外圍擴散的傾向最弱。

　　都會核心各區中，左營的區位商數最特出，在 1989 和 2010 兩年度分別為 251 和 187，都是全都會的最高值，次高值分別為 157 和 145，在都會中環與外環，與左營還有段差距。另外則是鼓山區，兩年度的區位商數分別為 130 和 127。左營與鼓山的外省人口比例都降低，尤其是左營最為急遽，從 40% 降至 23%。其他核心各區，1989 年時的區位商數均未超過 100，並無外省人口比例偏高的傾向，至 2010 年只有前鎮和三民外省人口數和占人口比例都增高，區位商數分別為 115 和 101，外省人口比例較高。其他各區人數與比例均降，區位商數都在 100 以下。

　　都會中環的楠梓，外省人口數增加，但比例減少，兩年度的區位商數 141 和 145，外省人口比例仍明顯偏高。另外則是鳳山，原為外省人口比例偏高，1990 年的區位商數為 123，卻在 2010 年降為 79，與楠梓差距拉大，而鳥松則從 66 提高到 126，取代了鳳山的位置，成為都會中環外省人口偏高區。小港的外省人口與比例均降，仁武的俱增，但區位商數均低，同屬外省人口偏低地區。都會外圍的大寮，兩年度的區位商數分別為 154 和 142，在高雄都會均為第三高，外省人口比例明顯偏高。岡山，在 1989 年的區位商數為 157，是全都會外省人口比例的第二位，只低於左營，但至 2010 年區位商數降到 50，外省人口比例明顯偏低。

表 5-4.2 高雄都會各區外省人口：人數、百分比與區位商數，1989、2010

鄉鎮市別	年別	外省籍 人數	%	商數	總人口 人數	鄉鎮市別	年別	外省籍 人數	%	商數	總人口 人數
鹽埕	1989	5,050	13.68	85	36,914	彌陀	1989	766	3.61	23	21,198
	2010	3,206	11.70	92	27,400		2010	1,061	5.20	41	20,400
旗津	1989	4,061	12.24	76	33,177	梓官	1989	2,104	5.62	35	37,471
	2010	3,090	10.30	81	30,000		2010	2,973	8.10	64	36,700
前金	1989	6,184	15.65	98	39,523	橋頭	1989	2,811	7.83	49	35,897
	2010	3,670	12.70	100	28,900		2010	2,948	8.10	64	36,400
新興	1989	10,432	14.18	88	73,578	大社	1989	1,904	7.22	45	26,355
	2010	5,972	10.80	85	55,300		2010	1,283	3.90	31	32,900
苓雅	1989	34,036	15.43	96	220,515	大樹	1989	4,690	10.87	68	43,143
	2010	20,965	11.40	90	183,900		2010	5,324	12.10	95	44,000
前鎮	1989	29,033	13.94	87	208,235	大寮	1989	22,323	24.66	154	90,524
	2010	29,069	14.60	115	199,100		2010	19,729	18.10	142	109,000
三民	1989	28,652	9.05	56	316,449	林園	1989	4,995	8.29	52	60,220
	2010	45,312	12.80	101	354,000		2010	6,768	9.60	75	70,500
鼓山	1989	22,621	20.78	130	108,854	岡山	1989	20,929	25.21	157	83,005
	2010	21,335	16.20	127	131,700		2010	6,214	6.40	50	97,100
左營	1989	43,086	40.29	251	106,938	燕巢	1989	6,043	18.87	118	32,016
	2010	45,696	23.80	187	192,000		2010	1,663	5.40	42	30,800
都會核心	1989	183,155	16.01	100	1,144,183	阿蓮	1989	913	3.14	20	29,080
	2010	178,315	14.83	116	1,202,300		2010	3,891	12.80	101	30,400
楠梓	1989	25,432	22.61	141	112,461	永安	1989	238	2.15	13	11,066
	2010	31,850	18.40	145	173,100		2010	443	3.10	24	14,300
小港	1989	13,105	11.14	69	117,587	都會外環	1989	67,716	14.41	90	469,975
	2010	9,425	6.10	48	154,500		2010	52,298	10.01	79	522,500
仁武	1989	3,073	8.80	55	34,939	總計	1989	351,865	16.05		2,192,760
	2010	6,570	9.10	71	72,200		2010	319,384	12.73		2,508,300
鳥松	1989	2,933	10.56	66	27,762						
	2010	6,816	16.00	126	42,600						
鳳山	1989	56,451	19.75	123	285,853						
	2010	34,110	10.00	79	341,100						
都會中環	1989	100,994	17.45	109	578,602						
	2010	88,771	11.33	89	783,500						

資料來源：1989 年高雄市統計要覽、高雄縣統計要覽
　　　　　2011 年「99 年至 100 年全國客家人口基礎資料調查研究」

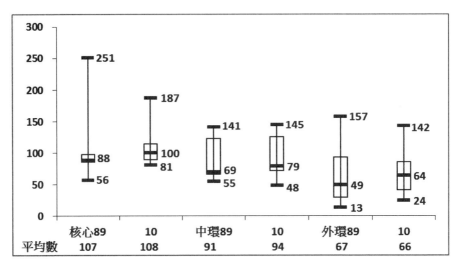

圖 5-4.2 **高雄都會外省人口區位商數箱形圖**

資料來源：同表 5-4.2

　　在 1970 年代和 1980 年代，高雄都會各區的外省人口比例大都下降，在分布上，三個環帶都有高比例的行政區，但都會核心的外省人口比例一直高於都會中環和外環，這種趨勢延續至 2010 年。根據圖 5-4.2，各環帶都有明顯偏高的行政區，然而都會核心在兩個年度區位商數的最高值、中位數和最低值均高於都會中環與外環，且 2010 年的最低值還高於中環和外環的中位數，外省人口的比例明顯較高。偏高區依序為左營、鼓山、前鎮和三民。都會中環與外環的最高值、中位數和最低值趨近，但中環的外省人口比例仍略高於都會一般值。最值得注意的是，高雄都會在 1960 年代外省人口比例特別偏高各區，都明顯下降。都會核心的左營在 1966 年達最高點，有 55%，前鎮在 1956 年有 41%；都會中環的鳳山與都會外環的岡山亦有接近或高於三成的外省人口，大寮在 1980 年亦有接近三成的外省人口，都因軍事設施帶來的人口所致。但到了 2010 年只有左營仍維持最高的外省人口比例，只是較 1989 年少了約 17 個百分點，更不及 1966 年的一半；前鎮、鳳山和岡山的比例在 1970 年代已明顯下降，只有前鎮仍大於都會的平均值，鳳山和岡山，外省人口減少，比例大幅降低，區位商數低至 79 和 50，外

省人口比例明顯偏低[5]。

五、住宅建築類型

在 1990 年，高雄都會的住宅類型與臺中和臺南都會相似，以連棟式住宅的比例最高，占 55.13%，六樓以上大樓的比例最低，只有 9.08%；與臺中和臺南都會不同的是五樓以下公寓的比例居次，占 21.74%，大於傳統／獨院或雙拼住宅的 14.05%。都會核心與中環，都是連棟式住宅比例最高，五樓以下公寓居次，至於居第三位的住宅建築類型，在都會核心是六樓以上建築，都會中環是傳統／獨院或雙拼住宅。都會外環住宅單位以連棟式最多，傳統／獨院或雙拼住宅其次，其餘住宅類型比例均甚低。

在 1990 年，都會核心以連棟式住宅的比例最高，占一半強，各區都是連棟住宅比例最高，但區位商數的最高值、中位數與最低值都低於都會中環（圖 5-5.1a）。都會核心雖然以連棟式住宅所占比例最大，卻低於中環，主要以六樓以上大樓與五樓以下公寓比例偏高而異於都會中環和外環，後二類住宅建築類型的區位商數的最高值、中位數與最低值都明顯較高（圖 5-5.1b）。都會核心各區亦有差異，鹽埕、新興與前金六樓以上大樓住宅單位比例都高於 30%，區位商數在 334 和 387 之間，均是都會一般值的 3 倍以上，也大於各區內五樓以下公寓住宅單位數。其餘各區都是五樓以下公寓住宅單位比例大於六樓以上建築。旗津與都會核心各區不同，連棟的比例最高，有很高比例的傳統／獨院或雙拼住宅，較類似都會外環。

5　左營外省人口比例在 1966 年高達 55.69%，1990 年為 40.29%，2010 年為 23.80%。前鎮這三年度分別為 36.58%、13.94% 與 14.60%；鳳山為 35.15%、19.75% 與 10%；岡山為 34.07%、25.21% 與 6.40%。

表 5-5.1 高雄都會各區住宅建築類型：單位數、百分比與區位商數，1990、2010

鄉鎮市區		1990 年					2010 年			
		傳統／獨院或雙拼	連棟式	5樓以下	6樓以上	合計	平房	2至5樓	6樓以上	合計
鹽埕	個數	563	6,159	2,301	3,930	12,953	553	7,137	4,765	12,455
	百分比	4.35	47.55	17.76	30.34	100.00	4.44	57.30	38.26	100.00
	區位商數	31	86	82	334		43	98	121	
旗津	個數	2,486	3,870	312	6	6,674	761	6,653	128	7,542
	百分比	37.25	57.99	4.67	0.09	100.00	10.09	88.21	1.70	100.00
	區位商數	265	105	22	1		98	151	5	
前金	個數	1,165	5,051	1,260	4,053	11,529	623	7,513	7,743	15,879
	百分比	10.10	43.81	10.93	35.15	100.00	3.92	47.31	48.76	100.00
	區位商數	72	79	50	387		38	81	155	
新興	個數	1,422	9,209	4,737	7,836	23,204	1,413	13,597	12,610	27,620
	百分比	6.13	39.69	20.41	33.77	100.00	5.12	49.23	45.66	100.00
	區位商數	44	72	94	372		50	85	145	
苓雅	個數	2,543	24,003	18,927	11,565	57,038	4,559	43,681	25,411	73,651
	百分比	4.46	42.08	33.18	20.28	100.00	6.19	59.31	34.50	100.00
	區位商數	32	76	153	223		60	102	110	
前鎮	個數	3,253	27,616	13,214	3,925	48,008	5,350	45,621	23,536	74,507
	百分比	6.78	57.52	27.52	8.18	100.00	7.18	61.23	31.59	100.00
	區位商數	48	104	127	90		70	105	100	
三民	個數	4,577	43,649	23,115	7,168	78,509	6,599	72,743	51,419	130,761
	百分比	5.83	55.60	29.44	9.13	100.00	5.05	55.63	39.32	100.00
	區位商數	41	101	135	101		49	96	125	
鼓山	個數	2,662	12,570	8,346	3,359	26,937	2,686	24,872	28,722	56,280
	百分比	9.88	46.66	30.98	12.47	100.00	4.77	44.19	51.03	100.00
	區位商數	70	85	143	137		46	76	162	
左營	個數	4,642	18,539	3,210	3,133	29,524	8,336	25,741	46,006	80,083
	百分比	15.72	62.79	10.87	10.61	100.00	10.41	32.14	57.45	100.00
	區位商數	112	114	50	117		101	55	182	
都會核心	個數	23,313	150,666	75,422	44,975	294,376	30,880	247,558	200,340	478,778
	百分比	7.92	51.18	25.62	15.28	100.00	6.45	51.71	41.84	100.00
	區位商數	56	93	118	168		63	89	133	
楠梓	個數	3,779	18,113	8,473	768	31,133	4,296	42,083	18,227	64,606
	百分比	12.14	58.18	27.22	2.47	100.00	6.65	65.14	28.21	100.00
	區位商數	86	106	125	27		65	112	90	
小港	個數	4,781	14,303	8,981	555	28,620	5,402	31,705	9,325	46,432
	百分比	16.71	49.98	31.38	1.94	100.00	11.63	68.28	20.08	100.00
	區位商數	119	91	144	21		113	117	64	
仁武	個數	2,104	6,498	1,113	0	9,715	4,820	20,607	858	26,285
	百分比	21.66	66.89	11.46	0.00	100.00	18.34	78.40	3.26	100.00
	區位商數	154	121	53	0		179	135	10	
鳥松	個數	2,315	4,437	679	1,224	8,655	3,214	10,830	3,207	17,251
	百分比	26.75	51.27	7.85	14.14	100.00	18.63	62.78	18.59	100.00
	區位商數	190	93	36	156		182	108	59	
鳳山	個數	5,159	43,575	22,588	2,758	74,080	13,811	72,178	37,648	123,637
	百分比	6.96	58.82	30.49	3.72	100.00	11.17	58.38	30.45	100.00
	區位商數	50	107	140	41		109	100	97	

表 5-5.1 高雄都會各區住宅建築類型：單位數、百分比與區位商數，1990、2010（續）

鄉鎮市區		1990 年					2010 年			
		傳統／獨院或雙拼	連棟式	5 樓以下	6 樓以上	合計	平房	2 至 5 樓	6 樓以上	合計
都會中環	個數	18,138	86,926	41,834	5,305	152,203	31,543	177,403	69,265	278,211
	百分比	11.92	57.11	27.49	3.49	100.00	11.34	63.77	24.90	100.00
	區位商數	85	104	126	38		110	110	79	
彌陀	個數	2,146	2,144	8	0	4,298	1,018	3,943	0	4,961
	百分比	49.93	49.88	0.19	0.00	100.00	20.52	79.48	0.00	100.00
	區位商數	355	90	1	0		200	136	0	
梓官	個數	3,030	4,734	16	1	7,781	1,209	9,051	9	10,269
	百分比	38.94	60.84	0.21	0.01	100.00	11.77	88.14	0.09	100.00
	區位商數	277	110	1	0		115	151	0	
橋頭	個數	3,603	5,624	70	27	9,324	1,642	9,468	1,415	12,525
	百分比	38.64	60.32	0.75	0.29	100.00	13.11	75.59	11.30	100.00
	區位商數	275	109	3	3		128	130	36	
大社	個數	1,533	4,180	258	1	5,972	2,386	7,357	2,544	12,287
	百分比	25.67	69.99	4.32	0.02	100.00	19.42	59.88	20.70	100.00
	區位商數	183	127	20	0		189	103	66	
大樹	個數	4,331	4,683	491	1	9,506	2,875	8,182	1,235	12,292
	百分比	45.56	49.26	5.17	0.01	100.00	23.39	66.56	10.05	100.00
	區位商數	324	89	24	0		228	114	32	
大寮	個數	5,240	16,261	1,188	15	22,704	9,582	22,417	6,991	38,990
	百分比	23.08	71.62	5.23	0.07	100.00	24.58	57.49	17.93	100.00
	區位商數	164	130	24	1		239	99	57	
林園	個數	3,399	8,877	607	5	12,888	4,465	13,746	1,036	19,247
	百分比	26.37	68.88	4.71	0.04	100.00	23.20	71.42	5.38	100.00
	區位商數	188	125	22	0		226	123	17	
岡山	個數	5,843	13,949	605	18	20,415	4,284	22,216	7,448	33,948
	百分比	28.62	68.33	2.96	0.09	100.00	12.62	65.44	21.94	100.00
	區位商數	204	124	14	1		123	112	70	
燕巢	個數	2,934	3,650	18	0	6,602	1,883	6,933	106	8,922
	百分比	44.44	55.29	0.27	0.00	100.00	21.11	77.71	1.19	100.00
	區位商數	316	100	1	0		206	133	4	
阿蓮	個數	2,846	3,201	15	1	6,063	2,289	6,331	319	8,939
	百分比	46.94	52.80	0.25	0.02	100.00	25.61	70.82	3.57	100.00
	區位商數	334	96	1	0		249	122	11	
永安	個數	1,541	781	5	0	2,327	666	2,764	0	3,430
	百分比	66.22	33.56	0.21	0.00	100.00	19.42	80.58	0.00	100.00
	區位商數	471	61	1	0		189	138	0	
都會外環	個數	36,446	68,084	3,281	69	107,880	32,299	112,408	21,103	165,810
	百分比	33.78	63.11	3.04	0.06	100.00	19.48	67.79	12.73	100.00
	區位商數	240	114	14	1		190	116	40	
總計	個數	77,897	305,676	120,537	50,349	554,459	94,722	537,369	290,708	922,799
	百分比	14.05	55.13	21.74	9.08	100.00	10.26	58.23	31.50	100.00

資料來源：1990 年戶口及住宅普查報告、2010 年人口及住宅普查報告

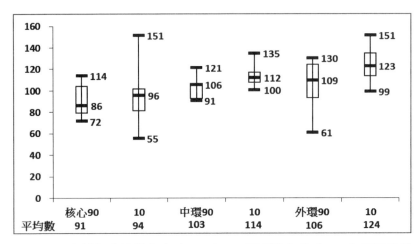

圖 5-5.1a　高雄都會連棟住宅（1990）、二至五樓公寓（2010）區位商數箱形圖

資料來源：同表 5-5.1

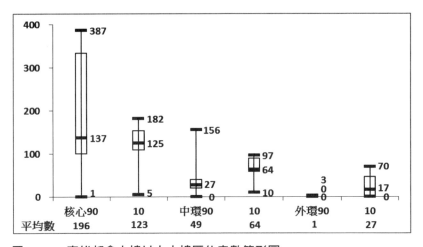

圖 5-5.1b　高雄都會六樓以上大樓區位商數箱形圖

資料來源：同表 5-5.1

　　在 1990 年，都會中環以鳥松六樓以上大樓的區位商數最高，達 156，但只占住宅總單位數的 14.14%，與都會核心高比例地區尚有一段差距，其餘各區比例都低於 4%，這類住宅在都會中環還是鳳毛麟角。

都會中環各區都以連棟住宅的比例最高，區位商數的最高值、中位數與最低值都高於都會核心，比重幾乎都在五成以上。楠梓、鳳山和小港三區五樓以下公寓住宅單位數居次，區位商數在 125 和 144 之間，比例介於 27.22% 和 31.38% 之間，鳥松和仁武則以傳統／獨院或雙拼住宅居次，分別為 26.75% 和 21.66%。都會外環各區的五樓以下公寓的比例都在 6% 以下，六樓以上大樓占住宅單位的比例都在 0.29% 以下，都微不足道。都會外環，除永安連棟式住宅比例低於傳統／獨院或雙拼住宅之外，其餘各區都是連棟式住宅比例較高；與都會中環相較，連棟式住宅所占比例都較高，但都會外環傳統／獨院或雙拼住宅比例高於都會中環，最低的也有 23.08%，有五區超過 40%，傳統農宅的性質仍明顯。

　　至 2010 年，六樓以上大樓住宅有 290,708 個單位，較 1990 年多了 24 萬餘，占都會住宅單位的比例的 31.50%，增加 22 個百分點。而五樓以下各類住宅總共只增加近 12 萬 8 千個單位。二十年間，六樓以上大樓的增加數量大於其他住宅類型，不過單位數和比例都略低於臺中都會，但高於臺南都會。在 2010 年時，二至五樓的住宅占 58.23%，由於這樣的住宅類型包含了 1990 年五樓以下的三個類型，我們推估住宅類型單位最多的仍是連棟式，其次則為六樓以上大樓，五樓以下公寓第三，傳統／獨院或雙拼住宅的比例最低[6]。

　　都會核心的住宅類型分配與都會的一般狀態不同，六樓以上大樓住宅單位的比例已經達 41.84%，約 20 萬個單位，增加了 15 萬；五樓以下的住宅總共只增加近 3 萬個單位。就算是增加的住宅單位都屬連棟式住宅，最多亦只有 18 萬個單位，占全住宅單位的 37% 左右，已不及六樓以上大樓。高雄都會核心在 2010 年是以六樓以上住宅單位最多，其次才依序是連棟式住宅、五樓以下公寓住宅，其他類住宅則更其次。都會核心各區中，前金、鼓山和左營，六樓以上大樓住宅單位的比例都高於二至五樓的比例，新興區則是兩類型的比例相近，我們推估這幾區六樓以上大樓住宅單位的比例應該都明顯大於連棟式住宅。比較大的轉變

6　根據《104 年住宅抽樣調查報告》，高雄市連棟透天比例最高，達 45.44%，六樓以上大樓居次，占 31.59%，傳統／獨院或雙拼住宅有 11.6%，略高於五樓以下公寓的 11.37%。

是，鼓山和左營六樓以上大樓住宅單位比例轉為全都會最高。三民、苓雅、前鎮與旗津二至五樓住宅比例大於六樓以上大樓，旗津為 88%，其他三區在 55% 至 62% 之間，這四區連棟式住宅應仍占最大比例。

都會中環六樓以上大樓住宅有 69,265 個單位，較 1990 年多了 6 萬餘，比例增加到 24.9%，增加約 21 個百分點；五樓以下各類住宅總計只增加約 6 萬 2 千個單位。住宅類型應仍是以連棟式住宅比例最高[7]，但六樓以上大樓可能已稍大於五樓以下公寓。中環各區應該都是這樣的分布模式。除了楠梓之外，其餘各區平房的比例均大於都會一般值，傳統／獨院或雙拼住宅比例很可能也都高於都會的一般值。都會外環六樓以上大樓增加約 21,000 個單位，比例達 12.73%，有五個區在 5% 以下，其餘六區在 5.38% 和 21.94% 之間。二至五樓住宅比例在 57% 至 81% 之間，連棟式住宅應仍占最大的比例。另外有六區的平房比例超過 20%，另五區亦都超過都會的平均值，最低的是 11.77%。傳統／獨院或雙拼住宅在各區的比例仍可能超過六樓以上大樓和五樓以下公寓。

高雄都會六樓以上的住宅在 1970 年代才出現，到 1980 年代六至十二層大樓數量明顯增加，至 1990 年代六至十二層與十三層以上大樓住宅單位遽增，增加量都超過二至五樓住宅，而十三層以上大樓住宅增加的單位數還略多於六至十二層大樓住宅[8]。2000 年以後，二至五層住宅單位數的增加又多於六層以上的住宅，而後者大都是十三層以上的建築。高雄都會在 1990 年以後的住宅類型以六樓以上大樓的增加最多，在 2010 年以六樓以上大樓比例居首的主要在都會核心的左營、鼓山、前金與新興，其餘都會核心各區與都會中環和外環各區都以二至五層樓的住宅數量最多，我們推估主要是連棟住宅的分布。都會核心各區連棟

7　都會中環 2010 年五樓以下住宅總計與 1990 年相較，增加 62,048 個單位，假定其中七成都屬五樓以下公寓，有 43,686 個單位，加上 1990 年的 41,834 個單位，達 85,520 個單位，仍不及 1990 年連棟住宅單位數。

8　根據 2010 年人口與住宅普查資料，高雄市 1971-1980 年間竣工之六至十二樓住宅有 9,496 個單位，十三樓以上住宅僅 996 個單位，二至五樓住宅 202,675 個單位；1981-1990 年間竣工之六至十二樓住宅有 35,289 個單位，十三樓以上住宅 12,760 個單位，二至五樓為 145,137 個單位；1991-2000 年間竣工之六至十二樓住宅有 80,243 個單位，十三樓以上住宅 97,644 個單位，二至五樓為 80,894 個單位；2001-2010 年間竣工之六至十二樓住宅有 6,249 個單位，十三樓以上住宅 49,516 個單位，二至五樓為 83,969 個單位。

住宅與傳統／獨院或雙拼住宅比例低於都會中環與外環，而都會外環則以傳統／獨院或雙拼住宅比例高於都會中環。旗津的住宅模式異於都會核心其他各區，與都會外環類似。

六、小結

高雄都會在 1960 年代與 1970 年代人口快速成長，但自 1980 年代以來，成長率居四都會之末，人口規模與臺北都會差距仍大，還為臺中都會逼近，人口老化程度亦較高。其三級行業的雇用量，在 2011 年已超過二級行業，最特別的是占二級行業最大份量的製造業的雇用量，在 1991 年與 2011 年之間下降，還轉為少於臺中與臺南都會。教育與職業組成的變化趨勢與其他都會雷同，但專門與行政主管人員的比例，從高於轉為低於臺中，大專以上教育人口的比例則在二十年間都低於臺中。外省人口數量與比例下降，轉為低於臺中都會。從以上各面向觀察，高雄都會去工業化趨勢已經明顯，其社會經濟發展不及臺中都會。在住宅類型上，六樓以上大樓與五樓以下公寓的發展較臺中都會強，然而整個都會應仍以連棟住宅占最大數量。

在討論高雄都會核心各面向的發展時，必須先排除離岸的旗津。自 1980 年代以來其人口持續下降之外，就業功能日漸衰退，雖為重要的觀光景點，產業結構與社經特質與核心各區迥異，社經地位居全都會之末，連棟住宅居多數，各個面向都比較類似外環各區。在排除了旗津之後，除了左營與鼓山，其他行政區自 1980 年代之後人口相繼負成長，至 2000 年代都會核心整體落入人口負成長，這樣的行政區多於臺中與臺南都會。人口老化程度從偏低轉為偏高，除了鼓山、左營和三民之外，老年人口比例都高於中環與外環各區。在產業結構上，各區製造業普遍衰退，僅前鎮在三級行業比例已較大時，仍呈現製造業的優勢。其餘各區三級行業的優勢明顯。鹽埕三級行業的雇用量減少，在生產者服務業和分配銷售業的優勢，為新興、前金與苓雅所取代，但仍強於其他各區。其餘核心各區，在這些行業的優勢亦強於中環與外環各區。鹽埕與前鎮在社經地位各面向，低於核心各區，也低於中環社經地位的一

些行政區，其餘各區則普遍呈現較高的社經地位。外省人口比例普遍下降，只是還高於其他環帶，左營的數量與比例雖大幅下降，依舊居全都會之首。在 1990 年代之後，鼓山與左營區有大量住宅區的開發，社經地位快速提升。整體而言，都會核心六樓以上大樓住宅單位數已居多數，鼓山與左營已超過一半，前金與新興亦多於連棟住宅，其餘四區連棟住宅仍占多數，五樓以下公寓未能如臺北都會那樣發展。

　　都會中環人口成長速度與增加量均為全都會之首，鳳山在三十年之間的增加數為全都會之冠，成為人口最大的行政區。其老年人口比例明顯低於都會核心與外環，幼年人口比例則高於核心，人口老化程度較低。製造業雇用數已經下降，只是占雇用量的比例遠高於都會核心。三級行業雇用量雖大增，尚稍低於二級行業。製造業的分布以楠梓、小港與仁武為主，三區的雇用量都減少，然而比例都大於整個三級行業。鳳山與鳥松的三級行業比重明顯大於製造業，也大於整個二級行業，分配銷售業發展優於生產者服務業，只是都仍不及都會核心大部分的行政區。地區社經地位不及都會核心，不過鳥松在 1980 年代以後，社經地位大幅提升，各項社經指標已與都會核心相近，楠梓亦有提升。外省人口的數量和比例都減少，不及都會核心，早期外省人口數量相當高的鳳山，人口的數量和比例大幅下降，已屬外省人口比例偏低地帶。六樓以上住宅單位已占四分之一，多過五樓以下公寓，但連棟住宅仍應占最大數量。

　　都會外環在 1980 年以後的兩個十年，人口成長速度大於都會核心，然而在 2000 年代各區普見負成長，整體負成長還大於都會核心。幼年人口的比例與中環相似，老年人口比例從高於轉為低於都會核心，但仍高於都會中環。整個三級行業的發展，與都會核心的差異仍大，亦不及都會中環，製造業是優勢行業，雇用人數增加，相對於人口的就業功能，在 2011 年竟然還高於中環。就各項社經指標觀察，各區的社經地位大都偏低，最高所得里的數量稀少。外省人口的數量和比例都減少，亦都小於都會核心與中環，原外省人口居高的岡山，急遽下降，轉為外省人口偏低地區。住宅建築類型仍以連棟住宅最多，六樓以上大樓住宅單位明顯增加，只是僅占住宅單位總數的一成五，而獨院或雙拼住宅應多於六樓以上大樓住宅。

第六章

摘述、比較與補述

　　本章除了前幾章就各都會不同面向分析的結果之外，還納入《前篇》的相應分析結果，就人口成長、產業結構與變遷、社會經濟地位、年齡與族群組成、以及住宅建築類型五面向，摘要陳述各都會的變遷趨勢，並引述相關文獻，以討論都會之間的異同。最後則以既有調查資料的分析，呈現都會居民工作的地理流動與日常生活外出的交通模式。

一、人口成長

摘述四都會人口成長模式如下：

臺北都會
• 1960 年代成長速度居四都會之首，1980 年代之後次於臺中都會，但人口數與都會範圍一直遠大於其他都會。
• 北市中心在 1960 年代之後人口成長減緩，萬華與大同已負成長，1990 年代整體人口減少，2000 年代各區都負成長。
• 1960 年代新北中心與都會北環的成長速度超過北市中心，新北中心人口數在 1980 年超過北市中心，北環亦在 2000 年多於北市中心。自 1980 年代各環帶人口成長速度遞降，1990 年代都會北環成長最快，2000 年代都會南環成長最快，都會人口持續往外擴張。
臺中都會
• 1960 和 70 年代人口成長速度不及高雄，自 1980 年代成長居四都會之首，在 2010 年人口數接近高雄。
• 1970 年代中區與東區負成長，2000 年代中區以外核心各區均正成長，整體人口未減少。
• 1960 年代都會中環成長速度超過都會核心，1970 年代人口數超越都會核心。都會外環在 1980 年代成長亦超過核心，但在 2000 年代反不及都會核心。

臺南都會

- 1960 年代成長速度最慢，自 1980 年代超越高雄，只是人口規模一直明顯小於其他三都會。

- 1960 年代都會核心成長率居首，在 1970 年代不及中環，負成長首見於當時的中區與西區，1980 年代出現於北區，1990 與 2000 年代則見於中西區和南區。核心整體人口一直增加，人口規模領先。

- 1980 年代都會中環人口成長超越核心，2010 年人口數接近核心。在 1980 年代都會外環人口成長速度最低，至 1990 年代都會外環成長超過核心，但在 2000 年代又低於核心，人口增加量一直低於其他二環帶。

高雄都會

- 1960 年代成長速度與臺北相近，在 1970 年代仍快過臺中，但自 1980 年代之後，居四都會之末，至 2010 年規模一直僅次於臺北都會。

- 1960 年代都會核心人口成長速度還居都會之首，至 1970 年代為都會中環超越，鹽埕人口開始負成長，1980 年代擴及前金與新興。2000 年代都會核心整體人口負成長，僅左營與鼓山二區正成長。

- 1980 年代與 1990 年代各環帶成長趨緩，都會中環為都會之首，外環人口成長速度亦超過核心。在 2000 年代，都會中環人口持續成長，然而外環負成長更甚於都會核心。

　　就整體都會的成長而言，在 1950 與 60 年代都會的人口成長以臺北居首，高雄居次，且高雄的成長速度在 1960 年代與臺北相近。到了 1980 年以後，臺中都會成長速度快，臺北居次，臺南第三，高雄則居末。最大的變化是臺中的持續成長與高雄的遲滯，特別是高雄 1980 年以後三十年的年平均成長率（0.90%）僅略高於臺灣整體的成長率（0.86%）。至於都會人口規模，一直是臺北最大，高雄其次，臺中第三，臺南居末，2010 年的人口數分別是 6,532,998、2,517,595、2,442,957 與 1,500,146。臺北都會人口規模遠大於其他三都會，臺中都會趨近高雄，臺南都會規模明顯較小。

　　各都會的核心地帶都有人口負成長地區，但規模不同。負成長地區範圍最大的是臺北都會的北市中心，在 1960 年代僅部分行政區呈現負成長，在 1990 年以後各區人口幾乎均下降，整體人口數亦減少，2010 年的人口數不僅低於 1990 年，亦低於 1980 年，已經明確進入人口絕對分散化階段。高雄都會核心各區在 1980 年代以後，雖有鼓山與左營強勢的人口成長，亦陸續呈現負成長，整個都會核心在 2000 年至 2010 年間人口為負成長，已進入人口絕對分散化初期。臺中與臺南都會都有

部分人口負成長區，範圍較小，臺中都會主要是核心的中區，臺南則是核心的中西區，二都會核心的總人口依舊增加中，仍處人口相對分散化階段。

相應的各都會人口都往中外環擴張，臺北都會的範圍與人口數量一直都遠大於其他三都會，北市中心以外的三個環帶自 1960 年代人口均明顯成長，新北中心與都會北環成長率都高於北市中心，其人口數量亦在 1980 年代之後相繼超過都會核心；最晚發展的都會南環，在 2000 年代成長率最高，三十年間人口增加數與都會北環與新北中心相近，遠大於其他三都會的外環。其他三都會，都會核心人口減少的速度小於臺北都會，人口成長主要在都會中環，都會中環人口成長率均於 1970 年代超過核心，外環的成長力道則遠不如中環，異於臺北都會南環的成長。臺中都會外環在 1980 年代以後人口成長速度才超過核心，但在 2000 年代又低於核心；臺南都會外環至 1990 年代人口成長率一度超越核心，但至 2000 年代竟是負成長；高雄都會外環成長率在 1980 年代大於核心，但在 2000 年代與核心同樣都是負成長，減少的速度還更快。

總之，各都會核心都有人口負成長地區，似乎與人口成長先後有所關聯，在 1960 年代成長最快的臺北都會，和 1970 年代成長居次的高雄都會，都會核心人口各區人口相繼呈現整體人口負成長。臺北都會人口成長的範圍持續往外擴張，其他三都會都未見都會外圍人口的大幅成長，都會的擴張似都只及於中環。在 1950 年代和 1960 年代農業性質還強的時候，它們的人口數量都大於臺北都會南環[1]，但在 1980 年或 1990 年都為臺北都會南環超越，且差距愈來愈大。

1　各都會外環很多行政區在《前篇》都未納入都會範圍，根據 1956 年的戶口暨住宅普查，在本篇界定各都會外環的範圍內，臺中九區的人口數是在 20,136 至 59,244 之間，合計 281,366 人；臺南九區在 14,531 至 36,785 之間，合計 210,599 人；高雄都會除永安與大社為 7,886 與 9,753 之外，其餘九區在 15,091 至 42,929 之間，合計 229,046 人。至於臺北都會南環，除泰山為 7,971 外，其餘七區在 11,688 至 31,986 之間，合計 137,265 人。

二、產業結構與變遷

摘述各都會產業結構的變遷如下：

臺北都會

- 1950 年代，農林漁牧業雇用量的比重已不及二級和三級行業，新北中心與都會北環大部分行政區都已如此；1960 年代二級行業雇用量較大，1980 年代為三級行業超越。

- 製造業在 1991 年與 2011 年間雇用量降低。北市中心自 1980 年代即開始遞減，自 1991 年之後，僅北環增加，新北中心數量與南環雇用量都減少。各環帶製造業比例均下降，唯南環仍超過五成，優勢最強，其次依序是新北中心、都會北環與北市中心。

- 自 1970 年代，北市中心各區三級行業呈明顯優勢，1990 年以後，北環與新北中心此行業雇用量亦較大。

- 生產者服務業與分配銷售業的雇用量明顯大於其他三都會。北市中心此二類行業的優勢極明顯，生產者服務業優勢更強，分配銷售業往外擴散程度較大。舊商業核心所在的大同與萬華，三級行業雇用量持續下降，主要因分配銷售業雇用量減少，但分配銷售仍是優勢行業。

- 總雇用量居四都會首位，北市中心的整體產業的集中係數是其他都會核心的 4 倍以上。北市中心的雇用量與集中係數也都高於其他三環帶，是明顯的就業中心。

臺中都會

- 1960 年代農林漁牧雇用量已小，1970 年代之後在都會中環與外環才明顯下降。在 1970 年代至 1980 年代，二級行業占總雇用量的比重持續增加；1991 年，二級行業雇用量仍較大，至 2011 年三級行業雇用量才超越二級行業。

- 自 1970 年代以來，製造業雇用數與所占比例持續增加，自 1990 年代雇用量超過高雄都會。製造業最優勢區在都會中環舊臺中縣所屬四區，都會核心製造業比重明顯偏低，在屯區亦不及三級行業；都會外環製造業雇用數減少，但比例仍高於中環的屯區。

- 都會核心一直保有三級行業的優勢，舊商業中心的中區，三級行業總雇用數以及生產者服務業與分配銷售業雇用數均大幅下降，但集中係數仍高。1990 年以來中環屯區的生產者服務業和分配銷售業的份量已經趨近核心。依雇用量與集中係數，西區生產者服務業仍最居優勢，中環的三屯區緊追其後，西屯與南屯以生產者服務業居優勢，北屯在分配銷售業居優勢，屯區三級行業雇用量總和超過都會核心。

- 都會中環不論人口數或雇用人數都明顯增加，雇用數在 1991 年即超過核心，整體產業的集中係數已與核心幾乎相同。都會外環的集中係數明顯低於核心與中環。

臺南都會

- 1960 年代農林漁牧業雇用量已小，但在中環與外環比例仍高於其他行業，此時都會整體二級行業比例最高，嗣後逐漸下降，只是雇用量仍大於三級行業。

- 1990 年以後製造業雇用量仍持續增加，外環雇用量大幅增加，趨近中環，而集中係數高於中環，新市區更是特別，雇用數遠大於人口數。中環與外環製造業的雇用量均仍占六成以上。

- 1991 年都會核心生產者服務業與分配銷售業比重低於其他三都會。此二行業逐漸往都會各區擴散，但都會核心持續保有優勢，中西區與東區的優勢明顯，安平在 1990 年代以後發展突出；中環與外環各區與核心差距頗大。中西區三級行業最具優勢，生產者服務業更強，異於其他都會舊商業地區。
- 都會核心整體產業的集中係數先不及中環，繼而外環集中係數最大，核心的就業功能反而最弱，低於其他都會核心。都會外環製造業雇用量大幅增加，但尚未帶來大量的人口成長。

高雄都會

- 1960 年代二級產業雇用量最大，但中環與外環仍以農林漁牧雇用量較大，1991 年至 2011 年間，二級行業的雇用數下降，至 2011 年為三級行業所超越。
- 製造業持續成長，在 1980 年代以都會中環最突出。1990 年以後，全都會製造業雇用量降低。中環雇用量最大，但數量與比例都減少；外環雇用量略增，仍大於五成，集中係數高於中環。
- 三級行業雇用量較臺中都會小，但比例較高。生產者服務業雇用數略大於臺中都會，分配銷售業則較小。都會核心的優勢持續明顯，中環與外環各區與核心差距仍大。鹽埕與鼓山自 1960 年代以後三級行業雇用量即下降，鼓山在 1990 年以後轉正成長，且生產者服務業與分配銷售業均明顯成長。新興與前金在 1990 年以後，三級行業雇用量亦減少，不過與苓雅仍為生產者服務業與分配銷售業最優勢地帶。
- 總雇用量在 2011 年小於臺中。核心整體產業的集中係數增加，其就業的功能大於中環與外環，中環反而稍不及外環，可能因外環的製造業成長並未帶來人口的成長。

（一）產業發展的變遷

　　各都會的農林漁牧人口在 1950 年代以後即持續下降，臺北都會的新北中心和都會北環大部分地區在 1950 年代農業性質已弱，其他三都會中環與外環則在 1970 年代才脫離農業為重的階段。各都會的二級行業雇用量自 1950 年代以來即大幅提升，但三級行業的比重亦告增加，繼而超越二級行業。臺北都會在 1981 年三級行業雇用數已大於二級行業，高雄都會繼之，臺中都會亦跟上。2011 年時，三級行業雇用量占的比例，臺北都會為 72.41%，高雄都會為 61.25%，臺中都會為 54.35%；唯有臺南都會為 45.07%，仍小於二級行業。臺北與高雄都會，二級行業不僅占產業雇用人口的比例降低，在 1991 年與 2011 年之間還見數量下降，主要是占二級行業最大量的製造業雇用量快速下跌的結果。臺中都會製造業雇用量在 1991 年與 2011 年均大於高雄都會，而臺南都會在 2011 年亦大於高雄都會。臺中都會三級行業雇用量

增加多於高雄，但其二級行業雇用量亦增加，以致三級行業比例反而低於高雄都會。

　　從製造業雇用量在各都會的變化觀察，整體而言，臺北都會的去工業化趨勢最明顯，高雄都會其次，臺中都會成長趨緩，臺南都會仍顯現成長的力道。各都會的三級行業都大幅成長，以其中的生產者服務業與分配銷售業觀察，臺北都會的優勢明顯。不但占產業總雇用量的比例較高，在 1991 年，生產者服務業與分配銷售業的雇用量分別是次高之高雄都會的 5.97 與 4.84 倍；在 2011 年，是臺中都會的 5.67 和 3.63 倍，高雄都會的 5.58 與 3.92 倍；臺北都會在生產者服務業的優勢仍遙遙領先。值得注意的是，臺中都會這兩行業占總雇用量的比例，雖不及高雄都會，但生產者服務業雇用量接近高雄都會，銷售分配業則超過高雄都會。

（二）製造業、生產者服務業與分配銷售業的分布

　　自 1960 年代以來，北市中心與各都會核心製造業的份量已低，製造業主要是都會中環與外環的優勢產業，都會中環（臺北都會為新北中心與都會北環）先發展，都會外環繼之。臺北都會在 2011 年只有南環的製造業雇用人口的比例過半，但其數量在 1991 年以來亦告減少，只是比例仍高於其他都會帶。在 1991 年與 2011 年，臺中都會製造業雇用量增加主要在都會中環，都會外環反而是減少，中環的屯區則因三級行業增加量更大，製造業所占比重反而降低，縣轄四區製造業仍都大於五成。同一時期，臺南與高雄都會區的都會中環亦是製造業的優勢地區，但高雄都會中環雇用量下降，臺南都會中環雇用量增加不多，此二都會製造業在外環有所成長。臺南都會外環的成長最突出，主要是臺南科學園區所在的新市與善化雇用量的增加，新市製造業的雇用量還大於其人口總數，更是特殊。

　　北市中心與其他三都會核心各區，一直是三級行業優勢地區；在北市中心與三都會核心各分區中，只有高雄前鎮的製造業仍有其重要性。北市中心與各都會核心以生產者服務業的優勢最強，分配銷售業優勢稍

弱，這二行業的相對份量都大於其他都會帶；各都會核心地帶，生產者服務業較弱各區，分配銷售業偏向強於生產者服務業。

在北市中心以及臺中都會與高雄都會的核心，都有早期發展的舊商業核心區，在 1950 年代仍是最重要的商業中心，但三級行業雇用量都與人口一般急遽下降，而其他核心各區雇用量持續增加。北市中心的大同，尤其是萬華，生產者服務業較弱，分配銷售業的人數亦減少；臺中都會的中區，生產者服務業、分配銷售業以及整個三級行業的雇用量都減少了近三分之二，只是仍有偏高的集中係數與區位商數；高雄鹽埕的這些行業也減少了三至四成的雇用量。異於以上三都會早期發展商業地帶的沒落現象，臺南都會中西區的生產者服務業與分配銷售業在臺南都會一直最居優勢，且雇用量都增加。各都會的生產者服務業與分配銷售業都有由核心往外擴散的趨勢，不過舊商業地區以外各區仍為這些行業集中地區，各都會核心所占優勢並未喪失。在各都會中環，均見這兩類行業發展較強的行政區，但與核心的優勢區差距依舊明顯，唯臺中都會的三個屯區為例外。屯區的生產者服務業與分配銷售業都大幅成長，在 2011 年，西屯與南屯已與核心的西區和北區同為生產者服務業與分配銷售業的優勢區，北屯的生產者服務業的偏向亦強。在產業結構上，臺中都會中環的屯區已與其都會核心相似。

（三）都會就業功能空間變遷

就產業總雇用量觀察，臺北都會一直居於第一位，在 2011 年臺中居次，超越高雄，高雄轉居第三，臺南第四。北市中心製造業雇用數下降，但生產者服務業與整個三級行業雇用數增加。若以產業與人口比例相對比值的集中係數代表就業功能的份量，北市中心雇用量增加，人口遞減，集中係數反而增加，是其他三個都會帶的 4 倍以上，是極為突出的就業中心，其他三個都會帶就業功能明顯較北市中心弱，都會北環在就業上的優勢從低於轉而超過新北中心，而都會南環始終為最弱。

高雄都會核心的二級行業雇用量減少，但三級行業，包含生產者服務業與分配銷售業，雇用量都增加，在人口微量成長下，總雇用量的集

中係數增加，轉為高於都會中環，就業功能增強；都會中環因其人口增加，集中係數反而低於都會外環，外環呈現較強的就業功能，只是仍低於核心。臺中都會則是中環在各個行業上的雇用量都成長，屬舊臺中縣各區以製造業為特色，三個屯區以生產者服務業與分配銷售業見長，整體產業雇用量的成長更快過人口成長，以致在 2011 年時，都會中環與核心的集中係數幾乎相近，都會外環在雇用量的相對份量則較低。

　　相對於人口的就業功能，至 2011 年以北市中心最強，高雄都會核心其次，臺中都會核心略高於都會中環。臺南都會則不同，其都會核心在 1991 年的集中係數即低於都會中環，可能因都會中環製造業雇用量的成長快於人口成長。這種情形在 2011 年又出現在都會外環，集中係數成為都會外環最高、中環其次、核心最低，都會核心在就業功能上反而最弱。外環的就業雇用量趨近核心，但人口與核心的差距並未縮小，外環的製造業成長並未同步帶來人口的成長。

三、社會經濟地位

摘述各都會社會經濟地位的空間分布與變遷如下：

臺北都會
• 大專以上教育人口持續增加，在 2010 年超過中等教育人口，比例明顯高於其他都會。農林漁牧人員在 1950 年代比例已低，生產體力與買賣服務人員數量居第一和第二位。1980 年監佐人員居次，超越買賣與服務人員。至 2010 年，監佐人員數量居首，專門與行政主管人員趨近生產體力人員，買賣與服務人員居末，專門與行政主管及監佐人員數量與比例遠高於其他都會。
• 1950 年代以後，大同與萬華一帶的社經地位在北市中心已屬偏低，迄 2010 年，萬華在全都會亦屬偏低。北市中心的大安，社經地位一直最高，其餘四區亦偏高。信義計畫區係 1990 年代以後最突出的高社經地區，但信義區整體社經地位與中山區相近。
• 都會北環與新北中心在 1960 年代即有社經地位較高地區，在 1980 年代高社經地位里分布於陽明山沿山的士林與北投與往南的文山與新店，在 1990 至 2010 年間內湖與汐止高社經地位里數量增加，但北市中心既有的高社經地帶之優勢仍難以取代。大專教育人口比例、專門與行政主管人員比例及所得中位數，依序由北市中心、都會北環、新北中心與都會南環遞減，生產體力人員比例則正相反。

臺中都會

- 大專以上教育人口持續增加，至 2010 年超過高中教育人口，比例略高於高雄都會。農林漁牧人員至 1980 年都仍有二成餘，在 1990 年降至一成強。生產體力人員在 1960 年代即占最大比例，買賣與服務人員其次。監佐人員比例在 2010 年超過買賣與服務人員，但仍少於生產體力人員；監佐及專門與行政主管人員比例大於高雄與臺南都會。

- 1960 年代臺中都會核心各區大專教育人口與專門與行政主管人員區位商數明顯高於中環與外環各區，生產體力人員商數亦較高，中環與外環農業人口尚多。1970 年代中環生產體力人員超過核心。1980 年代以後，核心的中區與東區社經地位下降，其餘三區仍維持較高社經地位，中環三個屯區明顯上升。與 1980 年相較，在 2010 年高社經地位里在三個屯區明顯增加，但屯區高社經里的分布大部分接近都會核心。社經地位，由高而低依序是都會核心、中環與外環，原屬臺中縣之中環各區與外環相近，與核心的社經地位優勢區和屯區差距明顯。

臺南都會

- 大專以上教育人口持續增加，至 2010 年超過高中教育人口，但比例居四都會之末。農林漁牧人員在 1980 年即降至二成以下。生產體力人員自 1960 年代以來一直占最高比例，買賣與服務人員在 2010 年為監佐人員超越，但監佐及專門與行政主管人員比例居四都會之末。

- 1960 年代都會中環與外環農林漁牧居多，安平以外核心各區在專門與行政主管、買賣與服務及生產體力人員的區位商數均偏高，此年代中區與西區社經地位最高。至 1980 年，東區社經地位超越中西區，1990 年代以後則是安平區社經地位明顯提升，除了南區以外，核心各區社經地位明顯高於都會中環與外環各區。社經地位的分布一直是核心高、中環其次、外環最低。高社經地位里在中環與外環分布相當分散，往永康、新市與善化延伸趨向較明顯。

高雄都會

- 大專以上教育人口持續增加，在 2010 年超過高中教育人口，比例略高於臺南都會。農林漁牧業在 1970 年代即降至二成以下。生產體力人員自 1960 年代以來均占最高比例，買賣與服務人員在 2010 年為監佐人員超越，監佐及專門與行政主管人員比例不及臺中都會，生產體力人員比例略高於臺中都會。

- 1950 年代都會中環與外環，除鳳山之外，農林漁牧人員居多。1950 年代至 1970 年代，都會核心內高社經地區由鹽埕向前金、新興、三民和苓雅擴展，新興取代鹽埕為最高社經區，但生產體力人員比例仍高於中環與外環各區，前鎮比例最高。中環與外環生產體力人員比例一直上升，在 1980 年超越都會核心各區。1990 年以後，核心的鹽埕社經地位下降，鼓山和左營上升；在中環則是鳳山社經地位下降，鳥松上升並趨近核心的高社經地位區。以 2010 年高社經地位里觀察，前金、新興與苓雅較密集外，較多分布在鼓山東北與左營東側以及鳥松，為新興的高社經地帶。

（一）教育與職業組成的變遷

臺灣的教育自 1950 年代以後即持續快速擴張，至 1990 年代中期進入高等教育擴張階段，人口教育程度逐年提升，四都會均不例外於這

樣的教育擴張趨勢[2]，在 2010 年，臺北都會最突出，達四成七，已大於中等教育人口，臺中都會其次，近四成，高雄都會略高於臺南都會，兩者在三成六上下，後三者的大專以上人口比例，都已大於高中教育人口了。就業人口的職業組成，在 1980 年以前的最大變化是農林漁牧人口快速減少與生產體力人員的持續增加。與全臺灣相較，四都會較早顯示生產體力人員增加的趨勢，臺北都會在 1950 年代生產體力人員即多於農林漁牧人員，到 1966 年達最高比例，占就業人口的三成五左右，此後即持續下降；臺中、臺南和高雄都會都在 1966 年生產體力人員的比例超過農林漁牧人員，至 1980 年達到最高點，此後生產體力人員的比例持續緩慢下降，同時買賣與服務、監督佐理及專門與行政主管人員均逐漸增加，而監督佐理人員與專門與行政主管人員增加更快。

在 1990 年與 2010 年之間，各都會的買賣服務人員和生產體力人員比例均下降，專門與行政主管人員和監督佐理人員的比例都告增加。在 2010 年，臺北都會的監督佐理人員是人數最多的類別，專門與行政主管人員接近生產體力人員，並多於買賣與服務人員，臺北都會專門與行政主管和監督佐理人員的份量，遠遠超過其他三都會。臺中、臺南與高雄都會生產體力人員的比例雖然降低，但仍為人口數最大的職業類別；至於其他職業類別數量與比例均增加，依序是監督佐理人員、買賣與服務人員、以及專門與行政主管人員；監督佐理人員在 1990 年還不及買賣與服務人員。專門與行政主管人員和監督佐理人員的比例，是臺中都會高於高雄都會，臺南都會最低；買賣與服務人員則為高雄都會高於臺中，臺南最低；生產體力人員比例以臺南都會最高，高雄、臺中與臺北都會依序遞降。有研究特別指出，在全球化的階段，臺北都會以專業化為職業結構變遷的特色（Wang, 2003; Tai, 2010），這種趨勢也普見於其他三都會，但遠不及臺北都會。

---

2 臺南與高雄都會大專以上教育人口比例原本低於全臺灣的一般值，這是因臺北都會比例特別高的結果，當我們將臺北都會扣除再計算大專以上教育人口比例，與臺北都會以外臺灣地區的一般值相較，臺南都會高出 3.4 個百分點，高雄都會高出 4.3 個百分點。

（二）社會經濟地位空間分布與變遷

　　四都會各環帶各區之間在二十年間雖有變化，都會中環亦有部分行政區趨近中心高社經行政區的情形，不過社經地位由都會核心往外圍遞減的狀態並未被顛覆。在 1990 年與 2010 年，大專以上教育人口的比例及專門與行政主管人員的比例，臺北都會都是由北市中心、都會北環、新北中心與都會南環，依序遞減；臺中、臺南與高雄三都會都是由都會核心、中環與外環逐漸降低。2000 年與 2010 年總所得的分布，也是同樣的狀態。至於生產體力人員的分布，1990 與 2010 兩年度，在臺北都會都是由北市中心、都會北環、新北中心與都會南環依序增高；在其他三都會，1990 年時都會中環比例最高，都會外環其次，都會核心最低，至 2010 年臺中與高雄都會是由都會核心、中環與外環逐漸提高；臺南都會則是都會核心最低，都會外環與都會中環相近。

　　北市中心與各都會核心一直保持高社經地位人口的優勢，北市中心的大安區、臺中都會核心的西區、臺南都會核心的東區與高雄都會核心的新興區，在 1980 年時，高等教育人口比例與行政主管與專業人員比例為全都會最高，至 2010 年時亦復如此。在這三十年間，各都會核心地帶也有新興的高社經地區，諸如臺北都會信義區中的信義計畫區，臺中的跨越西區、南屯與西屯的五期重劃區（還延伸到跨南屯與西屯七期重劃區），高雄鼓山區的美術館特區與凹子底副都心，以及臺南都會的安平區。這些地區的或是由功能漸失的工廠倉儲用地，或是中心都市尚未開發的農業或漁塭地帶轉為高社經地位住宅區，為中心都市住宅地帶的擴散。

　　在都會核心地帶的社經地位優勢下，北市中心與各都會核心亦有社經地位衰落地帶。各都會最早開發的舊商業核心地區，在 1960 年代以後人口與產業雇用人口都持續下降，地區社經地位也同步下降，至 2010 年時，除臺南的中西區外[3]，都是都會核心地帶社經地位偏低的行政區。臺北的大同區在整個都會仍具居中的位置，萬華區則已低於都會

3　中西區以大專以上教育人口及專門與行政主管人員的區位商數而言仍只低於東區，但在所得中位數與高社經地位里的比例則低於東區和安平。

南環的中位數；臺中的中區則明顯低於中環的屯區，但在都會中仍占居中的地位；高雄鹽埕的高等教育人口比例已低於都會的一般值，只是仍高於都會中環和外環大部分行政區。里所得中位數的分布，呈現出舊商業核心鄰近的低社經地帶：在北市中心是萬華區西南舊屬雙園區與古亭區地段，是早期外省人與鄉村移民聚居地，並為第一代平價住宅座落地（陳東升、周素卿，2006），另外則是大同區北半並延伸到士林的社子地區；在臺中都會核心是舊日工業較多的東區；臺南都會核心則見諸中西區在舊西門外康樂街兩側各里及南區；而高雄都會核心則是形如離島的旗津，鼓山區沿壽山東側的工廠與住宅混合地帶以及製造業重鎮的前鎮。

　　各都會的中環在社經地位上都有所提升，有些區已經趨近都會核心的較高社經地位行政區，譬如臺北都會的內湖與文山、臺中都會的西屯與南屯以及高雄都會的鳥松，但整體而言，仍不及都會核心的高社經地位行政區。臺中的三個屯區除了社經地位的提升之外，三級行業中的生產者服務業和銷售服務業亦同步成長，雇用量在2011年超過都會核心，在產業結構與社經地位的性質趨近都會核心。從里的所得中位數，仍可以觀察在都會核心以外的高社經地位地區。臺北都會的北環，士林與北投有最高所得里的集中地區，大都位於陽明山沿山地帶，在1980年代已經是臺灣各都會核心以外少見的大規模的高社經住宅區。但在這地帶往淡水河與基隆河之間，社經地位偏低的數量較多，拉低了整個士林與北投的社經地位。臺中都會大都分布在中山高速公路以東與縱貫鐵路以西屬屯區地帶，高雄則見諸鳥松與楠梓。新北中心與都會南環，以及各都會的外環地帶，最高所得里都零星分布。

四、年齡與族群組成

（一）年齡組成與變遷

摘述各章年齡組成與分布之變遷如下：

臺北都會
• 2010 年在四都會中老年人口比例僅高於臺中都會，幼年人口比例最低。
• 1960 年代北市中心的萬華與大同一帶幼年人口比例與老年人口比例均較偏高，其餘各區老年人口與幼年人口均偏低，而都會外圍大部分地區幼年與老年人口比例大都偏高。
• 至 2010 年，北市中心老年人口比例為全都會最高，也高於其他三都會的核心，各區的老年人口比例均高於幼年人口，萬華達高齡社會階段。北市中心幼年人口比例則為全都會最低，各區都偏低。都會南環正好相反，老年人口比例為全都會最低，幼年人口比例最高。都會北環老化程度稍高於新北中心，老年人口比例較高的行政區亦多於新北中心，兩者都有少數行政區幼年人口比例偏高。

臺中都會
• 2010 年在四都會中老年人口比例最低，幼年人口比例最高。
• 自 1960 年代工作年齡人口由都會核心往外擴散，都會內部的幼年與老年人口比例差異不大。此後都會核心老化趨勢增強，與其他環帶的差距增加，幼年人口偏高區逐漸減少。
• 至 2010 年，都會核心老年人口明顯高於中環與外環，已無幼年人口偏高區，中區的老年人口比例最高，並多於幼年人口，達高齡社會階段。都會中環較多行政區的幼年人口比例偏高，老年人口則普遍偏低。都會外環老人偏高區多於中環，整體比例亦較高，老化程度高於都會中環。

臺南都會
• 2010 年在四都會中老年人口比例最高。幼年人口比例與高雄都會相近，高於臺北都會。
• 在 1960 年代，都會核心的老年人口比例偏低，幼年人口比例稍偏低，都會外圍各區幼年人口比例略高於核心，但老年人口比例明顯高於都會核心。
• 2010 年，幼年人口在各環帶之間差異不大，老年人口的區間差異較明顯，核心與外環老年人口比例高。都會核心的安平，幼年人口比例為全都會最高，老年人口為最低，為核心之例外。

高雄都會
• 2010 年老年人口比例僅低於臺南，幼年人口與臺南都會相近。
• 在 1960 年代，核心各區老年人口比例大都偏低，幼年人口與外圍地帶差異不大，嗣後則老化趨勢明顯。
• 2010 年，老年人口的比例核心各區大部分都偏高，外環比例偏高行政區亦較多，然核心整體明顯較外環高，鹽埕區老年人口比例尤其高，並多於幼年人口，都會中環老年人口則普遍偏低。在幼年人口減少的過程中，各區的差異不明顯，都會核心略為偏低，各環帶都有幼年人口比例偏高與偏低的地區。

　　本書的四個都會區與全臺灣相較[4]，工作年齡人口比例較高，老年人

4　臺灣在 1960 年代前期，幼年人口比例最高，占人口近 46%，此後逐步下降，其人口數量在 1980 年代後半達到近 580 萬的最高點，至 2010 年僅 360 萬餘人，占 15.65%。相應的是工作年齡人口與老年人口的增加，在 1993 年老年人口比例占 7.1% 時，進入高齡

口比例較低。反映的是都會地區就業人口相對較多，人口老化程度也較低，除了臺中都會，幼年人口比例亦較低。各都會幼年人口在 1960 年代都在 40% 以上，老年人口都在 5% 以下，至 2010 年幼年人口降至 15% 上下，除臺中都會外，都略低於全臺的一般值，老年人口則都略低於全臺的一般值，但均未能逃脫遍及全臺的老年化與少子化的劇烈變遷，都進入老齡化階段。1990 年至 2010 年，各都會幼年人口不僅比例降低，數量亦大幅下降，各環帶都如此，行政區幼年人口減少者遠多於增加者。臺中都會的幼年人口比例最高，老年人口比例最低，顯現較大的人口成長潛力。臺中都會以幼年人口比例偏高為特色，臺南與高雄都會則以老年人口偏高為特色。臺北都會工作年齡人口比例高於其他三都會，反映工作機會的優勢。

在人口老化的過程中，各都會核心內各區皆明顯呈現老年人口偏高，都已進入高齡化階段，亦都有少數行政區達高齡社會階段（老年人口超過 14%），幼年人口比例大都偏低，唯有少數例外，特別是臺南的安平與高雄的左營，幼年人口比例在其都會居首位，與全都會的趨勢不同，幼年人口數量都告增加，這兩區在 1990 年至 2010 年間都以人口正成長而異於其他核心各區。各都會中環與臺北都會南環，都是人口成長的主要地帶，老年人口普遍偏低。臺北都會南環與臺中都會中環，老年人口比例低於 7% 的行政區的數量較多，整體亦未達高齡化階段。臺中、臺南與高雄的都會外環老年人口偏高，除臺南都會外，老化程度似乎都不及都會核心。

至於幼年人口只有臺北都會南環顯示很一致比例偏高的趨勢，新北中心與都會北環雖有比例偏高與偏低行政區，但整體而言，不及南環，高於北市中心，大致呈現由北市中心往外逐漸提高的樣態。而其餘都會的中環與外環都有比例偏高與偏低的行政區，都會中環整體幼年人口的比例大致仍高於外環，是核心比例最低、中環較高、外環居中的樣態。

化社會，至 2010 年老年人口比例達 10.74%，近 250 萬人。在 1990 年至 2010 年間，幼年人口減少約 200 萬人，工作年齡增加約 340 萬人，老年人口增加近 120 萬人（國家發展委員會，2016）。

（二）族群組成與分布

摘述各章族群組成與分布之變遷如下：

臺北都會
• 外省人口比例一直居四都會之首，數量亦大很多。北市中心與新北中心在 1950 和 1960 年代外省人口比例明顯偏高，有幾區外省人口占四成以上，最高至六成。嗣後，外省人口比例逐漸降低。2010 年外省人口比例最高者已低於二成。外省人口向外圍地區擴散，2010 年時，都會北環比例最高，北市中心其次，新北中心第三，都會南環居末。
臺中都會
• 外省人口比例與數量原小於高雄都會，在 2010 年轉而超過。在 1950 和 1960 年代以都會核心的比例較高，在 1980 年代中環的西屯與北屯趨近核心的高比例。整體而言，核心外省人口比例仍高於中環。都會外環各區外省人口比例均增加，但仍不及核心與中環。
臺南都會
• 外省人口比例一直居四都會之末。在 1970 年代以前都會核心外省人口比例明顯較高。自 1980 年代以來，都會中環有兩區外省人口比例陸續增高，至 2010 年都會中環與核心已趨近。都會外環外省人口比例亦增，但仍遠不及核心與中環。
高雄都會
• 在 2010 年外省人口數量與比例落於臺中都會之後，之前則僅次於臺北都會。在 1950 和 1960 年代都會核心有一半區比例偏高，左營達四、五成，都會中環的鳳山與外環的岡山者亦屬高比例區。在 1980 年代以後，這些區外省人口比例均下降，核心比例仍最高，外環最低。

　　在 1950 年前後，大量的外省移民湧入臺灣，主要分布在大都市及其鄰近地區。臺北都會最為特殊，在 1989 年與 2010 年，占全臺人口都僅略高於 27%，但占外省人口的比例分別為 42.80% 與 41.10% 。在臺北都會所占比重特別高之下，其他三個都會區就不那麼突出了。不過，1956 年、1966 年和 1980 年的普查資料都顯示外省人口比例高的行政區，在高雄、臺中與臺南都會出現的情形明顯多於其他地區。

　　四都會內各區，外省人口比例的最高點出現於 1950 和 1960 年代，有超過 50% 的行政區，如臺北的大安和高雄的左營，臺中與臺南亦有接近 40% 者。此後外省比例較高的行政區都逐漸遞降，至 2010 年臺北與高雄都會沒有外省人口比例超過 30% 者，臺中與臺南都會未有超過 20% 者。檢視各都會外省人口在 1989 年與 2010 年的分布狀況，

都呈現外省人口逐漸分散的趨勢，都會中環與外環的外省人口比例增加。在這種分散的趨勢下，除了臺北都會北環的外省人口比例超過北市中心之外，其他三都會仍以都會核心的比例最高，最高比例的行政區亦在都會核心，而較晚發展的地帶，如臺北都會的南環與其他三都會的外環，外省人口比例均較偏低。

　　外省人在都會中集中程度普遍下降，在 1960 和 1970 年代主要是大量鄉村人口移入都會的結果；1980 年代以後，除了後代因就業而離開父母住處之外，都市核心地帶的更新以及各地眷村改建亦是可能的原因。在臺北都會的北市中心，入住日人移出之後的公教人員住宅、軍眷住宅以及外省移民居多的違建戶，都逐步改建，或成為公共設施用地，都促成原住戶另覓新居。眷村改建遍及各都會，亦是外省人口分散的因素之一。眷村改建始自 1970 年代末期，在 1980 年代全面展開，主要是與臺北市政府、高雄市政府與臺灣省政府合建國宅，由軍方與地方政府各二分之一比例分配，另亦有自建眷宅，大都以分配原住戶與有眷無舍官兵為主。在 1990 年代中期，施行新的條例，大幅調整眷村用地，選定部分眷村為國宅基地，安置原眷戶鄰近其他眷村之眷戶，部分由地方政府提供低收入戶承購（吳亭秀，2016）[5]。不論前後兩種眷村改建措施有何不同，都同時供應軍眷戶與一般居民的居住需求。

　　外省人口的特殊分布是 1950 年前後特殊歷史事件的結果，1970 年代以後原住民在都會分布的狀態以及 1990 年代以來外籍人口的移入，

5　在此期間，與地方政府合建的國宅共有 63,223 個單位，臺北市有 32,788 個單位，占 51.40%；新北市有 2,707 個單位，占 4.28%；臺中市有 3,355 個單位，占 5.31%；臺南市有 5,742 個單位，占 9.08%；高雄市有 5,164 個單位，占 8.17%。四都會共占全臺的 78.70%。臺北市的這類住宅單位中，26,863 戶在北市中心大同以外各區，主要分布在松山、萬華與大安。臺中市的這類住宅分布在北區、東區、南區與西區；臺南市的分布在北區、東區與南區；高雄市的分布在左營、前鎮與鳳山。另有「國軍軍眷住宅公用合作社」興建 17,959 戶，臺北市 6,508 戶，新北市 6,401 戶，臺中市 2,842 戶，臺南市 100 戶，高雄市 338 戶。新北市的比例略低於臺北市，臺中市少數在北屯、太平與大肚，臺南市在永康，數量極小，高雄市在鼓山與三民，數量亦小。這個階段改建的數量最大，主要在四大都會，並且以北市中心與各都會核心為最主要的改建地區。在 1990 年代進入新制改建階段，總共建 30,094 戶，四大都會占 55.69%，同時四大都會核心以外地區的比例也增加，新北市加上臺北都會北環的數量已大於北市中心，臺中市主要是在西屯與清水，臺南市在永康與仁德的數量大於核心的北區，高雄市在鳳山與岡山的數量大於左營（吳亭秀，2016）。

都是值得注意的現象。在 1980 年代以後，原住民移入都會的數量漸增，到 2000 年之後大致有 40% 住在非原鄉，住在都會區周邊的遠多於都會區核心（章英華等，2010；王佳煌、李俊豪，2013），估計都只占各行政區人口的 5% 以下。固然有受人矚目的原住民聚落，但占臺北都會原住民的極小部分。以里別資料計算可能獲得較高的指數（王佳煌、李俊豪，2013），不過整體反映的可能是原住民因社經地位的居住傾向而非族群的居住隔離。

1990 年以後，外籍人口的移入增加，包含外籍移工與外籍配偶。在 2016 年臺北市社福勞工遠超過產業勞工，新北市則產業勞工與社福勞工的數量都大，但社福勞工的比例更高，至於舊臺中市、臺南市與高雄市都是社福勞工的比例大於產業勞工，舊臺中縣、臺南縣與高雄縣則是產業勞工的數量大於社福勞工（勞動統計調查網）。總之，社福移工以照顧的家庭為居住地，產業移工居住地則與工廠所在關聯。女性外籍配偶先以來自中國大陸的為主，來自東南地區者明顯增加（中央研究院，2011；伊慶春、章英華，2006），其居住地，反映的主要是其夫家的居住傾向。在 2000 年的臺北都會，大陸配偶的分布主要在都會核心的萬華、大安與中山以及都會北環的文山。東南亞配偶以新北市外圍靠山面海的地區，或都會南環，或在新北市北面與東北面未歸入臺北都會的各行政區。基本上大陸配偶的分布與外省人口的關聯度高，而東南亞配偶的分布則在都會的外環或鄉村地區（紀玉臨等，2009；王佳煌、李俊豪，2013）。雖有特定的偏向，但不適合視之為居住隔離。

五、住宅建築類型

摘述各章住宅類型與分布之變遷如下：

臺北都會

- 1970 年代四、五樓的公寓成為住宅主流，1980 年六層樓以上大樓成為新建住宅主流，然迄 1990 年，四、五層樓在全都會都是最主要的住宅類型，北市中心以六樓以上住宅類型比例較高為特色。至 2010 年都會整體六樓以上住宅單位數多過五樓以下公寓。

- 2010 年，都會北環屬新北市的五區以及都會南環各區幾乎都是六層樓以上住宅單位比例最高。都會核心有四區以六樓以上住宅單位偏高，其他三區與北環隸屬北市的五區和新北中心各區仍以四、五樓住宅類型居多數。

臺中都會

- 在 1990 年，連棟式建築仍為住宅主流。都會核心亦以連棟住宅居多數，五樓以下公寓居次，六樓以上大樓住宅第三，中環與外環以傳統／獨院或雙拼住宅居次，六樓以上大樓稀少。

- 2010 年，核心各區與中環三屯區以六層以上大樓住宅單位居多數，連棟其次。中環屬舊臺中縣四區及外環各區仍以連棟住宅居多，前者六樓以上住宅與傳統／獨院或雙拼住宅單位相近，後者六樓以上住宅仍稀少。

臺南都會

- 在 1980 年都會核心以連棟式住宅為主，中環與外環尚以傳統農村住宅居多。至 1990 年都會核心與中環均以連棟住宅比例最高，核心有較高比例五樓以下公寓及六樓以上大樓住宅，都會外環尚有少數區以傳統／獨院或雙拼住宅為多。

- 2010 年只有核心的安平以六樓以上大樓住宅居多，其餘核心各區及中環和外環各區都以連棟住宅數量最大，但中環與外環傳統／獨院或雙拼住宅比例高於核心。

高雄都會

- 在 1990 年連棟住宅仍占最大比例，都會核心同樣以連棟住宅單位最多，但五樓以下公寓與六樓以上大樓多於中環與外環，中環傳統／獨院或雙拼住宅比例高於核心，外環更高。

- 2010 年都會核心有四區六樓以上大樓比例高於其他住宅類型，其餘各區（除旗津）比例雖不及連棟住宅，仍高於都會中環與外環各區。旗津與都會中環及外環各區以連棟住宅居多，中環六樓以上大樓較外環多。

（一）住宅建築類型的改變

臺灣都市的住宅在 1950 與 1960 年代，大都只是一、二層的建築，混合著傳統合院建築、街屋建築、日式建築以及臨時性住宅與違章建築。各都會十分相似，都以平房占最多數。根據 1966 年的人口與住宅普查，人口最多的臺北市有六成五是平房，高雄市有七成二，臺中市

與臺南市為八成以上，鄰近的各縣都在八成以上。各市以非獨立的連棟住宅居多，鄰近各縣則以獨立的一、二層住宅居多。反映的應是市區以二層以下連棟住宅居多，外圍各縣傳統農村住宅數量居多。除一、二樓連棟住宅之外，北市中心和高雄都會核心還有大量的違章建築，臺中和臺南都會核心較少[6]。最早的違章住宅大都是木造臨時建築，是大量移入人口形成的非正式住宅地帶，有見於主要道路旁者，有在商業繁盛地區左近者，有在既有建成地邊緣者，還有毗鄰發展成較高社經地位地區者。在 1960 和 70 年代，各地方政府都以整頓違章建築為重要施政項目。

在 1950 年代末期，在臺北市出現三層公寓，在 1960 年代則四、五層公寓住宅興起。目前的五樓以下公寓，應大部分都屬四、五層建築，在 1980 年代和 1990 年代，成為臺北都會住宅單位數量最多的建築類型，其他三都會仍舊是以連棟住宅居多，僅高雄都會核心四、五層樓公寓的比重較稍高。六樓以上的中高層住宅，在 1960 年代末期即告出現，1970 年代六至十二層的住宅開始增加，1990 年代二、三十層以上的集合住宅陸續出現，不過大部分都在十層以上與十四層之間[7]。在 1980 年代只有臺北都會六層樓以上住宅的興建數量可觀，但自 1990 年代，六層以上中高層集合住宅單位雖在各都會均屬增加最多的建築類型，至 2010 年則只在臺北都會成為占最多住宅單位的建築類型。其他三都會仍以連棟住宅居多，臺中與高雄都會六樓以上住宅成為次要類型，臺南都會則仍不及獨院與雙拼類型。

6　1959 和 1960 年，北市數條道路劃為美觀地帶，只能興建三層以上建築（臺北市政府工務局，1970）。1960 年前後，臺北市有 35,509 間違章建築，占約 1/3 住宅；高雄市有 27,843 間，占二成強；臺中市約 500 間（莊心田，1965a；高雄市綱要計劃，1971；臺中市綱要計劃，1971；章英華，2011）。

7　朱政德與其共著者在探究臺北市與高雄市民間集合住宅供給的論文中，綜合既有的碩士論文與其他相關論文，綜理出臺灣住宅類型的發展（朱政德，2011；朱政德、盧珮珮，2012），但主要都以臺北市的住宅發展為基礎。像陳聰亨（2016）有關臺灣集合住宅發展脈絡的討論，則是完全以臺北都會發展為例證。本章參考他們的著作，並配合本書的數據討論。

（二）住宅類型的分布與變遷

　　各都會六樓以上大樓的興建，都由舊核心以外的都會核心地帶開始往外展開。至 2010 年在臺北都會，六樓以上大樓住宅為北市中心大部分行政區最優勢住宅建築類型；更特別的是，南環各區，除鶯歌外，這類型住宅都在五成以上，整體的比例還高於北市中心。在 2010 年，臺中與高雄都會核心六樓以上大樓住宅已多於其他住宅類型。臺中都會居優勢的地區除了都會核心的西區、南區和北區，還擴及都會中環的三個屯區；高雄都會核心以前金、新興、左營與鼓山比例最高。臺南都會為例外，都會核心仍以連棟住宅獨強，六樓以上住宅優勢區就只有安平。至於核心以外地區，除了臺北都會區的高樓層住宅往外圍大幅增加之外，其餘三都會的中環與外環仍以連棟式住宅的增建為主。

　　隨著六樓以上高層住宅大樓的興起，大樓住宅也逐漸往高級住宅發展，先以 50 坪至 70 坪的住宅單位為主，至 1990 年中期以後則以 100 坪以上的住宅單位為號召。在臺北都會，最初分布於大安區主要幹道附近地段，在 1990 年代後期則於信義計畫區豪宅群聚。在臺北都會，這類住宅整體數量仍以北市中心最多，亦往都會北環各區擴散（林潤華、周素卿，2005；朱政德、黃品誠，2010）。自 1990 年代以來，這類住宅在臺中與高雄亦為突顯。在臺中都會，除了核心的西區從科博館到國美館綠園道及五期重劃區分布之外，更多興建於文心路以西，南屯與西屯交界地帶的七期新市政專用區重劃區（賴光邦、秦洪揚，2010）；在高雄都會，先出現於新興、前金與苓雅，繼而在 2000 年代見諸鼓山東北部的第 44 期重劃區（內惟埤文化園區特定區，內有美術館）與農十六區段徵收地段（凹子底副都心），還擴及左營的東南地帶（朱政德、龔哲永，2017）。

　　獨院與雙拼住宅是比較接近西方郊區化的建築類型，在臺北 1960 年代和 1970 年代多見於士林區陽明山沿山、天母與外雙溪一帶，為早期高級住宅地帶，天母一帶在 1990 年代以後轉而成為高價位大樓住宅主要分布地區之一。在 1970 與 80 年代，在當時屬山坡地的新店與汐止，亦有相當數量山坡地別墅型住宅，但其數量遠不及四、五層樓公寓

（陳東升，1995）；在 1990 年以後，原先別墅群的周遭卻見十二樓以上大樓的發展，別墅住宅的比例更是降低。高雄都會的鳥松區在 1970 年代即有別墅住宅之興建，在 1980 年代亦見社區型別墅，但相關建案不多（朱政德、龔哲永，2017）。鳥松區在 1980 年代以後發展為高雄都會社經地位高的行政區，但高樓層住宅的比例甚低，可能還不及獨院雙拼的住宅，只是連棟式住宅比例仍屬最高。連棟式住宅很多已非傳統街屋式透天厝，建有前庭與車庫，與屋棟間距小、雙拼或連棟式的門禁別墅住宅很是類似[8]。在臺北市集合住宅的討論中，朱政德（2011）強調，臺北市以外之縣市對高密度集合住宅的需求不高，加上偏好透天的傳統居住觀念，連棟住宅成為其他縣市集合住宅之主流。

　　以上住宅類型的發展並非居民偏好的反映。1989 年全臺灣的住宅調查顯示，住宅偏好以獨院及雙拼為主（40%），其次為公寓（25%），連棟式（21%）（蕭家興，1997）。另一在 1994 年有關居住環境與居住選擇的調查（章英華等，1996）顯示，不論以區域或都市化類別觀察，民眾過半偏好獨門獨院住宅，加上雙拼住宅則占六成以上。追問這輩子有沒有可能住在理想的住宅中，以獨門獨院或雙拼為理想住宅者，自知可能達成的比例，遠低於以一般公寓或連棟透天及電梯大樓為理想住宅者。選擇獨院或雙拼住宅者自知達成的可能較低。根據 2015 年住宅抽樣調查（故鄉市場調查公司，2017），呈現受訪者未來三年預計購屋的類型，各都會居民的住宅選擇，臺北以住宅大樓獨勝，高雄都會大樓與透天勢均力敵，臺中以透天優先，大樓亦具份量，臺南都會則透天住宅獨強。臺中與臺南選擇透天住宅居多，實際居住的是連棟透天的居多，能住獨院或雙拼住宅的可能均低。在 1980 年代民眾明確的獨院住宅偏好，在 2000 年代可能還存在，但在住宅市場，在臺北都會的高樓優勢與其他都會的連棟住宅具有穩固的優勢。

8　陳柏鈞與洪富峰（2017）描述高雄市鳥松區夢裡里的住宅型態，分成「街屋式透天厝」（中段）、「工業住宅」（西段）及「門禁社區大廈與別墅」（濱湖）。強調新式連棟住宅在住宅立面與內部配置上很不同於傳統連棟住宅，有許多「類別墅」在舊聚落中；門禁社區中有些別墅像成排街屋。夢裡里為前 10% 高所得里，其獨院或雙拼住宅比例可能高於其他里，但連棟式住宅可能仍較多。

（三）公共住宅政策的演變與高度仰賴私部門的住宅發展

1949 年與 1950 年代初期以來自大陸移民所形成的違章住宅為主，隨後來自鄉村的移民進住比例增加，在高雄市出現完全以鄉村移入都市之勞工所形成的大型違章建築區[9]。這些違建在各大都市大都座落於公共用地，可視為政府公共政策的一部分。有由半政府的非營利組織協助建置者，有快速擴大政府默許者。這些住宅雖屬違章，可接水電，若遇天災，還需要給予適當的救濟[10]。在 1950 年代和 1960 年代平價住宅的興建，很大部分就在解決這樣的住宅問題（米復國，1988）。在 1970 年代和 1980 年代則是數次極具野心的國民住宅興建計畫，但都無法貫徹最初的願景。直至 1980 年代，公共住宅的建設是以政府興建為主，但至 1990 年代，國宅方案仍無法順利推動，在 2000 年以後以企業經營模式推動都市更新方案為主軸（內政部營建署，1991；朱政德、盧珮珮，2011；Hsu & Hsu, 2013）。

不論政府在住宅政策上有何轉變，臺灣的住宅發展都是以私部門為主。從 1976 年到 1991 年之間政府直接興建的國民住宅僅占住宅總量的 6%，並有逐年遞減的趨勢。而國宅是以提供自有住宅為主，僅有少量的出租公共住宅[11]。這樣少量的國宅還與民間住宅的興建處於競爭關

9　如臺北市的中華路鐵道兩旁、南機場、七號公園及十四和十五號公園預定地，臺中市的柳川、綠川，都是先因中國大陸來臺人士建造臨時住宅而形成，在 1960 年代因天災或工作而遷入的本省籍民眾漸增（莊心田，1965a；龍冠海、范珍輝，1967；鄭曉琦，2010）。高雄市亦有類似的違建區，但最特別的是前鎮草衙，在 1960 年代成為經濟能力較差之勞工落腳處，在公有地上形成六千戶的住宅區（楊玉姿，2007；陳東升、周素卿，2006）。

10　1950 年代北市中華路鐵路兩旁和臺中市柳川兩岸的違建，都是在當時的警民協會的安排下，以安置無居所的來臺人士而建置（康炳雄，1978；黃大洲，2001；鄭曉琦，2010）。臺北市古亭區南機場一帶在 1950 年為禁建地區，但違建住宅生成，在 1951 年市政府改變禁建初衷，裝設電燈與自來水，再積極建置堤防，導致更大量移入人口（龍冠海、范珍輝，1967）。高雄市警局曾提供公地讓違建拆遷戶遷建臨時住宅（聯合報，1953-11-2），高雄草衙在 1978 年賽洛瑪颱風重創之後，在市政府放寬「災後重建要點」後，居民趁機建造更多違建（楊玉姿，2007）。

11　莊心田（1965b）早就建議以興建廉價住宅出租，1960 年代僅有少量的出租平價住宅。曾任營建署長的林益厚，在 1985 年的文章中主張，國宅基金已達 350 億元左右，興建部分出租國宅，資金應無問題，管理問題亦可研究克服，不妨一試。推動出租國宅對較低收入家庭較有幫助，亦可藉以輔導他們承購國宅（內政部營建署，1991）。此一建言，並

係。在 1980 年代中期以促銷滯銷國宅為重點，以後則更審慎提出國宅興建計畫，並以新穎建築型態吸引民眾（米復國，1988；內政部營建署，1991）。然而國宅政策的推動仍有困境，與民間同型住宅的差價明顯縮小。至 1999 年暫緩政府直接興建國宅，在 2002 再度暫緩，貸款人民自建國宅亦告停辦。在 2007 年以後推行的整體住宅政策，以提供民間興建的合宜住宅與推動租賃為主的社會住宅為主要策略（內政部，2011；朱政德、盧珮珮，2011）。

在 1960 年代與 1970 年代，臺灣快速的經濟發展，各大都市住宅數量都大量增加，而鄰縣的住宅增加量更大 [12]，有賴民間建築業才得以因應當時的住宅需求。在 1960 年代初期，房地產開始以公司方式經營。然迄 1980 年前後，主要仍是大量小型、非正式部門開發商經營的住宅建設，在政府較低的建築標準與較寬鬆的管制之下，得以較低的住宅成本因應都會居民的需求（米復國，1988；許坤榮，1988；內政部營建署，1991）。

在缺乏金融體系支持下，建商除與地主合建或接受地主委託承建以降低負擔外，有賴 1969 年建立的預售制度，減少財務的壓力。建築業者因而得以依工程進度預收消費者購屋款項，消費者亦可減輕整筆付款的購屋壓力。從政府的角度，雖認為預售方式造成問題，卻不得不承認其存在價值（許坤榮，1988；內政部營建署，1991；蕭家興，1997；陳聰亨，2016）。大部分民眾都以自籌資金購屋，根據 1980 年初的政府調查，購屋的自籌資金，除存款外，民間標會是同樣重要的來源。至於貸款方式，在 1950 年代初期以向私人借貸為主，其次為標會，到 1970 年代中期轉以標會最多，私人借貸其次。至 1980 年代初期，才以金融貸款為主，但標會仍是重要來源（內政部營建署，1991）。在此時期金融業逐漸放寬貸款條件，以客為尊，但利息負擔仍高 [13]。私人財富

未被接受。

12 根據 1966 年與 1980 年的住宅普查，除了高雄市縣之外，臺北、臺中與臺南市住宅數都低於其鄰縣，住宅增加量也較小，臺北市縣的增加單位數分別為 210,173 與 325,062，臺中市縣分別為 53,859 與 103,353，臺南市縣分別為 54,015 與 89,573，高雄市縣分別為 111,908 與 75,838。

13 在 1957 年至 1975 年間，在《國宅貸款條例》規範下興建之各類住宅，除平價住宅

的辛勤蓄積與私部門建築業的發展，是臺灣工業化階段因應住宅需求的重要基礎。

多項研究都指出地方勢力與財團在土地與住宅市場的重要性（米復國，1988；許坤榮，1988；邱瑜瑾，1996；陳東升，1995）。陳東升（1995）就臺北都會外圍兩個市鎮 1980 至 90 年代初期住宅發展的研究，在中央與縣市政府土地政策與措施的框架之下，地方政治團體密切關聯的建設公司以及財團附屬的建設公司成為住宅空間形塑的主要行動者，而各類的金融資金已成為住宅建設的主要財源。除了私人業主與眾多小型建設公司之外，有一市鎮以財團所屬建設公司的運作為主，另一則以地方派系關聯的建設公司為主。以上兩類利益集團在臺灣的住宅建設仍是重要的行動者，所占份量因地而異，但大型財團的勢力應逐年漸增[14]，地方派系關聯的建設公司的規模應也非1980年代以前可以比擬，但私人業主與小型建設公司仍有其角色。另一方面，民眾購屋模式亦見改變，根據 2015 年住宅抽樣調查報告（故鄉市場調查公司，2017），購屋僅自有資金的比例由 1980 年以前近半，逐年下降，至 2010 年占不到兩成，向銀行貸款約占購屋總價的六成上下。在 2000 年後購屋貸款利率大幅降低，購置住宅的費用亦逐年提高，三年後計畫購屋的平均預算，臺北市最高，達 1,753 萬元，新北市 1,016 萬元，臺中 818 萬元，高雄 757 萬元，臺南都會 662 萬元。而所得房價比在 2000 年之後亦逐年提高，臺北市與新北市由 2002 年第四季的 6 倍升至 2010 年第四季的 12.89 與 9.04 倍，2020 年更達 15.78 與 12.09 倍；臺中、臺南與高雄三都會則從 5 倍上下分別提升至 7.58、6.06 與 6.13 倍，再提高到 10.02、7.74 和 7.78 倍（內政部不動產資訊平台）。利率雖大符降

免息外，分二十年償還，其餘各類住宅貸款屋月息在五厘與七厘之間（年息在 6% 至 8.4%），還款期限十年或十五年（米復國，1988）。1980 年代後期，國民住宅在資金提供上大幅革新，貸款可達售價的 85%，其中有一百萬由國宅基金提供，1990 年時年息 8%，超過部分的銀行融資年息 10%，年限為二十年，民間住宅貸款年息都應在 10% 以上（蕭家興，1997）。購屋貸款利率在 1990 年為 11.25%，1995 年為 9.275%，2000 年為 8%，2002 年遽降至 3.653%（莊孟翰，2002），近年來更在 2% 以下。

14 臺北市信義計畫區的豪宅幾乎都由金融或壽險業集團為後盾或建築業企業集團為後盾的建設公司所投資（林潤華、周素卿，2005）。

低，但民眾購屋的困難反而增強。

六、居住地、工作地與日常交通模式

在歐美郊區化的過程中，居住地與工作地的分離以及汽車的普及是主要的特徵。由於前面各章都未觸及這樣的主題，本節以交通部統計處2010年民眾日常使用運具狀況調查，分析各都會不同環帶工作人口的通勤模式，包含居住地與工作地的關聯及通勤的方向，以及使用運具的狀況。

（一）工作人口的居住地與工作地

本節有關工作地的分析，是以各都會居住於不同環帶的工作人口對象，觀察他們在都會範圍內工作地區的分布，工作地的類別除都會各環帶外，另有本區一類，意指居民就在居住的行政區內工作，不同於往本環帶其他區者。

居住北市中心的工作人口有四成五在本區工作，近三成在本環工作，在本區或本環工作之比例高於其他環帶，二成五往其他環帶工作者，一半前往都會北環。居住都會北環、新北中心與都會南環之工作者，分別有五成五、五成三和五成七在本區和本環工作，在北市中心工作的比例分別為三成四、二成九和一成九，都大幅高於在本環工作者。都會北環和新北中心在本環工作的比例高於往對方工作的比例；兩者往南環工作的比例都最低，南環在本環工作的比例亦最低。此外，往北市中心的流量都明顯大於由其他環帶往北市中心的流量。以上數據均顯示北市中心在就業上獨強的吸力，都會北環吸引較多在北市中心工作人口，新北中心與都會南環之間的關聯較強，都會南環與北環關聯較低。

臺中都會核心、中環與外環在本區工作的比例分別為四成七、五成三和五成九，再加上本環工作，分別為六成七、七成九與七成九，中環與外環在本區本環工作的比例高於核心，也為各都會中最高。至於往環外工作者，都會核心與外環都以往中環的比例最高；此外，都會核心往中環工作的比例還高於由中環往核心者。以上情形與臺北都會很不相

同，不過由中環與外環往核心的流量還是大於由核心往中環與外環者。中環在就業上的吸力高於都會核心，應該反映的是屯區人口數量和產業雇用量都大於核心的特性。進一步分析顯示屯區與都會核心工作人口間的相互流動的確較高，中環原屬舊臺中縣各區流往都會核心的比例略高於往屯區者。再以流量觀察，屯區往核心工作的數量大於核心往屯區者，縣區往核心的數量大於往屯區者，工作流動量還是往核心流動的方向較強[15]。

　　臺南都會由核心往外環，在本區工作的比例分別為四成三、五成六和五成八，加上在本環工作者分別為七成二、六成九與七成七。在本區和本環工作的比例略低於臺中都會，但高於臺北都會。都會核心與都會中環前往對方工作的比例分別為二成二和二成一；居住都會外環工作人口中，前往中環工作者約一成四，高於前往核心的 8.80% 。從三個環帶之間相互的流量觀察，從核心到中環的數量大於從中環到核心者，從核心到外環的數量大於從外環到核心者，從中環到外環的數量大於從外環到中環者。都會核心與中環之間的相互流動較高，但都會核心對於中環與外環都是流出大於流入，而都會外環相對於都會核心都是流入大於流出，整體而言是工作人口由核心往外流動的狀態。

　　居住高雄都會核心、中環與外環之工作者在本區工作的比例分別為四成五、四成六和四成八，加上本環工作者，分別為七成七、六成一和六成九。居住都會核心與中環之工作人口，前往對方工作比例分別為一成八和二成八，都會中環在本環工作的比例還低於流往核心者。居住都會外環工作人口至核心工作者的比例，略多於流往都會中環。從工作人口流動的數量觀察，從都會外環與中環往核心流動的人數都大於從核心往都會外環與中環流動者，由都會外環往中環流動的大於由中環往外環流動的。綜合而言，都會核心在吸引就業人口上，要強於都會中環與外環，都會中環又強於都會外環。

---

15 當中環再分成屯區與舊縣轄四區，屯區前往都會核心工作人數占其工作人口的 16%（83 樣本），而核心往屯區者占約 20%（61 樣本），但屯區往核心的數量卻較大。至於縣轄四區工作人口往核心和屯區移動的比例（分別為 15% 與 41 樣本和 14% 與 38 樣本），都大於核心與中環往縣轄四區者（分別為 8.5% 與 9.07%）。外環往縣轄四區工作的比例大於往屯區的，往核心的比例最低。

表 6-6.1 都會居民居住地與工作地（加權）

居住地 臺北都會		本區	北市中心	都會北環	新北中心	都會南環	合　計	居住比例
北市中心	N	189	122	60	27	17	416	
	%	45.43	29.33	14.42	6.49	4.33	100.00	21.31
都會北環	N	180	145	56	26	6	423	
	%	42.55	34.28	13.24	6.15	3.78	100.00	21.67
新北中心	N	286	214	52	106	80	738	
	%	38.75	29.00	7.05	14.36	10.84	100.00	37.81
都會南環	N	187	71	40	50	27	375	
	%	49.87	18.93	10.67	13.33	7.20	100.00	19.21
合　　計	N	842	552	208	209	141	1952	
	%	43.13	28.28	10.66	10.71	7.22	100.00	100.00

臺中都會		本區	都會核心	都會中環	都會外環	合　計	居住比例
都會核心	N	162	66	98	16	342	
	%	47.37	19.30	28.65	4.68	100.00	22.28
都會中環	N	432	124	207	45	808	
	%	53.46	15.35	25.62	5.57	100.00	52.64
都會外環	N	228	19	61	77	385	
	%	59.22	4.94	15.84	20.00	100.00	25.08
合　　計	N	822	209	366	138	1535	
	%	53.55	13.62	23.84	8.99	100.00	100.00

臺南都會		本區	都會核心	都會中環	都會外環	合　計	居住比例
都會核心	N	259	185	135	33	612	
	%	42.32	30.23	22.06	5.39	100.00	42.35
都會中環	N	293	111	67	51	522	
	%	56.13	21.26	12.84	9.77	100.00	36.73
都會外環	N	177	27	45	58	307	
	%	57.65	8.80	14.66	18.89	100.00	20.92
合　　計	N	729	323	247	142	1441	
	%	50.58	22.41	17.14	9.85	100.00	100.00

高雄都會		本區	都會核心	都會中環	都會外環	合　計	居住比例
都會核心	N	296	203	119	33	651	
	%	45.47	31.18	18.28	5.07	100.00	40.86
都會中環	N	245	148	79	57	529	
	%	46.31	27.98	14.93	10.78	100.00	33.08
都會外環	N	207	68	65	91	431	
	%	48.03	15.78	15.08	21.11	100.00	26.06
合　　計	N	748	420	263	180	1611	
	%	46.43	26.07	16.33	11.17	100.00	100.00

資料來源：交通部統計處 2010 年民眾日常使用運具狀況調查數據計算而得

從吸引工作人口的比例和數量觀察，北市中心顯示最強的就業功能，高雄都會核心其次。臺中都會核心的就業功能明顯較弱，在吸引工作人口的比例與數量上不及中環，但整體而言工作人口流動往核心的數量大於由核心往其他環帶者，略有由外圍流往核心的傾向，在區分屯區與縣區的分析亦是如此。臺南都會則不相同，都會核心流往都會中環的比例較大，都會核心流往中環與外環的比例高於其他都會，且由核心往外的流量，大於由中環與外環往內的流量，顯示由核心往外環流動的趨向。以上各都會的通勤流動模式，大致反映了相對於人口的集中係數所呈現的就業功能。

（二）通勤交通模式

各都會外出活動主要交通方式，臺北市最特別，公共運輸份量最大，近四成，機車占三成六，自用汽車近一成六，單車與步行則不到一成[16]。其他三都會都以機車占最大比例，約五成或六成，臺中都會低於臺南與高雄都會；自用汽車其次，約二成或三成，臺中都會高於臺南與高雄都會；至於騎自行車與步行者都僅一成強；公共運輸份量甚小，臺中與高雄都會略低於 7%，臺南都會不到 4%。

臺北都會的北市中心和都會北環以公共運輸為最主要的交通工具，機車其次，而新北中心和都會南環都以機車為最主要交通工具，公共運輸其次。臺中、臺南與高雄都會各環帶都以機車為主，汽車其次。臺中都會核心與中環機車使用都在 50% 左右，外環為 54% 強，各環帶汽車使用占三成左右；臺南都會核心與中環，機車使用比例在 64% 上下，外環則近 56%，汽車使用均略大於二成；高雄都會中環的機車使用比例最高，為 64% 強，都會核心與外環都近六成，汽車的使用在 16% 至 21% 之間。以上三都會各環帶公共運輸的使用都在一成以下，各都會外環都不及 5%。除了臺北都會的北市中心和都會北環公共運輸占最大

---

16 公共運輸含捷運、市區公車、公路客運、臺鐵、高鐵、計程車、交通車、和遊覽車；自用汽車含自用小客車、自用小貨車、自用大貨車，僅臺北都會與高雄都會有捷運，但後者數量很小。

份量之外，其他都會地帶都是以個人交通工具為主，機車更是最重要的通勤方式。

表 6-6.2　都會居民工作通勤方式，2010

居住地		通勤運具				
臺北都會		公共運輸	自用汽車	機車	單車步行	合　計
北市中心	次數	391	103	216	72	782
	%	50.00	13.17	27.62	9.21	100.00
都會北環	次數	338	143	221	67	768
	%	43.88	18.62	28.78	8.72	100.00
新北中心	次數	298	103	400	84	885
	%	33.67	11.64	45.20	9.49	100.00
都會南環	次數	143	128	269	59	599
	%	23.87	21.37	44.91	9.85	100.00
合　　計	次數	1169	477	1,106	282	3,034
	%	38.53	15.72	36.45	9.29	100.00
臺中都會						
都會核心	次數	56	187	325	80	648
	%	8.64	28.86	50.15	12.35	100.00
都會中環	次數	95	400	664	145	1,304
	%	7.29	30.67	50.92	11.12	100.00
都會外環	次數	26	179	317	62	584
	%	4.45	30.65	54.28	10.62	100.00
合　　計	次數	177		1,306	287	2,536
	%	6.98	30.21	51.50	11.32	100.00
臺南都會						
都會核心	次數	38	212	672	131	1,053
	%	3.61	20.13	63.82	12.44	100.00
都會中環	次數	30	157	481	75	743
	%	4.04	21.13	64.74	10.09	100.00
都會外環	次數	19	102	249	78	448
	%	4.24	22.77	55.58	17.41	100.00
合　　計	次數	87	471	1,402	284	2,244
	%	3.88	20.99	62.48	12.66	100.00
高雄都會						
都會核心	次數	96	237	702	146	1,181
	%	8.13	20.07	59.44	12.36	100.00
都會中環	次數	58	138	526	95	817
	%	7.10	16.89	64.38	11.63	100.00
都會外環	次數	31	142	407	101	681
	%	4.55	20.85	59.77	14.83	100.00
合　　計	次數	185	517	1,635	342	2,679
	%	6.90	19.30	61.03	12.77	100.00

資料來源：交通部統計處 2010 年民眾日常使用運具狀況調查數據計算而得

　　臺北都會與其他都會公共運輸與機車之間的對比，大致在 1970 年末期即已形成。以臺北與高雄二都會為例，臺北都會在 1975 年運具使用調查，公共運輸占 53.1%，機車占 18.6%，小客車占 2.8%；在 1991 年上述三運具的比重分別為 32.7%、34.2% 和 17.9%（交通部運輸研究所，1992）。高雄都會 1979 年的旅次調查顯示，公共運輸占 15%、機車占 43%，小客車占 5.8%；1997 年時，上述三項運具的比重分別為 8.8%、49.9% 和 24.1%（交通部運輸研究所，1998）。在 2016 年的調查，臺北市使用公共運具的比例達四成一（其中捷運有一成九），機車只有二成七，新北市公共運具占三成（捷運有一成四），機車占四成一，兩者自用汽車占的比例分別為一成五和一成八。臺中、臺南和高雄都會，公共運具的比例分別為 11.1%、6% 和 7.9%；使用機車的比例分別為五成，五成八和六成二，自用汽車分別占三成二、二成五與二成（交通部運輸研究所，2018）。以上數據反映 2010 年通勤運具使用模式持續未變，臺北都會的公共運具的份量仍高，而其他三都會都是機車的比重獨大，汽車其次，公共運輸的比重相當小。已經運行八年的高雄捷運，只占高雄都會全部旅次的 1.6%。臺北以外的三個都會，弱勢公共運輸的局面短期內難以轉變。

第七章
結　論

一、臺灣的都會發展與內部結構的變遷

（一）都會成長的變化：優勢不墜的臺北、活力不斷的臺中、科技動力緩發的臺南，猶待新動力的高雄

　　1950 年代至 1980 年代，臺灣經歷了工業化之下的都會發展，以都會的人口規模、產業雇用量、大專以上人口數以及專業與行政與主管人員比例為指標，臺北都會一直居於領先地位，其後依序是高雄、臺中和臺南。1990 年至 2010 年間，稍有變化。首先，臺北都會的領先地位屹立不搖，其人口規模及三級行業（特別是生產者服務業）的發展、大專以上教育人口以及專業人員的成長，遠非其他三都會所能比擬。

　　其次，臺中都會人口規模趨近高雄都會，有些產業與社經地位面向更超越高雄都會。在 2010 年，高雄都會的人口規模仍然較大，產業雇用量卻不及臺中都會；高雄都會三級行業占雇用量的比例高於臺中，這並非三級行業成長的結果。進一步觀察，臺中都會三級行業雇用量的增加大於高雄；臺中都會的製造業雇用量增加，高雄都會卻告減少。綜合而言，高雄都會已呈現去工業化趨勢，而三級行業的成長提升雇用量的作用不及臺中都會；反之，臺中都會的三級行業與製造業同時成長，使得三級行業的比例反不及高雄都會。此外，臺中都會大專以上教育人口的數量以及專業及行政主管人數與比例從小於轉為大於高雄都會；而人口結構也顯示臺中都會老化程度較低。第三，臺南都會在以上各項指標

上都落後於以上三都會，其人口規模與產業雇用量明顯較小，人口老化程度最高，南部科學園區導致製造業的突出成長，並未扭轉其相對位置，亦未帶來相應的人口成長。

本書探討的四個都會，人口成長的速度持續遞減中，都會規模的擴張亦有停滯跡象。各都會人口年齡組成變遷與全臺相同，少子化與老齡化趨勢明顯，除了臺北都會南環，其他都會的外環，並未顯示人口成長與較高比例的幼年人口。根據最新的戶籍資料推論，臺中都會的常住人口在 2020 年的普查可能略微超過高雄都會。就戶籍人口而言，臺中市在 2017 年已多於高雄市，而本書劃定的都會範圍，臺中都會至 2019 年亦大於高雄。目前全臺灣人口自然成長轉為負，且人口數量在 2019 年達到最高點之後即開始下降，臺北、臺南與高雄三都會在 2010 年代後半人口數量開始遞減。根據最近一項縣市人口推估（陳信木等，2020），新北市和臺中市在 2030 年代亦將進入負成長。在這樣的趨勢下，各都會的人口規模與範圍在 21 世紀前半不致有太大的變化，而各都會的人口負成長有什麼後果，則是未來亟待探討的新興課題。另外值得注意的是，北部的桃園與新竹都會都持續成長，可能在 2040 年代前半才開始減少。臺南都會的人口規模在 1990 年代已落於桃園都會之後，差距持續擴大。在臺北都會擴展有限的情形下，北部都會地帶整體人口的成長，仍大於中南部都會，就在人口遞減的過程中，北部都會的整體優勢仍將維續不斷。

（二）中心都市與外圍環帶的社經分化：中心都市的優勢仍在

北市中心與各都會核心在都會中占人口的比例都告下降，均有人口減少的行政區，但只有北市中心與高雄都會核心的整體人口先後落入遞減狀態，已達人口絕對分散化階段，北市中心更是全面的人口減少。整體而言，三級行業亦有向都會外圍分散的趨勢，不過北市中心與各都會核心三級行業的優勢仍在，特別是生產者服務業，遠非各外圍環帶所能比擬。分配銷售業的分散傾向較強，但都會核心仍具優勢，就算是人口與三級行業雇用量同步減少的舊商業核心所在之行政區，分配銷售業優

勢亦強。各都會核心一直保持三級行業的優勢，北市中心更明顯。

　　都會中環與外環的三級行業，或其中的生產者服務業與分配銷售業
比例都有提高的趨勢，只是仍都難與都會核心地帶比擬。唯獨臺中都
會中環的屯區，不僅在數量上超越都會核心，比例亦僅低於核心最高的
兩區。再則，其高社經地位的指標，亦都趨近都會核心的高值。三個
屯區，均為生產者服務業與分配銷售業的優勢地帶，而西屯、南屯以及
北屯位於中山高速公路以東以及縱貫鐵路以西的範圍內，前百分之十之
高社經地位里分布相當密集。綜合而言，屯區的高社經地區與三級行業
同步發展，可以視為都會核心的擴張地帶[1]。至於其他都會中環與外環，
有少數社經地位趨近都會核心的行政區，但在生產者服務業與分配銷售
業的份量遠不及北市中心或各都會核心的優勢地帶[2]。原則上，我們可以
將北市中心、臺中的都會核心與上述三屯區的部分地帶、及臺南與高雄
都會核心，視為各都會之中心都市。各都會的外圍環帶在 1990 年代以
後，製造業或有雇用量減少的情形，然而不論是集中係數或區位商數大
都偏高，製造業都是優勢行業。迄 2011 年，臺北都會製造業最優勢地
帶在南環，臺中都會在中環屬舊臺中縣的四區，臺南都會在南部科學園
區鄰近各區，高雄都會在都會中環北側三區與大部分外環地帶。

　　以整體雇用量比重相對於人口比重反映的就業功能，在臺北、臺中
和高雄三都會的外圍環帶都低於中心都市，只是臺北都會顯示更強的對
比，而臺中的中環趨近核心；以上三都會之中心都市在就業功能上都強
於外圍環帶，唯獨臺南都會先是中環超越核心，繼而外環超越中環。臺
南外環發展，最主要是南部科學園區所在的新市與善化的特別狀態。這
樣的成長導致臺南都會電子資訊業雇用數從 1996 年遠低於高雄都會，

1　中山高速公路以西與西北地帶，在西屯有中部科學園區與臺中工業區的設置，在南屯有
　精密工業園區的設置，縱貫鐵路以東的北屯，很大部分屬大坑風景區。
2　臺中都會核心的面積本來就小，屯區是由都會核心向外透過市地重劃在 1990 年代以後逐
　漸完成開發，特別是跨越南屯與西屯的第七期惠來市地重劃區，有市政中心的建置與大
　型百貨公司進駐，比較類似臺北都會信義計劃區與高雄都會鼓山北部的凹子底副都心與
　內惟埤文化園區特定區。臺北都會的內湖與文山以及高雄都會的鳥松，各社經地位指標
　已是趨近都會核心優勢區，但就業功能遠不及大部分的核心區，生產者服務業與分配銷
　售業的比重亦無法與都會核心區比擬，鳥松這方面的性質更弱。

至 2006 年已略多於高雄都會（章英華，2011），以致新市在 2011 年製造業的雇用量超過人口數，而善化的雇用量為人口數的七成左右，然其人口的成長速度遠不及製造業的大量成長，三級行業的成長亦不及中心都市。

在人口社經地位方面，北市中心與各都會核心舊商業中心所在的行政區，固然有社經地位下降的趨向，而其鄰近地區亦見低社經地位里的分布。在 1970 和 80 年代各都會，尤其是臺北與高雄都會，低社經人口聚集的違章建築地帶仍在，但社經地位最高的行政區在舊商業地帶以外的中心都市形成，整個中心都市的社經地位都高於其他環帶。相對的，在製造業成長之際，各都會中心都市以外的環帶，生產體力人員數量在 1980 年代大都遠超過了農林漁牧人員；在 1990 年代之後，三級行業持續擴張，專門與行政主管人員與監督佐理人員由中心都市往外擴散，然而中心都市以外地帶生產體力人員的比例仍然高於其他職業類別，臺北都會南環與各都會的外環各區，比例都最高。總之，北市中心與高雄都會中心都市已是人口負成長，臺中與臺南都會核心人口成長趨緩，但從三級行業，特別是生產者服務業分布的變遷，以及人口社經地位的相對位置，各都會並未顯現中心都市衰退的現象。

如《前篇》結論所述，當臺灣進入快速工業化之際，政策上亦限制中心都市的製造業發展，政府主動設置的工業區大都在各都會外圍地帶。在產業上形成三級行業的中心都市與二級行業的都會外圍。都會外圍與中心都市同時是移入人口的匯聚地。這樣的發展條件，導致中心都市居民以專門與行政主管人員與監督佐理人員為多，而都會外圍以生產體力人員為多。這樣的分化，在 1990 年代之後並未轉變。都會外圍地帶的商業與服務業設施以及公共建設都逐漸增加，不過選擇外圍地帶居住，工作與價格的考量可能更為關鍵因素。

在英美的都市研究中，少數族群的聚居是中心都市低社經地位地區的特性之一，在臺灣則顯現不同的脈絡。在 1950 年代，大量外省軍公教的移入，接替了日本人離開所留下的居住地，各大都會都有外省人口明顯的聚居地，在《前篇》以 1980 年村里資料經因素分析，獲得外省人聚居的特定因子，反映了外省人的聚居形態。各中心都市雖有因外省

人與稍後的城鄉移民聚居的違建區，但外省人比例高的行政區大都社經
地位偏高，迥異於美國都會少數族群高度集中於中心都市的現象。往後
的三十年，外省人口聚居逐漸淡化，雖仍以聚居都會核心與中環的比例
偏高，但與 1960 年代相較，比例已大幅下降。在 1990 年以後，值得
注意的應是原住民族與新住民的居住模式。根據既有文獻以及較粗略的
官方資料，可以簡單的推論說，這些族群有特定的居住傾向，但因人數
少，在空間分布上未有大規模聚居地的形成，因此也未見明顯的群聚與
隔離傾向。

在人口年齡結構方面，唯有臺北都會南環呈現明確幼年人口偏高的
特色，其他都會外環，則老年人口比例偏高，只是仍有少數幼年人口
偏高地區。不論有何差異，各環帶和其內的各行政區，都同步邁向少子
化與老齡化。各都會較一致的是，中心都市雖有少數行政區幼年人口
比例較高，但大都是老年人口比例偏高，整體亦是如此。原因之一可能
是人口居住時間較長，以致老年人口較多；另外也可能是社會經濟地位
的反映，需要有相當財富累積者，才較可能進住房價較高的中心都市。
在首爾都市更新的研究中，更新地區與一般都市社區的年齡與人口結構
相似，而非士紳化概念所強調的是年輕、較富裕的，且無子女的人口
（Ha, 2015）。臺灣都會之中心都市人口以老年人比例較高為特色，則更
不同於士紳化強調的人口特色。

（三）住宅類型的變化與主要仰賴私部門建設的住宅發展：從辛 勤儲蓄購屋的期待到背負低利高房貸的壓力

1960 年代各中心都市，一樓建築仍居多數，還都有或大或小的違
章建築群，臺北市和高雄市的數量尤多，逐漸推動都市更新以整建住宅
或國民住宅因應，直至 1990 年代，棚屋式的違章建築在各都會才幾近
消失。同時，各中心都市尚有較早發展地區的一、二樓老舊住宅亦在
都市計畫細部計畫規範之下轉為三樓以上建築[3]。此外，各中心都市的發

---

3 各都市在 1950 年代尚有相當數量的日式住宅，都屬平房，但除少數殘存之外，在各中心
都市都已改建。以臺北市為例，早期的都市更新都為政府主導，以公有地或區段徵收方

展都經歷農業地帶開發的過程。在都市計畫細部計畫的規範下，因政府規劃的道路與公共設施的興築而有相應的住宅建設，另外透過市地重劃與區段徵收的方式，形成了更大範圍的居住地帶，並推動公共設施的建設[4]。

在中心都市擴展過程中，都市住宅型式經歷相當的轉變。北市中心在1970年代和1980年代，四、五樓公寓很快成為住宅主流，繼而六至十二樓建築成為新建住宅之主流，至1990年以後則為十三樓以上大樓。迄1990年，高雄都會核心的四、五層公寓的比例略高於臺中都會核心，但兩者均以連棟式住宅的數量最大，1990年以後，六樓以上建築為新建住宅之大宗，並以十三層以上大樓住宅單位居多數。唯有臺南都會僅安平區六樓以上大樓住宅數量大幅增加。至2010年，各中心都市中，臺北是六層以上大樓住宅單位占多數，但四、五層公寓的比例仍高，臺中與高雄以六樓以上大樓住宅單位占多數，連棟住宅的比例仍高，唯有臺南以連棟住宅居多。在1990年代，各中心都市，包含臺中都會的屯區，大坪數的高樓住宅成為高級住宅的代表，大部分係利用效益不彰的工業地區以及尚存的農業地帶，透過土地重劃的方式，形成群集的大坪數住宅地帶。

在各都會外圍地帶，住宅建築類型，很一致的是傳統農村住宅的數量持續下降，各市鎮容或有其都市計畫，其非都市計畫地帶的山坡地

式為之，在承德路南段因承德路拓寬，被選擇為都市更新地區，大部分業主反對，改依據一般公布細部計畫辦理（中興都計所，1978；康炳雄，1978），在舊市區應有很多住宅係於細部計畫規範下改建。在1960年前後，指定敦化南路、民權、松江、南京東、中山北及重慶北等路為美觀道路，臨街房屋需建三樓以上（臺北市政府工務局，1970）。

4 市地重劃是在重劃區內所有權人以抵費地價付重劃費用，國家從中無償取得公共設施用地及標售抵費地的盈餘，所有權人可依地價占比分得土地；區段徵收是在劃定的範圍內，政府投入大量資金徵收土地、全盤主導土地規劃分配，土地所有權人可優先承購徵收整理後出售之土地（張維一，1993；王志弘、李涵茹，2015）。土地重劃在1947年高雄市擬定相關規程，分別於三民區三塊厝與運河地區實施。省府亦於1962年擬定相關規程，於臺北市民生東路新社區和臺中市西區大智街辦理，各縣市相繼推展，臺南市亦於1970年辦理第一期重劃。相關條例多次修訂，以利推行。高雄市最早興辦，辦理期數與面積冠全臺（張維一，1993；吳慶玲，1981；劉劍寒，1983；臺中市政府，2002；臺南市政府，1979；謝福來，2009）。區段徵收因地主獲得利益很難與土地重劃相比，推動困難，在1980年特別修訂相關條例，盡量使土地所有權人獲得的利益接近土地重劃（張維一，1993）。

與農地亦開放申請，經審核通過後成為工業用地或建築用地（陳東升，1995）。在 1950 年代陽明山沿山地帶之後，臺北都會北環與新北中心的沿山地帶，以及高雄鳥松的澄清湖特定區，於 1980 和 90 年代都見獨門獨院或雙拼住宅地區的增加，但未成為主流。臺北都會外圍地帶，先是以五樓以下的公寓（以四與五樓居多）為主流，自 1990 年代以來十三層以上大樓為新增住宅的大宗，反而是五樓以下公寓較少的都會南環以中高層大樓住宅單位的比例最高，而都會北環與新北中心中高層住宅大幅增加下，仍以五樓以下住宅單位數量較多。臺中、臺南與高雄三都會的中環與外環五樓以下公寓數量甚少，在傳統農村住宅消逝的過程中，連棟式的住宅成為主流，在人口數五萬左右或以下的行政區，很可能是仍有份量的傳統市街往外延伸。

　　在英美郊區住宅的啟動與擴張，反映著反工業都市心態與對郊區生活的想望，期盼花園住宅及優質居家環境，在政府政策的輔助之下，得以在各都市全面擴張。相反的，在臺灣的都會，並非沒有獨院住宅的想望，只是住宅政策以量的要求為先，早期的整建住宅與國宅，號稱是示範住宅，但都坪數小。在政府公共住宅帶動之下，四至五層樓的公寓住宅成為臺北都會住宅主流的住宅類型，中南部都會則以二層以上連棟式住宅為主流，這樣的住宅建設都未預期汽車時代的來臨。在 1970 和 80年代，臺北都會外圍地帶曾有獨院或雙拼住宅的熱潮，因防災與環保的要求與建地的缺乏，到 1990 年代無法再擴張。總之，在新建住宅中獨門獨院幾乎消失，建商在低成本考量下推出的住宅類型，限縮了人們的住宅選擇。

　　英美都是以自有住宅為主的社會，當都會規模擴大，人口大量增加，為提供中產階級良好的居住環境，郊區獨門獨院的發展在政府大力支持以及提供良好的貸款機制之下，居民得以達成擁有郊區自有住宅的夢想[5]。臺灣在 1990 年以前，藉整建住宅與國宅的興建，以提供人民自

5　英國郊區住宅的大幅發展在 1930 年代，各建築互助會（building societies）提供大、小建築業者資金，對中產階級與富裕的工人階級，由建築互助會提供 75% 貸款，建商提供 25% 現金頭期款，將購屋者的現金給付降至最低，貸款利率亦同時降低到 4.5%（Hall, 2014; Whitehead and Carr, 2001）。美國聯邦住宅管理局（Federal Housing Administtation, FHA）在 1930 年代中期便建立了有助於民眾購屋的機制，在 1944 年又有退伍軍人購屋

有住宅為重心，但住宅供給絕大部分仰賴私部門的作為。在地狹人稠，且建築業資金薄弱的臺灣，建商以低成本營建住宅，並創建預售制度，在經濟成長與國民所得漸增下，得以提升住宅自有率。迄 1970 年代，儲蓄與標會是民眾購屋主要的資金來源。在 1980 年代銀行的自住或抵押貸款才逐漸普遍，至 1990 年代都屬高利率狀態。在有心無力的住宅福利政策以及私部門追求利潤的低成本住宅建設之下，各家戶以累積自有資金勉力取得棲身之住宅，成為其最重要的資產[6]。

雖然以私部門的住宅建設為主，政府的一些作為對住宅的發展仍見其影響。政府從低標準的建築規範，經歷多次修訂，逐漸提升建築標準，影響了住宅類型的形成：在低標準的年代，有著臺北都會四、五層樓住宅的消長，別墅住宅的有限發展，中南部都會仍是連棟住宅的擴展。1990 年代容積率與公共設施標準的提高，與各都會高樓住宅與高級住宅集群的形成多少有其關聯（朱政德，2011；朱政德、盧珮珮，2011；陳聰亨，2016）。至於住宅價格，則自 1970 年代以來，政府在金融政策上，試圖加以調節，因房地市場之景氣循環，緊收或放寬融資與貸款條件，但長期而言都屬上漲。至 2000 年代房價飆升，迫使政府於 2011 年制定「特種貨物及勞務稅」，亦即奢侈稅或豪宅稅，雖稍平抑房價，但房價所得比仍居高不下（蕭家興，1997；蔡耀如，2003；陳聰亨，2016）。在 1980 年代以前，缺乏政府貸款的協助，人們努力儲蓄，都還有信心獲得安身之地，進入 21 世紀，雖有低利房貸，購屋的門檻反而難以跨越。

在私部門住宅建設的過程中，政府提供的公共住宅政策，在低成本的經營下，類似殘補式的社會福利政策[7]，只能照顧少數特定或有特別需

方案的加入。在 FHA 的保證下，貸款可達 93%，期限為二十五年或三十年，在 FHA 保障下，年利率從 6-8% 降 2-3 個百分點（Jackson, 1985）。

6 根據國富調查，臺灣在 2000 年前後房地產占家庭資產 37%，與西歐國家相近，但遠大於美國、加拿大與日本（蔡耀如，2003）。在 2017 年，房地產仍占 37%，高於銀行存款，也高於證券（國富統計報告，2017）。

7 殘補式的社會福利制度的特徵是，支出占 GDP 比值低、給付的水準不足、人口涵蓋面小、沒有預防需求方案、收費的財務方式、以及以需求為基礎的分配型態（林萬億，1994），我國的住宅政策大致亦顯示上述的特徵。

求的民眾。早期的棚屋違建可視為政府廉價公共住宅，因應違建拆除，提供整批小建坪集合住宅。在財力不足的情況下，像臺北市中華商場與臺中市中央市場的興建，還由違建戶預繳二十年或十年租金以補建築費用（黃大洲，2001；鄭曉琦，2010）。再如高雄的新草衙違建區居民占用市地，市府在1980和90年代都試圖讓售土地給住戶，予以合法化，均未能順利解決，2015年特別制定《高雄市新草衙地區土地處理自治條例》，提高誘因，期能解決占用市地之問題（楊玉姿，2007；高雄市政府，2015）。在1970年代中期以後的國宅興建，因土地取得困難，以眷村改建為主，一般民眾受惠的數量有限，另以獎勵民間興建或補助自建的方式彌補政府力量之不足，既有的國宅政策在20世紀末宣告中止。在各都會所得屋價比升高之下，2010年代才採行以出租為主的社會住宅政策，一般民眾購屋壓力很難緩解。

（四）弱勢的公共運輸與強勢的機車地位：機車產業與都會化同步發展

在都會擴張的過程中，臺北都會的中心都市（北市中心）呈現最強的工作旅次吸力，都會北環與新北中心工作人口都有三成上下通勤到北市中心，其餘都會核心與中環之間工作通勤的流動亦大於外環至中環的。各都會外環，除了臺北都會南環之外，都是以前往中環的比例最高；此外，臺北都會南環居民流往其他環帶工作的比例近四成，而其他各都會外環則有四分之一至三成的前往其他環帶工作。在這樣的工作地的分布狀況下，臺北都會的交通模式異於其他都會。在2010年，北市中心與都會北環以公共運輸占最大比例，其次是機車，而在新北中心，機車的比例最高，其次才是公共運輸。至於臺中、臺南和高雄三都會，公共運輸的比例都低，機車的份量都在五成或六成以上，汽車的比重，臺中都會達三成，臺南與高雄都會亦在二成上下。這三都會都以個人運具比重獨大，而機車份量又明顯大於汽車，且是全都會各地帶的共通現象。

臺北都會在1970年代，公共運輸已是最主要的通勤方式，其重要

性遠高於其他三都會，在機車與汽車使用快速增加下，公共運輸仍然重要，只是新北中心與都會南環機車的份量已超越公共運輸。臺北都會是由步行與自行車時代，經歷公共運輸為主時代，再轉為機車優勢時代。其他各都會在 1970 年代末期，機車的比重遠高於公共運輸，在汽車使用增加的過程中，同時擁有機車與汽車的家戶應也增加，機車的持有總量亦降低，但機車在日常生活的重要性並未降低，公共運輸的能量難以提升。這些都會應是從自行車與步行為主的階段，直接轉為機車獨霸，汽車使用的增加仍難與機車匹敵。

交通設施與工具的改進，特別是自用汽車與高速公路的普及，是西方都會大幅擴張的重要因素。在臺灣，則是都會的發展與機車產業的同步發展，而以機車的使用獨樹一幟。機車產業是政府進口替代產業政策之下的成功案例，1980 年代自製率達九成，創建自有品牌。1990年代中期內銷減少，由於外銷，直到 2010 年代中期產量依舊增加（王建彬，2000；石育賢等，2015）。家戶擁有機車總量在 1956 年僅九萬餘，1960 年代初期突破一百萬；1990 年，超過七百萬；2010 年達到最高點，近 1,520 萬輛。嗣後，數量逐年下降，至 2016 年近 1,369 萬（王建彬，2000；行政院國發會國土區域離島發展處，2018）。在 1980年全臺平均每戶都有一部機車時，只有臺北市縣在每戶 0.65 輛上下；在 2009 年，機車數量次高的一年，除了臺北市縣與臺中市平均每戶為1.13 輛、1.64 輛與 1.71 輛之外，臺中縣、臺南市縣與高雄市縣在 2.08-2.38 輛之間，很多家戶有兩部以上的機車（行政院經建會都住處，1981, 2010）。我們或可推論，在公共運輸低度發展的趨勢下，機車產業提供了大眾低成本的個人機動運具，解決了都會規模擴展下居民日常生活行的需求，汽車數量雖大幅上升，很多家戶都同時有汽機車，然而在各都會地帶機車仍都是主要的或獨霸的運具。

二、一些反思

1950 年代以來四個都會的發展，我們大致可以歸納成以下的過程：在 1940 年代各都會都還是人口密集居住的中型都市，建成地帶

（the built-up areas）占現今中心都市的部分地帶都在一半以下，甚或不
及三分之一；1950 年代因大量外省移民，造成棚屋違建於中心都市建
成地帶到處分布的狀況，少數的人口因軍政機構的分布與防空政策導引
入住都會外圍農業地帶；二樓以下的連棟住宅是中心都市的主要住宅
類型，都會外圍傳統農宅仍多，分布著以連棟住宅構成的小市鎮。在
1960 至 1980 年代工業發展階段，中心都市範圍擴大，三級行業及行政
主管與專門人員與監佐人員在中心都市同步增加，都會外圍鄉鎮人口成
長逐漸超越中心都市，並成為製造業分布與生產體力人員居多地帶，農
業人口的比例大幅下降；相應的住宅型態是，臺北都會的中心都市以五
樓以下公寓住宅居多，六樓以上住宅已占相當份量，外圍地帶亦以五樓
以下公寓為主，間有少數沿山雙拼或獨院住宅區；其他三都會，各環帶
均以連棟住宅為大宗。1990 年代以後，各都會三級行業及行政主管與
專門人員和與監佐人員向外圍增加，但中心都市與外圍地帶社經分化的
模式並未改變；各中心都市的住宅類型轉為以六樓以上大樓居多，臺北
都會外圍地帶六樓以上的大樓成為住宅的主流，其他三都會外圍仍是連
棟住宅居多。我們就以這樣的發展模式，對照英美都市研究呈現的由郊
區化到士紳化的過程及新都市主義的訴求。

（一）與製造業平行發展的郊區化

在前言中描述的歐美人口郊區化的蔓延，反映著以汽車行動、獨門
獨院或雙拼式住宅、富裕與中等階級居民，最初主要是住宅選擇的趨
勢，在 1970 年代以來郊區經濟逐漸增強，製造、服務與零售業相繼發
展，都會外圍地帶與都會中心逐漸脫節，帶來中心都市衰落的論調，
緣際都市成為郊區活動的中心。這種中心都市與郊區消長的現象，在
英國和美國都出現，美國呈現更強的中心都市衰退（Fishman, 1987;
Whitehead and Carr, 2001; Clapson, 2003）。英美的郊區模式除擴及英
語世界外，在 20 世紀亦擴及非英語世界，但都不是那麼全面，在亞洲
這種氛圍更弱（Keil, 2018）。

臺灣的都會外圍住宅發展的主流，在 1950 年代尚為傳統農村住

宅，在臺北都會先轉往四、五樓公寓，再轉往中高層大樓；其他三個都會都是連棟式住宅（大都是三樓以下）的發展；在 1990 年代的調查都顯示民眾對獨院住宅的嚮往，然而一直未成主流的住宅類型。就居民社經地位的討論，英美郊區化的起動，由中產階級往外圍移動開始，中產階級一直是郊區居民的最大成分。如《前篇》所論，臺灣在工業化之前，有因政策引導外省人口由中心都市外移的現象，進入工業化階段，都會外圍即以生產體力人員居多，很大比例是城鄉移民，是直接由鄉村前來謀生，並非自中心都市外溢的人口。隨著都會範圍的擴張，屬富裕或中等階級的專門與行政主管與監佐人員比重在中心都市以外地帶逐漸增加，亦有高社經地位里的分布，然而生產體力人員的比重始終偏高，低社經地位里的比例亦較高。

相應於居民社經地位組成，則是在都會擴張之初，製造業就在都會外圍發展，還顯現製造業雇用人數大於居住人口的特例；三級行業隨人口擴散逐漸往都會外圍擴展，相對份量仍遠不及中心都市，特別是生產者服務業，與中心都市的差距甚大，分配銷售業亦不及中心都市，若有就業功能較強的情形，主要是製造業的成長所致。中心都市雖有衰退的舊商業地帶，亦有人口負成長，但中心都市本身的擴張，呈現的是生產者服務業及分配銷售業與高社經地位人口同步成長，並不互斥。在都會擴張過程中，都會外圍各環帶一直有其高比例的在地的工作人口，生產體力人員比重始終偏高，整個都會的交通，仰賴私人機動運具的比例大幅增加，汽車使用固然大量增加，但機車一直是最重要的運具，除臺北都會外，大眾運輸都不具份量。總之，從居民社經地位的組成、產業發展以及住宅與交通模式觀察，臺灣是以低成本的方式所建構的都會擴張模式，很難以英美典型的郊區化來理解。

（二）社經優勢地帶的士紳化

士紳化的討論重心都在：中心都市低社經地位地區的整修或改建、地區社經特徵的翻轉、及原居民遭迫遷（Clark, 2003; Lees et al., 2008; Lees et al., 2016）。如《前篇》與《續篇》所示，臺灣各中心都市在

1950 年代以後，中心都市不只是在三級行業的優勢持續，生產者服務業的優勢更難以撼動，且一直保有社經地位的優勢，並沒有低社經中心都市和高社經郊區的對比。在這樣的脈絡下，我們如何看待臺灣都會的士紳化？在 1950 至 1980 年代之間，舊市區除了遵循都市計畫細部計畫的改建之外，還有以棚屋違建或老舊窳陋地區為對象的都市更新，由政府直接興建小坪數整建住宅或國宅，優先安置原住戶。不過，此時更重要的發展是在中心都市尚屬農業地帶，遵循都市計畫細部計畫，或配合以市地重劃的開發。這個階段是中心都市本身擴張的階段，以增量解決居住問題為主。舊市區與違建區的更新，以原住戶的安置為宗旨，在新社區建設是以新開發地帶容納遷入的居民，很多是第一代的居民（中興都計所，1978；詹文雄，1980）。整體而言，這一階段的都市發展還難套用士紳化的概念。

多項研究都將 1990 年代以來臺灣的都市發展，視為政府帶領的士紳化政策的展現，或以西方第三波士紳化來看待（Hsu & Hsu, 2013; Huang, 2015; Jou et al., 2016；王志弘等，2013；簡博秀，2015）。首先，在 1990 年代的北市中心，幾個占據公有地的違建經強力手段拆除，興建成都市公園及文化、教育或商業設施。這些被視為除惡都市主義（revanchist urbansim）的作為（Jou et al., 2016），與前階段處理違章建築很不相同。它們大都座落在較高社經住宅地帶，在原地部分區塊興建住宅安置的建議不為政府接受，造成激烈的迫遷爭議與抗爭。在高雄亦見生日公園的興建，因違建安置問題懸宕二十年（林保光，2004）。然而在中心都市為了美化都市的建設，不見得造成嚴重的迫遷問題，像高雄市的中央公園（秦鴻志，1999）與臺中的經國綠園道（黃意文等，2015）。這類建設並未直接興建住宅，也未翻轉地區的社經地位，只是普見新建住宅房價飆升，更進一步提升週遭住宅的價格。

其次是在人口與住宅尚未發展的地帶，政府積極推動的開發建設，在 1990 年代正好碰到都市住宅型態的轉變，地方政府將原屬中心都市住宅功能較弱地帶，或是工業用地，或是農業地帶，加以規劃，大都透過市地重劃的手段，在重要公共建築、工商設施興建時，同步創發出群聚的高價位住宅群。諸如在前面已經提及的臺北的信義計畫區、臺

中的五期與七期重劃區、臺南的安平區以及高雄的美術館特區等。在臺北都會的北環與新北中心，像板橋車站特定專用區與南港經貿園區特定專用區等，可視為同類的開發（賴麗華，1999；臺北市都市更新處，2014）。這些建設都創造最高價的建案，形成新興的高地價地帶。

　　第三類主要是就 1950 年代至 1980 年代以來興建的住宅為對象的更新[8]，包含早期的整建住宅。臺北市在 1983 年便制定都市更新實施辦法，由公部門推動，在 1993 年的都市更新條例中增列「獎勵私人或團體興辦都市更新建設事業專章」，以容積率優惠誘導民間投入都市更新建設（周素卿，1999；臺北市政府，2018），可以由建商或地主自行實施或委託第三人實施的私辦都更（唐惠群，2017）。各都會在 1998《都市更新條例》頒布之後，都先後劃定都市更新地區，繼而推出民間自辦更新的辦法，以臺北都會最為蓬勃（林雲鵬、廖美莉，2011）。臺北都會屋齡三十年以上的老舊公寓住宅比重很大，臺北市和新北市分別都提出了加速都更的辦法（新北市政府，2019；臺北市都市更新處，2016）。不論公辦或民間自辦都更，擁有產權的原住戶與建商都期望透過更新而獲利，房價在更新之後都可望提高，原住戶取得分配到的住宅單位，建商自增加之住宅單位出售給新住戶獲取利潤。因原住戶的特性，可能有不同程度的利益分配糾紛或原住戶被迫他遷的情形以及新舊住戶相互適應的問題[9]。遍布臺北都會各環帶的老舊五樓以下公寓與三十年以上的大樓住宅，是未來都市更新的最大來源，工程浩大，很難一蹴而就。提升既有住宅品質的各項方案，包含增建電梯、立面修繕與耐震補強等，仍值得排除萬難尋求可行的途徑。

　　臺灣 1950 年代的違章建築的拆遷與舊市區的更新，很難說是社經

8　晚近的都市更新，亦以既有建成地區為對象，主要是透過容積率獎勵，將土地持分轉成垂直的樓地板面積，從平面土地交換發展至垂直的樓地板面積交換，地主依持分來估計權利變換的價值（王志弘、李涵茹，2015）。

9　在 1990 年代末期，臺北市中正區靠新店溪的一處整建住宅改建為電梯大廈，以高樓自辦更新為之，相當數量的原住戶在更新前便讓售其權利，最後有六成是原住戶（蔡孟芳，2005）。在臺北市忠孝東路三段信義國宅的都更案，位處高社經地段，多年爭議後，有 175 住戶購得公家土地，才完成都更手續，在 2017 年，住商混合大樓動工，房價號稱每坪兩百萬元以上，約九成原住戶可入住（Huang, 2015；新隆社區好鄰居都更網，2017）。不同的都更案，有不同比例的原住戶留住，亦有不同程度利益分配的糾紛。

地位更替，但避免不了或大或小的迫遷爭議（莊心田，1965b；鄭曉琦，2010）。1990年代以來的公共設施興建、大型的開發與小規模的都市更新，呈現不同程度的迫遷，也有不同程度居民社經地位的更替。這過程並不是中心都市缺乏投資導致低社經人口群聚之後的反動，很大部分是中心都市高社經地帶的擴張或再開發，是增強或維續，而非扭轉中心都市在產業和社經地位的優勢。在都市外圍也有類似的建設，同樣帶有提升房價的效果，只是與中心都市的社經差距並未消失，臺北都會更是明顯[10]。根據迫遷的類型與程度、社會經濟地位更替的直接與間接效果，以及各方案發起的動機，較有系統地探討都會中各種都市再生個案及其後果，應是值得開發的課題。

（三）住商混合的光與暗

新都市主義是對美國獨門獨院郊區與中心都市高樓住宅發展的反動，強調四、五層住宅、適於步行、環境良好的社區，認為這樣的社區居住、工作與日常生活在一起，呈現一種住商混合的樣貌，同時也更符合環境保護的訴求。對以上的訴求，本篇能直接對話的只有住宅類型的分析。直至1990年代，臺北都會以四、五樓公寓為大宗，而其他三都會仍以三樓以下連棟式住宅居多數，都還符合新都市主義所提倡的住宅類型。但在1990年之後，各都會往中高層，特別是超過十三層高樓住宅發展，臺北、臺中與高雄三都會的中心都市都以中高層住宅居多，而臺北都會南環六層以上住宅的比例還高於北市中心。各中心都市與臺北都會外圍高樓層住宅雖顯著增加，仍顯現不同類型住宅共處狀態，而其

---

10 根據 2019 年 10 月的實價登錄資料（https://www.sinyi.com.tw/tradeinfo/list），大廈每坪平均房價（以萬元為單位）：臺北都會的北市中心，89.5-55.6，最高值在大安，最低值在萬華；北環屬北市各區，63.6-49.5，屬新北各區，三芝 9.9，其餘四區 31.6-20.2；新北中心，48.2-37.6；南環，鶯歌為 19.4，其餘七區 36.3-24.1。臺中都會核心，中區為 14.1，其餘四區 22.4-18.3，最高值在西區；中環的西屯、南屯為 24.7 和 24.4，高於西區，北屯為 19.1；外環各區 18.7-12.1。臺南都會核心 19-15.3，最高值在中西區；中環為 16-14.1；外環 14.9-8.3。高雄都會核心 21.7-14.8（旗津無資料，應無大廈），最高值在鼓山，前金與苓雅稍低，亦近 21；中環 17.5-13.6；外環為 16.4-8.4。以上房價資料可以反映中心都市的優勢，臺北都會呈現明顯較大的差距，北市中心的萬華人口社經地位偏低，但其房價還高於北環屬新北市各區以及新北中心與南環各區。

他都會外圍地帶則以五樓以下各類型的住宅單位居多的情形。

　　至於土地使用的混合狀態，在《前篇》是以住宅兼有其他工商用途為指標。在 1980 年，住宅混用仍相當普遍，各都會大約平均每四至六戶中即有一戶為混用類型，至 1990 年，臺北都會降至每十一戶有一戶混用的情形，其他三都會約在每五至七戶之間有一戶，住宅混用狀態減弱。至 2010 年臺北都會約三十七戶中有一戶，混用最高的大同，亦約十五戶中有一戶，高雄與臺中都會約十五戶中有一戶，臺南都會則十二戶中有一戶。雖有新型態 SOHO 族的發展，還不夠填補傳統住宅兼其他使用狀態的大幅減少，住商混合的現象，或應以非住宅用途建築的分布觀察。從我們的數據，中心都市在分配銷售業的份量仍高於都會外圍地帶，從日常觀察住宅與其他用途建築的共存仍可以視為臺灣都市的特色（吳鄭重，2007）。

　　隨著人口增加，雖見中心都市大型百貨公司的興盛，間或有大型暢貨中心設立於都會外圍，量販店與便利商店則分布於都會各處，而與日常生活相關的各類小型商服務店家的蔓延，似乎是各都會的普遍現象。就算發展之初刻意以純住宅社區為理想而規劃的民生東路新社區，逐漸亦為住商混合型態所取代（林秀澧、高名孝，2015），被視為接近珍·雅各（2007）所描繪之理想的都市鄰里環境[11]。反之，原來規劃為商業地區者，也可能違法改為住宅地帶，如北市大直大彎北段（基隆河截彎取直的規劃）的商業與娛樂區，發展成高價住宅地帶，最後以就地合法處理（廖庭輝，2019）。在新北中心各區改建的中高層住宅大樓往往與舊有的公寓或連棟住宅區相距不遠，仍能享有既有商服務業的便利（王志弘等，2013）。然而在臺北都會外圍大規模高樓住宅的興建，像淡海新市鎮，是否能有類似的發展，則有待觀察。

---

11 新都市主義受到珍·雅各很大的影響。吳鄭重（2007）在《偉大城市的誕生與衰亡》譯書的導讀，特別強調在該書中所說的都市多樣性的四個必要條件，包含不同用途的混合使用、短小的街廓、新舊並陳的建築、及密集的人口和住宅，都具見於臺北。在《計劃城事》一書（林秀澧、高名孝，2015），就新社區的規劃提及對住戶前院及圍牆都有明文規定，在最小的六米道路亦要留兩公尺寬的人行道。在數十年發展之後，商店攤販沿街林立，但「四處綠意盎然的民生社區仍舊擁有示範社區的美名」。也期望老舊的住宅在都市更新的需求之下，以各種可能性保留下來。

　　臺灣都會在建築型態與住商混合的特質上，固與新都市主義有親近性，但各類商家大量增生，對住宅環境也造成衝擊，像師大夜市往巷道擴展，就造了住戶的抗議（黃琴雅，2012）；再者人行步道與騎樓的安排與使用方式（包含汽機車的停放），對行人不見得友善，戶外的公共空間的配置，亦難跟上人口成長的速度。近年來對新建住宅景觀設計的要求，有些市政府亦規定要求在新建案納入機車停車與通道的設施（陳聰亨，2016），在臺北市還見到許多綠色人行道的劃設，都在回應以上問題。新都市主義提倡的居住型態，在歐美是否能順利推廣，尚是經驗課題（Clapson, 2003; Keil, 2018）。但我們多少可以看到臺灣都會住商混合居住型態仍值得珍視，而建立優質的步行空間以及在汽機車、自行車與行人之間，都要找到一個平衡點；人們在居住安適與便利之間，也要有所取捨。

參考書目

中文部分

1956（中華民國 45）年戶口普查報告書。

1966（中華民國 55）年戶口及住宅普查報告書。

1980（中華民國 69）年戶口及住宅普查報告。

1990（中華民國 79）年戶口及住宅普查報告。

1991（中華民國 80）年工商及服務業普查。

2000（中華民國 89）年戶口及住宅普查報告。

2000（中華民國 89）年綜合所得稅申報核定統計專冊。

2010（中華民國 99）年人口及住宅普查報告。

2010（中華民國 99）年綜合所得稅申報核定統計專冊。

2011（中華民國 100）年「99 年至 100 年全國客家人口基礎資料調查研究」。

2011（中華民國 100）年工商及服務業普查。

2017（中華民國 106 年）國富統計報告。

中華民國行業標準分類第五次修訂，1991。

中華民國行業標準分類第八次修訂，2006。

中央研究院，2011，《人口政策建議書（中央研究院報告 No. 004）》。臺北：中央研究院。

中興大學都市計畫研究所（中興都計所），1978，《台北市都市更新實施辦法研究報告》。臺北：臺北市政府工務局都市計畫處。

內政部不動產資訊平台，住宅統計，https://pip.moi.gov.tw/V3/E/SCRE0201.aspx 。

內政部營建署，1991，《歷年國宅政策及建設文獻彙編》。臺北：內政部營建署。

內政部，2011，《民國 101 年至民國 104 年整體住宅政策實施方案（核定本）》。臺北：內政部。

王志弘、李涵茹、黃若慈，2013，〈縉紳化或便利城市升級？新北市三重區都市生活系統的再結構〉，《國家發展研究》12(2)：179-230。

王志弘、李涵茹，2015，〈綠色縉紳化？臺北都會區水岸發展初探〉，《社會科學論叢》9(2)：31-88

王佳煌、李俊豪，2013，〈臺北都會區居住模式之研究（1980-2010）：隔離、分殊或階層〉，《都市與計畫》40(4)：325-354。

王建彬，2000，《2000 年機車產業綜論》。新竹縣：工研院產業經濟與資訊服務中心。

石育賢、謝騄璘、蕭瑞聖、陳志祥，2015，《汽機車產業年鑑，2015》。新竹縣：工研院產經中心。

伊慶春、章英華，2006，〈對外籍與大陸媳婦的態度：社會接觸的重要性〉，《台灣社會學》12：191-232。

朱政德、黃品誠，2010，〈都市型大坪數集合住宅之供給指標與發展脈絡：以台北市民間集合住宅為例〉，《設計學研究》13(2)：87-100。

朱政德，2011，〈都市型集合住宅之住戶平面計畫的供給特性：以台北市集合住宅為例〉，《建築學報》77：19-43。

朱政德、盧珮珮，2011，〈高雄市國民住宅之發展脈絡與供給特性〉，《設計學研究》14(2)：1-25。

朱政德、盧珮珮，2012，〈高雄市民間集合住宅之發展脈絡與供給特性〉，《設計學研究》15(2)：1-25。

朱政德、龔哲永，2017，〈高雄市民間大坪數積層式集合住宅之建築計畫的發展脈絡與供給實態〉，《建築學報》101：1-25。

交通研究所，1981，《中華民國六十九年交通年鑑》。臺北：交通部交通研究所。

交通部統計查詢網，https://stat.motc.gov.tw/mocdb/stmain.jsp?sys=100。

交通部運輸研究所，1992，《台北都會區住戶交通旅次調查》。臺北：交通部運輸研究所。

交通部運輸研究所，1998，《高雄都會區住戶旅次調查》。臺北：交通部運輸研究所。

交通部運輸研究所，2018，《北臺區域整體規劃——旅次特性調查與供需分析》。臺北：交通部運輸研究所。

行政院主計總處，2018，〈105 年國人赴海外工作人數統計結果新聞稿（107.1.31）〉。

行政院國際經濟合作發展委員會都市建設及住宅計劃小組編，1968，《臺北市綱要計劃》。

行政院國際經濟合作發展委員會都市發展處編，1971，《臺中市綱要計劃》。

行政院國際經濟合作發展委員會都市發展處編，1971，《高雄市綱要計劃》。

行政院經建會都住處，1981，《都市及區域發展統計彙篇，中華民國 79 年》。臺北市：行政院經建會。

行政院經建會都住處，2010，《都市及區域發展統計彙篇，中華民國 98 年》。臺北市：行政院經建會。

行政院國發會國土區域離島發展處，2018，《都市與區域發展統計彙篇，中華民國 106 年》。臺北市：國家發展委員會。

米復國，1988，《臺灣的住宅政策：「國民住宅計畫」之社會學分析》。臺灣大學土木工程研究所博士論文。

自由電子報，2020，〈綜合所得稅收入全國第六 台南善化蓮潭里民怒：地方建設是三缺〉，2020-6-6。

吳亭秀主編，2016，《國軍眷村改建回顧與變遷：竹籬重生——樂活家園》。臺北市：國防

部政治作戰局軍眷服務處。

吳鄭重，2007，〈導讀：重新發現生活城市的魅力〉，收於珍‧雅各（Jane Jacobs）著、吳鄭重譯，《偉大城市的誕生與衰亡：美國都市街道生活的啟發》，頁 11-41。臺北：聯經。

吳慶玲，1981，《市地重劃與細部計畫應如何配合之研究》。臺北：成文。

邱瑜瑾，1996，《解嚴後臺中市都市發展形塑的社會機制》。東海大學社會學研究所博士論文。

林秀澧、高名孝主編，2015，《計劃城事：戰後臺北都市發展歷程》。臺北：田園城市。

林保光，2004，〈環境毒瘤，市府燙手山芋〉，2004-5-13/ 聯合報 /B 版 / 高雄綜合新聞，聯合知識庫。

林雲鵬、廖美莉，2011，〈2010 都市更新回顧分析〉，都市更新研究發展基金會，https://www.ur.org.tw/mynews/view/209。

林萬億，1994，《福利國家：歷史的比較分析》。臺北：巨流。

林潤華、周素卿，2005，〈「臺北市信義豪宅及其生產集團」：信義計畫區高級住宅社區之生產者分析〉，《臺大地理學報》40：17-43。

周素卿，1999，〈再造老台北：台北市都市更新政策的分析〉，《國立臺灣大學地理學系地理學報》25：15-44。

周素卿，2003，〈全球化與新都心的發展：曼哈頓意象下的信義計畫區〉，《地理學報》34：41-60。

珍‧雅各（Jane Jacobs）著、吳鄭重譯，2007，《偉大城市的誕生與衰亡：美國都市街道生活的啟發》。臺北：聯經。

客家委員會，2011，《99 年至 100 年全國客家人口基礎資料調查研究》。臺北：行政院客家委員會。

紀玉臨、周孟嫻、謝雨生，2009，〈台灣外籍新娘之空間分析〉，《人口學刊》38：67-113。

故鄉市場調查公司，2017，《104 年住宅抽樣調查報告》。臺北市：內政部營建署。

秦鴻志，1999，〈中央公園改頭換面：重塑「都市之心」優勝作品勝出〉，1999-11-17/ 聯合報，聯合知識庫。

唐惠群，2017，〈都市更新案例分享〉，中華民國建築經理商業同業公會，http://www.rema.org.tw/data/20170807.pdf 。

孫清山，1997，〈戰後台灣都市之成長與體系〉，收於蔡勇美、章英華編，《台灣的都市社會》，頁 63-103。臺北：巨流。

高雄市政府，2015，《高雄市新草衙地區土地處理自治條例》。中華民國 104 年 6 月 11 日高雄市政府財產管字第 10431278900 號令。

《高雄市統計要覽》，各相關年度。

《高雄縣統計要覽》，各相關年度。

康炳雄，1978，《臺北市實施都市更新作業問題之研究》。臺北：臺北市政府工務局。

國家發展委員會，2016，《中華民國人口推估（105年至150年）》。臺北：行政院國家發展委員會。

張春蘭、張雅雯，2005，〈用時間地圖分析近十年台灣人口空間變遷〉，收於范毅軍編，《第一屆地名學術研討會論文集》。臺北：內政部。

張維一，1993，《中華民國地政史》。臺北：內政部。

章英華，1993，〈台北縣移入人口與都市發展〉，收於蕭新煌等著，《台北縣移入人口之研究》，頁51-78。板橋：臺北縣立文化中心。

章英華，1995，《台灣都市的內部結構：社會生態與歷史的探討》。臺北：巨流。

章英華、陳東升、伊慶春、傅仰止，1996，《都市意象、居住環境與居住選擇》，國科會委託計畫報告。

章英華、林季平、劉千嘉，2010，〈臺灣原住民的遷移及社會經濟地位的變遷與現況〉，收於黃樹民、章英華編，《台灣原住民政策變遷與社會發展》，頁51-120。臺北：中央研究院民族學研究所。

章英華，2011，〈都市與區域發展〉，收於章英華等著，《中華民國發展史：社會發展》，頁149-184。臺北市：政治大學／聯經。

莊心田，1965a，〈臺北市違章建築問題剖析與解決途徑之商榷（上）〉，《警察學術季刊》8(3)：35-45。

莊心田，1965b，〈臺北市違章建築問題剖析與解決途徑之商榷（下）〉，《警察學術季刊》8(4)：27-36。

莊孟翰，2002，《輔購住宅與租金補貼政策之比較研究》。臺北：行政院經建會。

許坤榮，1988，〈台北邊緣地區住宅市場之社會學分析〉，《台灣社會研究季刊》1(2/3)：149-210。

陳東升，1995，《金權城市：地方派系、財團與台北都會發展的社會學分析》。臺北：巨流。

陳東升、周素卿，2006，《臺灣全志，卷九：社會志・都市發展篇》。南投市：國史館臺灣文獻館。

陳柏鈞、洪富峰，2017，〈從不同住宅型態探討固樁行為及其意義建構——以高雄市鳥松區夢裡里為例〉，《城市學學刊》8(1)：1-55。

陳信木、陳玉華、胡力中，2020，《我國區域層級之家戶推計摸擬》。臺北市：國家發展委員會委託。

陳寬政，1981，〈臺北都會區的人口分佈與變遷〉，《人口學刊》6：51-69。

陳聰亨，2016，《好宅：集合住宅規劃設計》（更新三版）。臺北：詹氏書局。

黃大洲，2001，《更新：中華路的重建》。臺北市：正中書局。

黃琴雅，2012，〈郝龍斌還是投資客？誰殺了師大夜市〉，《新新聞》1303：28-33。

黃意文、蔡永川、賴婉絢、陳弘順，2015，〈探討地方文化特色觀光休閒產業之發展〉，《休

閒運動保健學報》9：1-13。

勞動部勞動統計查詢網中外籍工作者之數據，https://statfy.mol.gov.tw/statistic_DB.aspx 。

新北市政府，2019，〈簡易都更說明〉，https://www.uro.ntpc.gov.tw/archive/file/1080109 簡
　　易都更解析 .pdf 。

新隆社區好鄰居都更網，2017，〈正義國宅都更案終於動了〉，https://sinlong9.wordpress.
　　com/2017/02/23/ 。

楊玉姿，2007，《前鎮開發史》。高雄市：前鎮區公所。

詹文雄，1980，《台北市舊市區更新與新社區建設效益之比較分析》。臺北：臺北市政府工
　　務局都市計畫處。

經濟部投審會，2016，《105 年 12 月份核准僑外投資、陸資來臺投資、國外投資、對中國
　　大陸投資統計月報》。

廖庭輝，2019，〈不公的歷史共業：柯市府大彎北段商業宅「就地合法」爭議〉，都市改革
　　組織，https://opinion.udn.com/opinion/story/12838/3929951。

《臺中市統計要覽》，各相關年度。

《臺中縣統計要覽》，各相關年度。

臺中市政府，2002，《臺中市市地重劃成果簡介：文化‧經濟、國際城》。臺中：臺中市政
　　府。

臺北市政府，2018，《劃定臺北市都市更新地區暨擬定都市更新計畫案》。107 年 12 月 10
　　日府都新字第 10720232311 號公告發布實施。

《臺北市統計要覽》，各相關年度。

臺北市政府工務局編，1970，《臺北市都市發展紀要》。臺北：臺北市政府工務局。

臺北市都市更新處，2014，《臺北市都市再生方案八年有成》。臺北：臺北市政府。

臺北市都市更新處，2016，〈臺北市推出「都更 168 專案」〉，都市更新研究發展基金會，
　　https://www.ur.org.tw/mynews/view/355。（本文原載於《都市更新簡訊》第 71 期第 7
　　頁）

《臺北縣統計要覽》，各相關年度。

臺南市政府，1979，《臺南市志政事志地政篇》。臺南：臺南市政府。

《臺南市統計要覽》，各相關年度。

《臺南縣統計要覽》，各相關年度。

臺南市永康戶政事務所，鄰里人口數，https://yungkang-house.tainan.gov.tw/ 。

臺南市善化戶政事務所，鄰里人口數，https://shanhua.tainan.gov.tw/cl.aspx?n=9483。

《臺閩地區人口統計》，各相關年度。

劉劍寒主修，1983，《臺北市發展史，第四冊》。臺北：臺北市文獻委員會。

蔡孟芳，2005，《弱勢社區居民參與都市更新的迷思：台北市林口社區水源路一期整建住宅
　　之個案研究》。臺灣大學地理環境資源研究所碩士論文。

蔡耀如，2003，〈我國房地產市場之發展、影響暨政府因應對策〉，《中央銀行季刊》2(4)：
　　31-63。

鄭曉琦，2010，《台中市柳川、綠川沿岸景觀之發展與變遷》。台中教育大學社會科教育學
　　系暑期在職碩士班論文。

賴光邦、秦洪揚，2010，〈台中七期豪宅建構之演繹〉，2010年物業管理暨防災國際學術研
　　討會。

賴麗華，1999，〈淺談新板橋車站特定專用區〉，都市更新研究發展基金會訊息論壇──更
　　新論壇，http://www.ur.org.tw/mynews/view/520。

蕭家興，1997，〈台灣建築業之展望〉，收於蕭家興，《調控台灣房地產市場兩隻失靈的
　　手》，頁217-256。臺北：唐山書局。

龍冠海、范珍輝，1967，《臺北市古亭區南機場社區調查總報告》。臺北市：臺灣大學社會
　　學系。

聯合報，1953，〈高市取締違章建築──共拆除六八處〉，1953-11-2/聯合報/04版/高雄
　　訊，聯合知識庫。

謝福來，2009，〈高雄市實施市地重劃：幾個重要問題之省思〉，收於《高雄論重劃：市地
　　重劃50週年研討會論文集》。高雄市：高雄市政府地政處。

簡博秀，2015，〈第三波的仕紳化與再層域競爭的國家政權──臺南中國城更新計畫〉，《城
　　市學學刊》6(1)：63-92。

外文部分

Abrahamson, Mark, 2004, *Global Cities*. New York: Oxford University Press.

Atkinson, Rowland and Gary Bridge 2005. *Gentrification in a Global Context: The New Urban
　　Colonialism*. London: Routledge.

Calthorpe, Peter, 2009, "The Next American Metropolis" from *the Next American Metropolis:
　　Ecology, Community, and the American Dream* (1993), pp. 87-98 in Peter Calthorpe.

Clapson, Mark, 2003, *Suburban Century: Social Change and Urban Growth in England and the
　　USA*. Oxford: Berg.

Clark, David, 2003, *Urban World/Global City* (Second Edition). London: Routledge.

Fishman, Robert L., 1987, "American Suburbs/English Suburbs: A Transatlantic Comparison",
　　Journal of Urban History 13(3): 237-251.

Flanagan, William G. 2010. *Urban Sociology: Images and Structure*. Lanham: Rowan &
　　Littelfield.

Gallagher, Leigh, 2013, *The End of the Suburbs: Where the American Dream Is Moving*. NY:
　　Penguin Group.

Gehl, Jan, 2009, "Outdoor Space and Outdoor Activities" from *Life between Buildings* (1980), pp. 99-103 in Wheeler, Stephen M. and Timothy Beatley (eds.), *The Sustainable Urban Development Reader* (2nd edition). NY: Routledge.

Glaeser, Edward, 2011, *Triumph of the City: How Urban Spaces Make Us Human*. London: Pan Macmillan.

Ha, Seong-Kyu, 2015, "The Endogenous Dynamics of Urban Renewal and Gentrification in Seoul", pp. 165-180 in Lees, Lorreta, Hyun Bang Shin, and Ernesto Lopez-Morales (eds.), *Global Gentrifications: Uneven Development and Displacement*. Bristol, England: Policy Press..

Hall, Peter, 1988. "Urban Growth and Decline in Western Europe", pp. 111-127 in Dogan, Mattei and John D. Kasada (eds), *The Metropolis Era, Vol.1, A World of Giant Cities*. Newbury Park, Calif.: Sage.

Hall, Peter, 2014. *Cities of Tomorrow: An Intellectual History of Urban Planning and Design Since 1880* (4th edition). West Sussex, UK: Wiley Blackwell.

Hsu, Jinn-yuh and Yen-hsing Hsu, 2013, "State Transformation, Policy Learning, and Exclusive Displacement in the Process of Urban Redevelopment in Taiwan", *Urban Geography* 34 (5): 677-698.

Huang, Liling, 2015, "Promoting Private Interest by Public Hands? The Gentrification of Public Lands by Housing Policies in Taipei City", pp. 223-244 in Lees, Lorreta, Hyun Bang Shin, and Ernesto López-Morales (eds.), *Global Gentrifications: Uneven Development and Displacement*. Bristol, England: Policy Press.

Jackson, Kenneth T., 1985, *Crabgrass Frontier: The Suburbanization of the United States*. N.Y.: Oxford University Press.

Jou, Sue-Ching, Eric Clark and Hsiao-Wei Chen, 2016, "Gentrification and Revanchist Urbanism in Taipei", *Urban Studies* 53(3): 560-576.

Keil, Roger, 2018, *Suburban Planet*. Cambridge, UK: Polity.

Lees, Loretta, Tom Slater and Elvin Wily, 2008, *Gentrification*. New York: Routledge.

Lees, Loretta, Hyun Bang Shin, and Ernesto López-Morales, 2016, *Planetary Gentrification*. Cambridge, UK: Polity Press.

Lucy, William H. and David L. Philips, 2006, *Tomorrow's Cities, Tomorrow's Suburbs*. Chicago: Planners Press.

Maloutas, Thomas, 2011, "Contextual Diversity in Gentrification Research", *Critical Sociology* 38(1): 33-48.

Moos, Markus and Pablo Mendez, 2015, "Surburban Ways of Living and the Geography of Income: How Home Ownership, Single-family Dwellings and Automobile Use Define the

Metropolitan Social Space", *Urban Studies* 52(10): 1864-1882.

Palen, J. John, 1995, *The Suburbs*. New York: McGraw-Hill.

Palen, J. John, 章英華譯, 1997,〈美國都市社會學家眼中的台灣都市——與美國的對照〉,收於蔡勇美、章英華編,《台灣的都市社會》,頁 517-522。臺北：巨流。

Sassen, Saskia, 1991. *The Global City: New York, London, Tokyo*. Princeton, NJ: Princeton University Press.

Tai, Po-Fen, 2006, "Social Polarization: Comparing Singapore, Hong Kong and Taipei", *Urban Studies* 43(10): 1737-1756.

Tai, Po-Fen, 2010, "Beyond 'Social Polarization'? A Test for Asaian World Cities in Developmental States", *International Journal of Urban and Regional Research* 34(4): 743-761.

Taylor, Peter J., Pengfei Ni, Ben Derudder, Michael Hoyler, Jin Huang and Frank Witlox, 2011, *Global Urban Analysis: A Survey of Cities in Globalization*. London: Earthscan.

Taylor, Peter J. and Ben Derudder, 2016, *World City Network: A Global Urban Analysis* (2nd edition). London: Routledge.

Wang, Chai-Huang, 2003, "Taipei as a Global City: A Theoretical and Empirical Research", *Urban Studies* 40(2): 309-334.

Wheeler, Stephen M., 2009, "Infill Development" from *Smart Infill: Creating More Livable Communities in the Bay Area* (2002), pp.104-111, in Wheeler, Stephen M. and Timothy Beatley (eds.), *The Sustainable Urban Development Reader* (2nd edition). NY: Routledge.

Wheeler, Stephen M. and Timothy Beatley (eds.), 2009, *The Sustainable Urban Development Reader* (2nd edition). NY: Routledge.+

Whitehead, J. W. R. and C. M. H. Carr, 2001, *Twentieth-Century Suburbs, a Morphological Approach*. N.Y.: Routledge.